Michaele Kundermann

Emotionale Stresskompetenz

Michaele Kundermann

EMOTIONALE STRESSKOMPETENZ

Die Kunst der Selbstberuhigung

Bildrechte Autorenfoto: Copyright GSA e.V.
Bildrechte Umschlag: Alexandra Schepelmann | schepelmann.at
Illustrationen: Thomas Alwin Hemming

Alle Rechte, insbesondere das Recht der Vervielfältigung und Verbreitung sowie der Übersetzung, vorbehalten. Kein Teil des Werks darf in irgendeiner Form (durch Fotokopie, Mikrofilm oder ein anderes Verfahren) ohne schriftliche Genehmigung des Verlags reproduziert werden oder unter Verwendung elektronischer Systeme gespeichert, verarbeitet, vervielfältigt oder verbreitet werden.

Die Autoren und der Verlag haben dieses Werk mit höchster Sorgfalt erstellt. Dennoch ist eine Haftung des Verlags oder der Autoren ausgeschlossen. Die im Buch wiedergegebenen Aussagen spiegeln die Meinung der Autoren wider und müssen nicht zwingend mit den Ansichten des Verlags übereinstimmen.

Für die Anwendung der Methoden und Tipps in diesem Buch, sowie für Handlungen währenddessen und danach sind die Leserin und der Leser selbst verantwortlich. Bei Fragen steht die Autorin gerne zur Verfügung. Die beschriebenen Methoden ersetzen keineswegs professionelle ärztliche Konsultationen.

Der Verlag und seine Autoren sind für Reaktionen, Hinweise oder Meinungen dankbar. Bitte wenden Sie sich diesbezüglich an verlag@goldegg-verlag.com.

Der Goldegg Verlag achtet bei seinen Büchern und Magazinen auf nachhaltiges Produzieren. Goldegg Bücher sind umweltfreundlich produziert und orientieren sich in Materialien, Herstellungsorten, Arbeitsbedingungen und Produktionsformen an den Bedürfnissen von Gesellschaft und Umwelt.

ISBN: 978-3-99060-084-9

© 2018 Goldegg Verlag GmbH
Friedrichstraße 191 • D-10117 Berlin
Telefon: +49 800 505 43 76-0

Goldegg Verlag GmbH, Österreich
Mommsengasse 4/2 • A-1040 Wien
Telefon: +43 1 505 43 76-0

E-Mail: office@goldegg-verlag.com
www.goldegg-verlag.com

Layout, Satz und Herstellung: Goldegg Verlag GmbH, Wien
Druck und Bindung: CPI, Leck

Dieses Buch ist allen Menschen gewidmet, die sich aus emotionalem Stress aufrichten und entwickeln möchten. Es ist allen Menschen gewidmet, die bereit sind, auf intelligente und empathische Weise für sich zu sorgen.

Es ist der menschlichen Gesellschaft gewidmet, damit sie durch Kompetenzen der dynamischen Selbstregulierung ein humanes, gesundes, kooperatives Miteinander auf allen gesellschaftlichen Ebenen hervorbringen kann.

Es ist dem Fortschritt gewidmet, damit sich der Mensch parallel zum rasanten technischen Fortschritt innerlich entfalten kann und die Technik beherrscht, anstatt sich von ihr beherrschen zu lassen.

Es ist allen Menschen gewidmet, die die Realisierung dieses Buches gefördert haben. Es ist allen Seminarteilnehmern/innen und Klienten/innen gewidmet, die mich zu den Lernprozessen inspiriert haben, die in diesem Buch beschrieben sind.

Danke!

Inhaltsverzeichnis

Vorwort: Wie ich auf den Stress-Umkehr-Code kam 9
Bevor es losgeht ... einige Hinweise 17

I. Stress-Aha – Stress verstehen 19
1. Was hat der Urknall mit Stress zu tun? 19
2. Zwei Lebensprinzipien – ein toller Einfall der Evolution 21
3. Die Geister, die wir riefen ... wie schicken wir sie nur wieder weg? 38
4. Der Körper – dein bester Stress-Management-Coach 50

II. Stress-Adieu – Emotionales Wohlbefinden in die Hand nehmen 57
5. Schlüssel zur Selbstberuhigung 57
6. Die neuronale Autobahn wechseln 70
7. Nutze das initiative, stärkende Prinzip des Geistes 80
8. Verbinde dich mit den energiespendenden Emotionen im Bauch 91
9. Das Verurteilungs-Syndrom loslassen 103
10. Das Herz als Stress-Transformator nutzen 134
11. Die Herausforderung Selbstheilung meistern 159
12. Sich trauen, zu vertrauen 167
13. Die Zeit dehnen – statt Zeitdruck 176

III. Leben, um zu arbeiten – oder arbeiten, um erfüllt zu leben? 189
14. Sich auf der Spielwiese der Berufswelt entfalten 189
15. Burnout – Geisel oder Chance unserer Zeit? 215

IV. Heurekums Schatzkiste – gesammelte Tipps für den Alltag 229
16. Humor – die Stresslösungsstrategie Nr. 1 229
17. Die Kanal-Strategie – beobachten statt bewerten .. 231

18. Gelassenheit kommt von lassen 232
19. Warten, bis der Apfel reif ist 234
20. Die Kortisolbremse – ein Selbstberuhigungs-Quickie 237
21. Die »Beleidigte Leberwurst« ohne Verfallsdatum . 238
22. Ich war es nicht – es war der »Innere Schw…hund« 243
23. Veränderung ist doof 245
24. Die Sinne öffnen – der Wahrnehmungsmodus 249
25. Mache einen Bogen um diese drei Stressfallen 252
26. Den Nebel der Ungewissheit meistern 256
27. Erste-Hilfe-Koffer bei Stress – Checkliste 259
28. Dankbarkeit – ein Heilmittel 268

V. Epilog 273

VI. Anhang 275
Checkliste: Woran erkenne ich, dass ich im Panikum-Modus bin? 275
Gehirn-Balance-Übungen 279
Was wir von Sokrates lernen können 282
Literaturhinweise 284

Vorwort:
Wie ich auf den Stress-Umkehr-Code kam

Nachdem ich weitgehend ohne psychologische Bildung in ein Leben der Nachkriegszeit »gestolpert« bin, habe ich mich immer wieder in emotional unangenehmen Situationen wiedergefunden – ohne zu wissen, wie ich da wieder herauskomme. Es war ein langer Prozess, bis ich zu der Schlüsselerkenntnis kam, dass wir nicht nur ein enorm leistungsfähiges Nervensystem haben, sondern, dass es auch eine ungeschriebene Bedienungs- und Pflegeanleitung hat. Diese können wir entdecken,

Ich habe mich gefragt, ob der Mensch nicht sein angeborenes animalisches Nervensystem aus dem Kampf-Flucht-Modus heraus weiterentwickeln kann zu einem Nervensystem, welches auch feinere seelische Strukturen wahrnehmen und verarbeiten kann. Das wäre eine bewusste, evolutionäre Weiterentwicklung, die über unsere tierischen Überlebensstrukturen hinausgeht. Zumindest in Ländern, in denen Rechtsstaatlichkeit, Menschenrechte und Versorgung weitgehend gewährleistet sind, können Menschen daran arbeiten, ihr Nervensystem immer mehr zu beruhigen, damit es sich regenerieren und transformieren kann.

Ich bin davon überzeugt, dass alle leidvollen Probleme und Konflikte in dieser Welt durch eine unangemessene Bedienung und Nutzung unseres Nervensystems entstanden sind.

Umso mehr freue ich mich, wenn ich mit diesem Buch den Menschen dienen kann, die sich nicht mit einem Status quo zufriedengeben, sondern ihre Freiheitsgrade durch emotionale Stress-Kompetenzen erweitern möchten. Diese Menschen können einen Unterschied machen und Veränderungen bewirken.

Danke, dass du dich entschieden hast, ein Buch über emotionale Stresskompetenz aufzuschlagen. Es mag dich verwundern, aber damit gehörst du derzeit zu der Minderheit, die Stress nicht einfach hinnimmt, sondern verantwortungsbereit ist und nach Erkenntnissen und praktischen Lösungen Ausschau hält. Du suchst vermutlich nach kompetenten Möglichkeiten der Selbstberuhigung. Ich verspreche dir, du wirst einfache und wirksame Lösungen finden.

Falls du zu denen gehörst, die es normal finden gestresst zu sein und es als gegebene, unveränderliche Tatsache hinnehmen, doch aus Versehen dieses Buch aufgeschlagen hast, möchte ich dir einige Gedanken widmen. Vielleicht denkst du, dass du keine Zeit hast, dich damit zu befassen, oder dass du sowieso in deiner Situation nichts ändern kannst. Du magst viele gute Gründe haben. Doch wenn du zu sehr eingespannt bist, frage dich einmal, ob es dir angemessen ist, immer wieder deine Bedürfnisse zurückzustellen und dich auszubeuten, damit vielleicht andere mit dir zufrieden sind. Das Leben ist wohlwollend und es gibt Türen für jeden, wenn er aus Mitgefühl für sich selbst sein Leben positiv gestalten möchte. Kein Mensch kann es dauerhaft durchhalten, wenn er auf seiner eigenen Überholspur in eine Stressfalle geraten ist. Entweder machst du es freiwillig oder das Leben muss dich irgendwann zwingen, deinen Kurs zu überprüfen. Wie wäre es, lieber jetzt eine Weile innezuhalten und zu hinterfragen, ob es normal ist, Stress zu haben, oder ob es Alternativen dazu gibt? Vielleicht lohnt es sich für dich, neue Sichtweisen und Verhaltensweisen auszuprobieren, um die Weichen für ein spannendes, zufriedenes Leben zu stellen? Oder denkst du: »Ich habe keinen Stress.« Frage dich, ob du weißt, wie ein stressfreier Zustand sich anfühlt. In der Sozialisation unserer Gesellschaft kommen wir leider nicht darum herum, uns infizieren zu lassen und emotionalen Stress zu entwickeln. Stress hat eine Menge Verkleidungen und Tarnungen. Daher schlage ich dir vor, dich experimentell auf die Reise zu begeben, dieses Thema in deinem Leben zu beobachten und zu erforschen. Egal, wo du geradestehst – was du hieraus gewinnen kannst, erspart dir viel Stress und dadurch viel Zeit, um die Folgen von Stress-Erfahrungen wieder auszugleichen. Freue dich auf viele Ahas bei dieser Lektüre.

Jeder braucht innere Nahrung, um nicht auszubrennen. Jeder braucht innere Anker, um sich ausbalancieren zu können. Wenn du angemessen für dich sorgst, riskierst du manchmal die Unzufriedenheit deines Umfelds. Ja, das solltest du einkalkulieren, wenn du an deinen emotionalen Stresskompetenzen arbeitest. Trotzdem ist es wesentlich besser, als zu lange in einer Sackgasse unterwegs zu sein und dann den ganzen langen Weg wieder zurückgehen zu müssen.

Selbst als Mutter oder Vater von schreienden Kindern brauchst du erholsame Freiräume, damit du dauerhaft für deine Kinder sorgen kannst. Wenn in einem Flugzeug der Druck abfällt, fallen Sauerstoffmasken aus der Decke. Es heißt stets, dass man sich zuerst die Maske aufsetzen soll und dann erst seinen Schutzbefohlenen. Denn wer in Ohnmacht gefallen ist, kann seinen Kindern nicht mehr helfen. Das nenne ich gesunden Egoismus. Es bedeutet: *Sorge zuerst für dich selbst und dein Wohlergehen – anschließend kannst du dein Umfeld nähren.*

Wenn du dich entscheidest, dir Zeit zum Lesen, Nachdenken und Umsetzen zu nehmen, nährst und belohnst du dich selbst. Lassen wir die geistige Reise beginnen:

Am 24. Juli 2013 berichteten die Nachrichten von einem schweren Zugunglück bei Santiago de Compostela in Spanien. Der Zug hatte Verspätung. Um aufzuholen, fuhr der Lokführer zu schnell durch eine Kurve und der Zug entgleiste mit fatalen Folgen für viele Menschen. Die Grenzen der Physik waren erreicht worden. Ebenso ist es bei uns Menschen. Wenn wir unserer Natur und ihren Rhythmen nicht gehorchen, sind wir nicht mehr im Fluss mit uns selbst und unserer Umwelt. Ein unsanftes Ausbremsen ist dann vorprogrammiert.

Doch was ist unsere Natur? Was ist unser Rhythmus? Über 20 Jahre habe ich Stressmanagement-Kurse gegeben. Mein Bestreben war stets, praktische, einfache Lösungen zu finden. Trotzdem habe ich über 15 Jahre benötigt, um auf die einfachsten Formeln zu kommen: Den Stress-Umkehr-Code und das Prinzip der neuronalen Autobahnen. In meinen ersten Seminaren fehlten mir einige Puzzleteile, die ich in anderen Büchern nie beantwortet fand. Doch irgendwann setzte sich alles zusammen und es entstand ein logisches Bild für das Problem sowie für die Lösung. Die Antwort ist so einfach, dass wir nicht darauf kommen oder sie allzu leicht übersehen.

So ging es mir in meinem Chemie-Abitur: Die ganze Nacht davor wälze ich mich im Bett. Ich weiß, dass ich etwas nicht verstanden habe. Ich träume von meinem Thema, den Pufferlösungen. Und tatsächlich habe ich gegen Morgen einen Geistesblitz, der mir die offene Frage erleuchtet. Damit gewappnet – aber völlig übermüdet – stelle ich mich der Prüfung. Die Aufgabe wird mir erklärt. Ich verstehe sie nicht. Ich bitte um Wiederholung – ich verstehe sie wieder nicht. Noch dreimal bitte ich darum, mir die Aufgabe zu erklären – erst dann dringt sie durch den dichten Dunst meiner dramatischen Erwartungen. Warum habe ich sie nicht verstanden? Ich habe mir die ganze Nacht mit Horrorszenarien von Versagen und Blackouts um den Kopf geschlagen. Weil ich eine schwierige Fragestellung erwartet habe, habe ich sie nicht verstanden. Die Aufgabe war nämlich so einfach, dass alle meine Sorgen umsonst waren. In meinem Stress war ich auf einem völlig anderen Dampfer. Das Einfache hatte keinen Platz in meinem Schädel. So geht es uns, wenn wir im Stress sind – wir finden die einfachen Lösungen nicht. Das heißt nicht, dass es keine einfachen Lösungen gibt. Mit diesem Buch möchte ich dir den Blick für diese einfachen Lösungen öffnen. Es war Albert Einstein, der eines meiner Lieblingszitate geprägt hat: »Alles Geniale ist einfach«. Seitdem suche ich stets nach einfachen Lösungen. Wenn mir eine Lösung kompliziert erscheint, habe ich das Geniale noch nicht gefunden und suche weiter. Erstaunlich, wie viele einfache Lösungen wir finden können, wenn wir danach suchen.

Es ist mein Bestreben, die Zusammenhänge in der Tiefe und dennoch leicht verständlich zu erläutern. Viele Praxishinweise sollen die Umsetzung zu einem Kinderspiel machen. Das Buch schreibe ich mit einem Lächeln. Ich möchte genießen, das zu Papier zu bringen, was mich unzählige Seminarteilnehmer gelehrt haben. Sie gaben mir die Gelegenheit, so oft darüber zu sprechen, bis mir endlich die Lichter aufgingen. Der Spruch: »Hast du etwas verstanden, wendest du es an. Hast du es nicht verstanden, bringst du es anderen bei«, trifft hier voll zu. So wünsche ich mir, dass das Buch den Lesern ein Lächeln auf die Lippen zaubert. Ein Lächeln aus dem untrüglichen Gefühl: »Ich kann – ich habe mein Wohlbefinden in der Hand.«

Wie kam ich überhaupt dazu, mich mit dem Thema Stress auseinanderzusetzen? Es war keine zielgerichtete Entscheidung. Ich spürte nur immer wieder, dass ich emotional nicht im Gleichgewicht war und mich in vielen Situationen anspannte. Ohne die geringste Ahnung, wie das zu lösen sei, dachte ich: »Mein Leben ist eben so«, und nahm meine angegriffene Selbstachtung hin. Doch mein Leben trieb diese Überzeugung vor sich her wie ein Paket mit einer Zeitschaltuhr, die es eines Tages öffnen und mir das Offensichtliche sichtbar machen würde. In meiner Kindheit, Jugend und in jungen Jahren hatte ich viele Phasen, in denen es mir emotional schlecht ging, Ich führte das jedoch stets auf meine Unzulänglichkeiten zurück und fühlte mich dadurch noch schlechter. Es war mir so unangenehm, dass ich mit keinem darüber sprach. VVV – Vertuschen, verdecken, verleugnen waren die einzigen Strategien, die mir dazu einfielen. Über den positiven Umgang mit emotionalen Konflikten wurde in meinem Umfeld oder in der Schule ohnehin nie gesprochen. Es gab niemanden, mit dem ich darüber ein heilsames Gespräch hätte führen können. Es gab niemanden, der meinen Bedarf danach bemerkt hätte. Nur einmal wurde ich auf Initiative von Lehrern für sechs Wochen zur Erholung von der Schule befreit, weil ich offenbar grottenschlecht aussah.

Nach dem Abitur fiel ich in ein depressives Loch, als ich die Kälte der Hochschule zu spüren bekam. Damals habe ich das nicht als Depression erkannt – heute im Rückblick bezeichne ich es so. Ich fühlte mich selbst nicht mehr und meine Umwelt konnte ich gefühlsmäßig kaum wahrnehmen. Es war die Zeit des politischen Aufbegehrens der Studenten gegen bürgerliche Verkrustungen bis hin zum Protest gegen den Vietnamkrieg. Es gab kaum Wärme und wenig Herz. Stattdessen befassten wir uns den ganzen Tag damit, zu kritisieren, zu verurteilen, besser zu wissen, abzuwerten und die Dinge um uns herum anzugreifen. Entsprechend schlecht war mir am Ende des Tages. Ich dachte, dass müsste so sein, da die Welt sonst weiter in eine Schieflage geriete. Dass ich dabei selbst in eine Schieflage geriet, habe ich zunächst nicht bemerkt.

Es ging so weit, dass ich an Suizid dachte: An einem grauen, regnerischen Novemberabend stehe ich auf einer Brücke und denke: »Ob ich jetzt da herunterspringe oder nicht, was macht das für einen Unterschied? Es ist ja doch alles egal.« Ich bin fertig mit dem Leben. Ich sehe keinen Sinn mehr in meiner Existenz. Das Vertrauen in die Werte meiner Vorfahren ist ohnehin längst verloren. Es muss wohl sehr ernst um mich bestellt sein. Denn während dieser melancholischen Gedanken habe ich plötzlich ein Gefühl, als würde jemand neben mir stehen. Ich drehe mich um – aber da ist niemand. In meinem Hinterkopf höre ich deutlich und eindringlich die Worte: »Warte einmal ab, du hast noch nicht alles erlebt.« Irgendwie einleuchtend – eine klare Aufforderung, meinem Tunnelblick nicht zu vertrauen. Etwas neugierig, was ich wohl noch nicht weiß, verlasse ich die Brücke. Springen könnte ich ja später immer noch …

Als ich die Atmosphäre meiner Studienzeit emotional nicht mehr aushalten konnte, verließ ich die Uni. Um einen Bonus für den Numerus Clausus des Medizinstudiums zu erhalten, beschloss ich, erst einmal ein Soziales Jahr in einem Krankenhaus zu machen. Das passte gut, denn seelisch fühlte ich mich krankenhausreif. Ich erholte mich etwas. Da ich in der westlichen Welt keine heilenden Impulse für meine inneren Nöte sah, wandte ich mich östlichen Lösungen zu. Das war damals gerade Mode, nach Woodstock, Drogenerfahrungen, Friedensbewegung und nachdem einige Berühmtheiten wie beispielsweise die Beatles in östlichen Ideen neues Heil suchten.

Ich probierte mehrere Meditationstechniken aus bis ich eine fand, die mir richtig guttat. Das Meditieren beruhigte mein überstrapaziertes Nervensystem. Endlich konnte ich wieder mich selbst spüren und ich kam in einen besseren Einklang mit mir selbst. Heute kann ich sagen, dass mich das vor dem Absturz in ein großes emotionales Loch gerettet hat.

Die Jahre vergingen und ich war zunächst damit zufrieden, meine Strategien anzuwenden, die emotionale Löcher verdeckten. Doch war dies noch keine Lösung, wie mir erst Jahrzehnte später bewusst wurde. *Wenn ich mit emotionalen Schmerzen besser umgehen kann, heißt das noch lange nicht, dass sie geheilt sind.* Immer wieder konnten sie aufbrechen – obgleich ihre Intensität vermindert war.

Erst mit ca. 33 Jahren liefen mir Konzepte der angewandten Psychologie über den Weg, für die ich plötzlich offen war. Psychologen erschienen mir zuvor sehr suspekt und es dämmerte mir nicht, dass ich von ihnen etwas lernen könnte. Ich fragte mich, wie ich bisher daran vorbeilaufen konnte und mich so unnötig gequält hatte. Es setzte eine Phase des rasanten Lernens und Selbstheilens ein. Es wurde deutlich, dass der Schlüssel für mein Wohlbefinden und meine Leistungsfähigkeit im emotionalen System liegt. Doch darin hatte ich wie die meisten Menschen so viele Wunden gespeichert, dass es mir lange wie ein unüberwindlicher Berg erschien.

Es fand über viele Jahre ein Aussortieren statt, zu dem ich nach und nach wirksame Instrumente und Methoden erlernte.

Die ausführliche Beschreibung meiner persönlichen Reise würde den Rahmen dieses Buches sprengen. Diese Phase gipfelte darin, dass ich mich beruflich veränderte und begann, mich im Coaching- und Trainingsbereich zu bewegen. Dort musste ich viele Puzzlestücke so zusammensetzen, dass Seminarteilnehmer in kürzester Zeit praktikable Lösungen mitnehmen konnten. Ich forschte und forschte, quetsche die Essenz aus dem Wust des Wissens. Ich quetschte die Essenz aus der Essenz. Heraus kamen unter anderem wundervolle Lösungen, alte emotionale Verletzungen dauerhaft zu heilen. Sogar als Selbsthilfetechnik ist dies anwendbar und 2003 veröffentlichte ich dazu das Hörbuch: »free your heart for success«.

Als Kernproblem stieß ich im Laufe der Zeit wiederholt auf den inadäquaten und unbewussten Umgang in der menschlichen Gesellschaft mit Stress. Es ist der Pferdefuß, der alle anderen Lösungen boykottieren kann. Trotz Hunderten von Stress-Management-Büchern haben wir das Thema nicht im Griff. Ich führe es darauf zurück, dass wir die Wurzel des Problems noch nicht erfasst haben. Ich selbst brauchte über 15 Jahre, bis sich für mich ein schlüssiges Lösungssystem zusammensetzte. Seitdem ist meine Vision, dass es der Menschheit gelingt, sich von emotionalem Hintergrund-Stress zu befreien. Dann können wir flexibler und kreativer denken. Dann sind wir weniger manipulierbar. Unsere Vitalität und Lebensfreude steigt. Viele mentale, körperliche und emotionale Ressourcen werden zugänglich, die bisher durch unbewussten Dauerstress nur vermindert zur Verfügung standen. Dann wird die Energie frei, mit der unsere Gesellschaften Quantensprünge in eine wirklich neue Zeit machen können.

Ich hoffe, dass dieses Buch jeder Leserin und jedem Leser mindestens ein »Aha« entlocken kann. Dann hat sich das Buch gelohnt. Doch bevor es losgeht, lass uns mit einem heiteren »Haha« beginnen. Es ist nämlich pathetisch, wofür wir bereit sind, unser Nervensystem aufzureiben. Wenn beispielsweise eine nahe Verwandte von mir einen Papierschnipsel auf dem Boden sah, der da nicht hingehörte, aktivierte sie automatisch ihr ganzes Stress-System. Ihre Ordnung war sichtlich gestört. Sie regte sich auf, wie er da wohl hingekommen sein könnte. Ihr Körper konnte nicht anders, als alle Waffengattungen ihres Stress-Systems aufzufahren, um die Bedrohung des Papierschnipsels am falschen Ort zu bekämpfen. Dabei hätte es genügt, ihn gelassen liegen zu lassen oder kommentarlos aufzuheben. Kommt dir das bekannt vor? Nun lache einmal über dich selbst, wenn du hier und da wegen einer Lappalie dein armes Nervensystem in einen Krieg auf Leben und Tod schickst. Es braucht anschließend Stunden, um die Wirkung der Stresshormone wieder »abzurüsten«. Lache, denn Humor ist der schnellste Weg zur Stress-Lösung!

Dieses Buch will dich zuerst mit der natürlichen Stressreaktion versöhnen. Ohne die Stressreaktion hätten deine Vorfahren nicht überlebt und du wärst nicht einmal geboren. Stress ist eine gesunde Reaktion, die uns schützt und wichtige Lernprozesse in uns bahnt. Man könnte sagen, dass unser gesamter Fortschritt durch Stress angetrieben wird. Das ist gesund. In diesem Buch beschäftigen wir uns daher vorwiegend mit dem überflüssigen emotionalen Stress, den wir uns unbewusst selbst machen. Es beschäftigt sich mit unseren weniger bewussten Fehlinterpretationen, die uns in emotionalen Dauerstress bringen und darin halten. Dieses Buch ist deiner Souveränität gewidmet, die in der Lage ist, diese Belastungsmuster umzudrehen und dein Wohlbefinden in die Hand zu nehmen. Es ist deiner Fähigkeit zur Selbstliebe gewidmet, die in der Lage ist, dein Nervensystem freizusprechen von reibungsvoller Zwangsarbeit. Es kann ein Paradigmenwechsel im Umgang mit dir selbst sein.

Michaele Kundermann

Bevor es losgeht ... einige Hinweise

Trotz aller Stressforschung existiert bis heute kein allgemein anerkanntes Stressmodell. Das mag an der Komplexität und verschiedenen Blickwinkeln liegen. In diesem Buch beschreibe ich im Kern ein einfaches wie praktisches Vermeidungs-Modell für emotionalen Stress, welches in 25 Trainer-Jahren entstanden ist. Der amerikanische Physiologe Walter B. Cannon führte um 1914 für Störungen eines Gleichgewichts erstmals den *Begriff* »Stress« ein. Er leitet sich ab aus dem englischen Wort für »Druck«. Er war im geologischen Bereich für tektonische Plattenverschiebungen gebräuchlich. Die lateinische Wurzel davon ist »stringere« – anspannen. Der österreichisch-kanadische Forscher Hans Selye hat uns um 1936 wertvolle Beschreibungen der Stressreaktion geliefert. Stress ist eine Belastungsreaktion des Körpers, die im positiven Sinne zu Leistung, Flow und Energie führt. Dies nannte er *Eustress*. Führt eine Belastung oder Anforderung zu negativen Empfindungen, entsteht *Disstress*. In beiden Fällen fließen unterschiedliche Neurotransmitter, die das Geschehen im Körper auslösen. Unglücklicherweise nannte er diese beiden völlig unterschiedlichen Zustände mit geänderten Vorsilben »Stress«. Das kann zur Verwirrung der Wortbedeutung führen. Deshalb treffe ich für dieses Buch die Vereinbarung, dass mit dem Wort »Stress« immer der »Disstress« gemeint ist. Statt »Eustress« verwende ich das von Prof. Csikszentmihalyi geprägte Wort »*Flow*« (siehe Register).

Noch plastischer wird es für den Leser, wenn sich beiden Kunstfiguren *Panikum und Heurekum* vorstellen. Panikum symbolisiert den Distress und Heurekum den Flow-Zustand des Nervensystems.

Nach Antonio Damasio[1], Professor für Neurologie an der Uni Iowa, sind *Emotionen körperliche* Veränderungen und Reaktionen, die wir über das *Fühlen wahrnehmen*. Beides tritt gemeinsam auf. Daher meine ich immer beides, wenn ich von Emotionen oder Gefühlen schreibe.

In der Ansprache habe ich das »Du« gewählt, weil sich das Unterbewusste dadurch direkter angesprochen fühlt. Je tiefer Wissen dort anklingt, desto schneller wird es verinnerlicht.

Für die Anwendung der Methoden und Tipps in diesem Buch, für deine Handlungen währenddessen und danach bist du natürlich selbst verantwortlich. Bei Fragen kannst du dich gerne an mich wenden. Diese Methoden ersetzen keineswegs professionelle ärztliche Konsultationen.

Bonusmaterial zum Download: Begriffsbestimmungen, deren konkrete Ausführung im Text zu weit führen würde, findest du im Glossar. Im Text selbst sind die Begriffe durch eine andere Schriftart gekennzeichnet. Das Glossar kannst du zusammen mit einer Zusammenfassung des Buches für Querleser mit dem nebenstehenden QR-Code oder dem Code ESK-2018 auf der Webseite der Autorin *www.emotionale-stresskompetenz.com* oder auf der Webseite des Verlages unter *www.goldegg-verlag.com/book/emotionale-stress-kompetenz* downloaden.

TEIL I

Stress-Aha – Stress verstehen

1. Was hat der Urknall mit Stress zu tun?

Wer eine Uhr reparieren oder optimieren will, muss zuerst verstehen, wie sie tickt. Wer eine Maschine überarbeiten möchte, muss zuerst verstehen, wozu sie dient und wie sie funktioniert. Wer Stress meistern will, muss ihn zuerst verstehen. Bevor wir damit beginnen, möchte ich einen kühnen Bogen zurück schlagen vor die Entstehung des Universums. In dem Sein oder der Leere vor Raum und Zeit können wir unsere Reise nur in hypothetischen Bildern beginnen lassen. Beginnen wir also im Reich der Vorstellungskraft und erlauben wir uns vergnügtes Spekulieren.

Stell dir vor: Es ist kurz vor dem Urknall. Es existiert eine absolute Stille. Es existiert ein Sein, in dem alle Bewegung in unvorstellbarer Geschwindigkeit gleichzeitig stattfindet. Es ist jedoch keine Bewegung wirksam, denn alle Impulse gleichen sich vollkommen aus. Die Frequenz dieses Seins schwingt unvorstellbar hoch, in einem Raum, der unendlich groß ist. In ihm befindet sich jedoch alles gleichzeitig an jedem Ort. Dadurch kann dieser Raum zugleich unendlich klein sein.

Das Sein sehnt sich danach, seine Energie zu sehen und mit ihr zu spielen. Nur wie? Denn damit etwas Beobachtbares geschehen kann, muss ein Ungleichgewicht her. Das in sich ruhende Sein kann sich kein Ungleichgewicht erlauben. Also schafft es eine Schleuse, durch die sich ein Teil der Energie im Urknall entlädt. Der andere Teil des bewegungslosen, weil sich unendlich schnell bewegenden Energiepotentials, wird zurückgehalten. Mit dem Urknall werden zwei Pole geboren. Dadurch, dass ein Teil der Energie fehlt, müssen sich diese Pole ständig ausgleichen, um ein vermeintliches Gleichgewicht herzustellen. Das war vorher selbstverständlich. Der Ausgleich geschieht jetzt durch Bewegung – so wie es uns das Pendel vormacht. Bewegung erzeugt Schwingung.

So weit diese fiktive Idee, um über die Ursprünge der Polarität zu philosophieren Niemand weiß, was vor dem Urknall war. Dennoch kann uns dieses Gedankenspiel helfen, die Entstehung der Polarität einzuordnen. Denn für das Verständnis von Stress und seiner Vermeidung spielt sie eine große Rolle. Den nächsten Teil der Geschichte können wir aus Erfahrung nachvollziehen.

Tatsächlich beobachten wir, dass in der Natur alles zwischen seinen Polen schwingt. Einatmen braucht das Ausatmen und umgekehrt. Tag geht über in Nacht und wieder Tag, Sommer dreht in Winter und wieder Sommer. Die hemmenden und aktivierenden Stränge unseres Nervensystems gleichen sich ständig aus. Diese Bewegung simuliert das Gleichgewicht, welches im Sein unserer Fiktion automatisch vorhanden ist. In der Bewegung zwischen den Polen wird ein drittes Prinzip erschaffen – das Neue. Kommen ein männliches und ein weibliches Lebewesen zusammen, entsteht in einem schöpferischen Akt ein Kind. Suchen wir eine Lösung, entwickelt sich zwischen dem Für und Wider, dem Streben und dem Zögern, dem Misslingen und Gelingen, zwischen dem Grenzen ausdehnen und zusammenziehen eine neue Wirklichkeit. Das dritte Prinzip entsteht aus dem ständigen Bestreben, die ursprüngliche Einheit der Pole wieder zu erschaffen.

2. Zwei Lebensprinzipien – ein toller Einfall der Evolution

Heurekum als Lebensprinzip

Zunächst braucht die Energie, die sich als Universum materialisiert, eine lange Zeit, um sich in schöpferischen Zusammenstößen zu erforschen. Irgendwann gipfelt dies in der Entwicklung von Lebewesen. Vor 1,8 Milliarden Jahren tauchten kernhaltige Zellen, die Eukaryonten auf. Einzellige Bakterien als ihre Vertreter und Nachfolger können existieren, weil sie durch chemische Botenstoffe meisterliche Systeme des Ausgleichs in sich tragen – auch Homöostase genannt. Wir können diese Regelmechanismen als Vorläufer der Gefühle betrachten. Wir wissen nicht, ob Bakterien fühlen können. Aber sie sind schon zu erstaunlichen sozialen Fähigkeiten in der Lage. Sie kooperieren bei erwünschten und konkurrieren bei unerwünschten Artgenossen.

Nennen wir den Prozess des Ausgleichens und die dadurch erzeugte Wahrnehmung des Einklangs und Wohlbefindens generell Heurekum. Das Heurekum bezeichnet einen Zustand von dynamischer, leistungsfähiger Ordnung, in dem alles im Fluss ist und der als Wohlbefinden wahrgenommen wird. Es ist ein Zustand, der sich richtig und energiegeladen anfühlt. In diesem Zustand entfaltet sich das Lebewesen auf angenehme Weise gemäß seiner Art und seines Lebensraums. Heurekum ist, wenn sich ein Lebewesen im dynamischen Einklang mit sich und seiner Umwelt befindet und daraus Energie schöpft. Das entspricht dem von Prof. Csíkszentmihályi beschriebenen positiven Gefühls- und Wahrnehmungszustand »Flow«. Flow ist anderes Wort für das Heurekum. Der Flow-Zustand wird als eine angenehme Gegenwartserfahrung beschrieben. Noch einfacher gesagt: Heurekum *ist der Zustand des Nervensystems, der uns ein Lächeln auf das Gesicht zaubert.*

Metazoa, vielzellige Lebewesen entwickelten sich erst vor ca. 600 bis 700 Millionen Jahren. Vor ca. 600 Millionen Jahren tauchten auch die ersten Formen eines Nervensystems in Lebewesen auf. Der Emotionsforscher Damásio vermutet, dass mit dem Nervensystem auch die Fähigkeit des Fühlens entstanden ist.[2] Das System des Zufriedenheitshormons Serotonin soll sich schon im Präkambrium vor über 700 Millionen Jahren entwickelt haben. Das Heurekum wird nun vermutlich von dem Lebewesen auf irgendeine Weise gefühlt.

Vor etwa 300 Millionen Jahren begann die Entwicklung der Säugetiere. Heute beobachten wir, dass Tiere sehr wohl Wohlbefinden und Freude – also eine Form von Heurekum-Zustand erfahren können.

Viel später – vor knapp 2 Millionen Jahren – entwickelte sich der Homo erectus und vor etwa 200.000 Jahren begann der Übergang zu unserem Menschentyp, dem Homo sapiens. Es wäre spannend zu wissen, wie sich das Fühlen und die Lebensfreude in der Entwicklungsgeschichte des Menschen entfaltet haben – doch das teilen uns Knochenfunde nicht mit. Die Erfahrung von Heurekum scheint sich jedenfalls weiterentwickelt haben bis zu uns heutigen Menschen. Wir sind in der Lage, die Qualitäten des Herzens wie beispielsweise Verbundenheit, Verständnis, Vertrauen, Mitgefühl, bedingungsfreie Liebe, Wertschätzung, Dankbarkeit bewusst zu fühlen. Wir können mit zuversichtlichen Motivationen, Freude und Lebensfreude konstruktive Entwicklungen erschaffen. Vielleicht entwickelt sich dieses Heurekum noch weiter in feinere Empfindungen, wenn wir es schaffen, die Übermacht der Stresshormone in unserem System auszugleichen?

Panikum betritt die Bühne

Mit den Polen und der Bewegung sind auch die Zeit und eine neue Art von Raum entstanden. Denn mit der Verdichtung der Energie in Materie wird ein Raum benötigt, so wie wir ihn kennen. In diesem Raum kann sich in Bruchteilen von Sekunden der Ausgang einer Geschichte völlig ändern.

Das nennt man Unfall. Ein Lebewesen muss also in einer Welt existieren können, die aufgrund der beiden Pole auch seine Zerstörung ermöglicht. Damit dies nicht sogleich geschieht, braucht es ein Schutzsystem. Die Evolution hat deshalb eine Feuerwehr für uns erfunden – nennen wir es Panikum.

Wie wir im letzten Kapitel schon festgestellt haben, kommunizieren die frühen Einzeller durch chemische Botenstoffe untereinander, derer sich auch Panikum bedienen kann. Einzeller können Schutzproteine bilden, wenn es ihnen schlecht geht – beispielsweise Hitzeschockproteine. Auch Pflanzen haben solche Mechanismen. In höher entwickelten Lebewesen, wie dem Menschen, hat Panikum das elektrische Nerven-Reizleitungs-System, chemische Botenstoffe wie Hormone und Neurotransmitter, und ein ganzes Gehirn für seine Schutzmaßnahmen zur Verfügung. Wenn eine Gefahr oder Bedrohung auftritt, muss schnell gehandelt werden. Das Bewusstsein der höher entwickelten Lebewesen ist jedoch viel zu langsam, um für Feuerwehr-Reaktionen geeignet zu sein. Wenn sich beispielsweise ein Felsbrocken löst und auf ein Lebewesen zustürzt, hat es kaum Zeit, in seinem Bewusstsein nachzudenken, geschweige denn auszuprobieren, in welche Richtung es am besten ausweichen sollte. Das muss blitzschnell geregelt werden. Panikum ist der flotte Autopilot, der die Aufgabe hat, Angriffe auf die Existenz eines Lebewesens abzuwehren und damit zugleich den Zustand des Heurekums zu schützen. Panikum muss in diesen Fällen Vorfahrt haben. Es wird die Empfindung des Heurekums so lange ausschalten, bis die Bedrohung des Lebens beendet ist. Panikum ist eine elementare und gesunde Überlebensreaktion.

Panikum – der perfekte Autopilot

Panikum nimmt seine Aufgabe sehr ernst. Natürlich möchte es auch möglichst wichtig sein. Wenn Heurekum schon den Vorteil hat, dass es von den Lebewesen sehr geliebt wird, möchte es zum Ausgleich bedeutsam sein. Sobald es nur die geringste Spur einer Bedrohung wahrnimmt, stoppt es das Heurekum. Ohne zu zögern, übernimmt es die Regie auf der ganzen Bühne.

Panikum erfindet drei Möglichkeiten, auf eine Bedrohung zu reagieren: Kampf – Flucht – Erstarrung. Da seine Antworten auf physische Bedrohungen erfolgen sollen, sind sie auch physisch gedacht. Panikum *hat machtvolle Helfer: Adrenalin, Noradrenalin und* Kortisol sind die wichtigsten. Mit seinem Helfer Noradrenalin sorgt es dafür, dass aus einer Stress-Situation Fortschritt gezaubert wird. Im ersten Schritt löst Noradrenalin das Adrenalin aus. Sein Mitarbeiter Adrenalin stellt dann die Physiologie her, die für die Überlebensstrategien Kampf, Flucht oder Erstarrung notwendig ist. Ein weiterer Job von Noradrenalin ist, aus dem neurochemischen Chaos einer Stress-Reaktion, neue Lernprozesse in uns zu bahnen. Es sorgt dafür, dass die neurologischen Bahnen der Hirnrinde, die eine Lösung brachten, ausgebaut und schneller gemacht werden. Ohne Panikum würden wir vielleicht immer noch in Höhlen am Feuer sitzen. Der Helfer Kortisol erhöht seine Konzentration etwas zeitverzögert in der zweiten Stressphase, wenn eine bedrohliche Situation nicht geklärt werden konnte. Er sorgt für den Energienachschub der anstrengenden Rettungsaktionen von Panikum. Kortisol ist ebenso für unsere täglichen Aktivitäten wichtig und schon in den frühen Morgenstunden beginnt seine Konzentration anzusteigen. Seine durch ungesunden Dauerstress erhöhte Konzentration sorgt allerdings langfristig für Abbauprozesse im Gehirn. Das ist sogar sinnvoll. Dadurch sollen unbelehrbar blockierte, immer wieder Stress auslösende Areale kurzerhand ausgeschaltet werden, damit wieder eine Entwicklung für das Lebewesen möglich ist. Es gibt Indizien in der Demenzforschung, dass langanhaltender, ungelöster emotionaler Dauerstress Demenzen begünstigt. Dazu gehören auch Verdrängungen oder Verleugnungen von Gefühlen. Es ist ein weit verbreitetes Phänomen, dass viele Menschen, die Grausamkeiten in den beiden Weltkriegen miterleben mussten, kaum darüber gesprochen haben. Zu schmerzhaft waren die Erfahrungen, als dass sie sie im Bewusstsein noch einmal anschauen wollten. Doch genau das wäre richtig gewesen. Verdrängung kostet Lebensenergie. Warum sollte das ökonomisch und intelligent organisierte Gehirn also diese Areale am Leben erhalten, die dauerhaft nicht erwünscht sind?

Auf der körperlichen Ebene sieht die Stress-Reaktion beim Menschen so aus: Panikum zieht das Blut aus dem Bereich der bewussten Entscheidungen, dem Vorderlappen der Stirn, in den Hirnstamm, wo seine Reflexe gespeichert sind. Blitzschnell entscheidet es, ob in einer bedrohlichen Situation ein Kampf erfolgversprechend ist. Ist das nicht der Fall, entscheidet es sich für eine Flucht. Geht beides nicht, ist Erstarrung seine letzte Strategie. Der Mensch selbst kann nicht mehr klar denken. Die rechte und linke Hirn-Hemisphäre arbeiten nicht mehr effektiv zusammen. Denn zwischen ihnen sind die Telefonleitungen des Corpus callosums teilweise blockiert. Wie bei einem Zweier-Ruderboot, in dem es einen Steuermann gibt, gibt bei jedem von uns eine Gehirnhälfte den Ton an – ist dominant. Welche das ist, ist für jede/n von uns individuell. Im Stress versucht die dominante Hemisphäre den gesamten Job allein zu machen und die andere schaltet herunter. Das ist, als wollten wir auf einem Bein durchs Leben laufen – nicht sehr effizient und sieht seltsam aus. Die Gehirnhälften steuern auch die Wahrnehmungskanäle – die Sinne. Folglich wird der Teil der Wahrnehmung geschwächt, der von der herunter geschalteten Gehirnhälfte gesteuert wird. Dadurch kommt es zu Fehlwahrnehmungen und Fehleinschätzungen von Ereignissen. Jeder hat schon ähnliche Situationen erlebt, wie das Suchen nach einer Brille, die er auf der Nase hatte. Oder wenn er einen Gegenstand nicht gesehen hat, der auf dem Tisch vor ihm lag. Sozial problematisch wird es, wenn wir etwas nicht hören, was andere zu uns sagen, oder etwas anderes verstehen, als gesagt wurde.

Der Panikum-Gehirnzustand wird von dem Impuls seiner Schutzreflexe im Hirnstamm dominiert. Weil das bewusste Denken im präfrontalen Kortex (Stirnhirn) durch verminderte Durchblutung reduziert ist, fallen ihm kaum neue Lösungen in einer aktuellen Situation ein. Das kennst du: Vielleicht sind dir in einer Prüfungssituation schon einmal die einfachsten Lösungen nicht eingefallen? Oder du suchst vergeblich eine Funktion auf einer Internetplattform, steigerst dich in Ärger, dass sie nicht vorhanden scheint und übersiehst das Eingabefeld dafür. Panikum greift auf bereits bekannte mehr oder weniger hilfreiche Strategien und Erfahrungen zurück. Das kann in einer neuen Situation unangemessen sein. Gleichzeitig wird der Körper für einen Kampf oder eine Flucht vorbereitet. Dank Adrenalin wird die Muskulatur stärker durchblutet. Das Blut wird dafür aus anderen Bereichen, wie beispielsweise dem Verdauungstrakt oder den Geschlechtsorganen abgezogen. Wer hat schon auf einem Schlachtfeld Lust auf Essen oder Sex? Viele Menschen kennen das Phänomen, dass sie in Stresssituationen keinen Bissen runter bekommen.

Endorphine –«Glückshormone» – werden vermehrt ausgeschüttet, um Schmerzen zu mildern. Deswegen lieben manche Menschentypen immer etwas Stress, um die Endorphine zu »kosten«. Kortisol, das Stresshormon der Nebenniere, wird in die Blutbahn geschwemmt, um Entzündungen und mögliche allergische Reaktionen auf Verletzungen zu mildern. Der Glukosestoffwechsel wird aktiviert, um die nötige Energie für Kampf oder Flucht bereitzustellen. Die Leber gibt bei plötzlich auftretenden Gefahren blitzartig ihren Glukosespeicher frei, den sie für solche Situationen angelegt hat. Dadurch vollbringen Menschen in Stresssituationen kurzzeitig körperliche Höchstleistungen, zu denen sie sonst nicht imstande sind. Die Bauchspeicheldrüse muss dafür vermehrt Insulin zur Verfügung stellen. Wenn ein Stresszustand dauerhaft anhält, wird die Bauchspeicheldrüse überfordert und es kann zu einer diabetischen Reaktion kommen. Adrenalin aktiviert den Kreislauf und erregt das aktivierende Sympathische Nervensystem. Der Blutdruck steigt. Das Sehfeld wird vergrößert, um Gefahren auch an den äußeren Zonen unseres Sichtfelds erkennen zu können – auf Kosten des scharfen Sehens.

Panikum macht ein Lebewesen in kürzester Zeit bereit, sein Überleben zu sichern. Dafür hat die Evolution es geschaffen und es ist unersetzlich für das Fortbestehen jeder lebenden Spezies. Panikum ist verpflichtet, sich sofort zurückzuziehen und die Bühne für Heurekum freizumachen, wenn die Bedrohung vorüber ist. Panikum *ist als Welle gedacht, die in ihrem Höhepunkt zur Problemlösung führt und dann auf den normalen Spiegel der Hormone im Blut abfällt.*

Eine hervorragende Einrichtung der Evolution!

Panikums Dilemma

In Panikums Dilemma hast du schon oft gesteckt. Solltest du vielleicht einmal mit einem Kollegen oder Chef zusammenarbeiten, der dir gegen den Strich ging oder unsympathisch war? Oder hast du eine ähnliche Situation erlebt? Dann hast du vielleicht diese oder ähnliche Erfahrungen gemacht: Die Begegnungen, und allein schon der Gedanke daran, lösen einen Druck in der Magengegend und Unwohlsein aus. Du fühlst dich nicht mehr in der Lage, produktiv und entspannt mit diesen Kollegen zusammenzuarbeiten. Zur Rettung aus der Situation aktiviert Panikum den Kampf- oder Fluchtmodus in dir. Während der Arbeit kannst du dir allerdings nicht leisten, einen Kampf vom Zaun zu brechen oder einfach wegzurennen. Und selbst wenn du es tust, verstrickst du dich tiefer, produzierst Verhärtungen und löst das emotionale Problem nicht – eine unproduktive Strategie. Wenn sich das Problem nicht auflöst, bleibt Panikum bei seinem Handwerkszeug und sucht Lösungen durch Verstärkung des inneren Drucks mit noch mehr Stresshormonen. Doch Moment mal – wieso fühlt sich Panikum hier überhaupt zuständig? Du steckst doch keineswegs in einer lebensbedrohlichen Situation!

Oder vielleicht ist dein Partner unordentlich, lässt alles stehen und liegen: Klamotten liegen auf dem Boden herum, ausgetrunkene Flaschen oder Essgeschirr bleiben einfach auf dem Tisch zurück, die Zahnpastatube ergiesst sich offen auf der Anrichte. Jedes Mal, wenn du so etwas bemerkst, meldet sich Panikum in dir – obwohl doch eine Zahnpastatube keine Lebensbedrohung für dich darstellt! Welche Bedrohung erfährst du in solchen Momenten und warum fühlt sich Panikum dafür zuständig?

Um Panikums Dilemma zu verstehen, betrachten wir zunächst die emotionale Entwicklung des Lebens: Die Evolution entfaltete sich. Aus der einfachen Reizempfindungsfähigkeit einer Mikrobe entwickelte sich über unfassbare Zeitdimensionen hinweg das emotionale Gehirn bei komplexeren Lebewesen. Es wird als limbisches System bezeichnet. Doch am Ausdruck von Emotionen ist der ganze Körper beteiligt. Im Solarplexus liegt ein emotionales Zentrum – das »Bauchgefühl«. Innere Organe können Einfluss auf unsere Emotionen nehmen. Ein komplexes neurochemisches Wechselspiel im Körper, dessen Beschreibung Bände füllen würde, bildet unsere Emotionen ab.

Selbst bei Tieren beobachten wir erstaunliche emotionale Reaktionen und Leistungen – sogar Empathie. Im Menschen jedoch erreicht die emotionale Entwicklung bis heute einen Höhepunkt. Im Laufe der Zeit verfeinert und differenziert sich die emotionale Empfindungsfähigkeit der Menschen. Aus den eindimensionalen Lust-/Unlust-Reaktionen, die wir immer noch bei frisch geborenen Babys beobachten können, werden die emotionalen Reaktionen spezifischer. In der menschlichen emotionalen Entwicklung werden Erfahrungen, wie Abwertung, Unterdrückung, Liebesentzug, Ablehnung, Ausgrenzung, Grenzüberschreitungen, Verantwortungslosigkeit, Freiheitsbeschränkungen, und andere immer bewusster als emotional verletzend und damit als Bedrohung wahrgenommen. Je empfindsamer und emotional bewusster der Mensch in der Evolution wurde, desto mehr wurde es ihm vermutlich möglich, auch das Heurekum intensiver und genüsslicher zu erleben als je zuvor.

Die Entwicklung der emotionalen Empfindungsfähigkeit in all ihren Facetten brachte eine neue Art von Gefahr hervor – die rein emotionale Bedrohung.

Das uralte, entwicklungsgeschichtlich einfach gestrickte Panikum hat darauf keine neue und geeignete Antwort. *Wenn Panikum eine emotionale Bedrohung registriert, setzt es sie gleich mit Lebensbedrohung* – etwas anderes kennt es nicht. Es wurde geschaffen, um Leben zu erhalten. Schwarz – Weiß; Bedrohung ist immer Lebensbedrohung und wird mit Panikums Strategien beantwortet – Kampf, Flucht oder Erstarrung. Keine Nuancen, keine Schattierungen. Hier werden die klaren, aber einfachen Reaktionsmuster von Panikum problematisch. Es verhält sich wie jemand, der nur einen Hammer als Werkzeug kennt und deshalb auch eine Uhr damit reparieren möchte. Wenn es um Leben und Tod geht, ist Panikum äußerst wirkungsvoll – aber ebenso kontraproduktiv, wenn es sich um rein emotionale Bedrohungen handelt. Das ist Panikums Dilemma.

Wie sprechen über die Entwicklung der emotionalen Empfindungsfähigkeit des Menschen. Doch stellen wir fest, dass sie nicht immer voll aktiviert ist und war. Selbst wenn wir in die bekannte Geschichte zurückblicken, finden wir im menschlichen Miteinander eine Brutalität, die nicht ungewöhnlich war: unmenschliche Strafen, körperliche Torturen, seelische Qualen. Wie konnten Menschen das aushalten? Wie konnte es sein, dass Menschen, ohne Mitgefühl zu empfinden, andere gequält haben? Auch in der jungen Geschichte beobachten wir unvorstellbare Gefühls-Anästhesien, ohne die die Gräueltaten des IS, totalitärer Regimes oder der Nazis nicht möglich gewesen wären. Um solche Ereignisse zu erzeugen oder zu überleben, braucht es einen Abstieg in die Empfindungslosigkeit oder gar in die emotionale Verrohung. Hinter der in unserer Zeit erlebten Empfindungslosigkeit stecken meist unverarbeitete Traumen und seelische Schmerzen, die so stark sind, dass sie für das Bewusstsein betäubt werden. Vielleicht ist es eine der Fluchtmechanismen von Panikum, dass es die emotionale Empfindungsfähigkeit nach traumatischen Erlebnissen herunterregelt? Depressionen und Schocks gehen mit Gefühlsverlusten und sogar Gedächtnisverlusten einher. Im Borderline-Syndrom werden schmerzhafte emotionale Anteile abgespalten, sodass sie für das Bewusste zunächst nicht mehr zugänglich sind. In Gerichtssälen empfinden Täter kein Mitgefühl für ihre Opfer. Wenn wir genau hinspüren, haben wir alle individuelle Bereiche, in denen unser emotionales Empfinden durch Stress etwas gedämpft ist. Erfreulich ist, dass sich heutzutage immer mehr Menschen Stück für Stück von den Schocks, Traumen und Persönlichkeitsverletzungen befreien, die die Geschichte in ihnen zurückgelassen hat. In den letzten Jahrzehnten entwickelte sich immer mehr Knowhow, wie jeder für sich dies individuell und effizient transformieren kann. Für diese heilsame Entwicklung braucht es Frieden und eine gewisse materielle Sicherheit, was sich in jüngster Zeit immerhin in einigen Regionen der Welt eingestellt hat. *Es wird deutlich, wie wichtig eine Politik und Kultur des friedfertigen Miteinanders und Wohlstands für die emotionale Weiterentwicklung der Menschheit ist.*

Der Geist des Menschen arbeitete im Laufe der Zeit erfolgreich an der Reduzierung seiner physischen Bedrohungen. Beispielsweise lernen wir aus jedem Unfall etwas für mehr Sicherheit in der Zukunft. In vielen Teilen der Welt finden lebensbedrohliche Situationen nur noch in Ausnahmefällen statt. Dort hat Panikum immer weniger damit zu tun, seine eigentliche und lebenswichtige Schutz-Aufgabe zu erfüllen. Es sollte froh sein, so viel Urlaub zu haben!

Umso mehr ist Panikum jetzt mit der emotionalen Bedrohung beschäftigt. Es kann emotionale Bedrohungen und physische Lebensgefahr nicht unterscheiden. Es steckt in diesem Dilemma, welches es aus sich heraus nicht lösen kann und aktiviert sein Drama wie eine gebrochene Schallplatte. Diese Tatsache macht es uns Menschen so schwer, gelassen mit emotionalem Stress umzugehen. Panikum *hat nur Zugriff auf Reflexe, die das Problem physischer Bedrohung lösen können.* So folgt es seiner Natur und verwendet für emotionale Bedrohungen die unpassenden Strategien von Kampf, Flucht oder Erstarrung. Es versetzt den Körper in einen Alarmzustand, obwohl sich die emotionale Bedrohung dadurch nicht vermindert. Wenn ein Problem keine Lösung erfährt, ist Panikums einzige Strategie, den Druck der Stressreaktion zu erhöhen. Der Alarmzustand wird zum Dauerzustand. Doch dafür hat die Evolution den Körper gar nicht ausgelegt. So finden diese drei Stress-Antworten auch bei emotionaler Bedrohung ihren Ausdruck:

Zuerst neigt Panikum in uns meist zum *Kampfmodus*. Dann projiziert der Mensch innere Konflikte nach außen und will sie dort lösen. Das wiederum führt zu anstrengenden Verstrickungen mit seinem Umfeld und häufig zu Verhärtungen. Kampf führt zur Stagnation, weil stets beide Seiten gewinnen wollen. Denn wer immer unterliegt, wird kurz darauf einen neuen Kampf anzetteln, um doch noch zu gewinnen. Oder warum hat Deutschland es nach der Niederlage im 1. Weltkrieg nicht lassen können?

Wenn Kampf sinnlos zu sein scheint, neigt der Mensch eher zum *Fluchtmodus*. Dann will er am liebsten nicht hinsehen und verdrängt das Unangenehme. Er entzieht sich der Kommunikation und frisst Stress in sich hinein. Er stellt sich nicht der Verantwortung oder einem Konflikt. Die Flucht in Süchte aller Art ist eine weitere beliebte Reaktion.

Viele kennen dieses Vermeidungsverhalten: Obwohl sie Bügeln, Abwaschen oder Putzen hassen, stürzen sie sich plötzlich in diese Tätigkeiten, wenn sie einer emotionalen Herausforderung aus dem Weg gehen wollen.

Wenn weder Kampf noch Flucht möglich erscheinen, bleibt der *Erstarrungsmodus*. Bei dieser Reaktion fühlen sich Menschen ohnmächtig. Sie verlieren ihre Zuversicht, eine Lösung zu finden – und daher finden sie auch keine. Es droht das emotionale Burnout.

In der frühen Kindheit erleben wir aufgrund unserer eingeschränkten Sichtweisen und Ressourcen vermehrt Stresserfahrungen, für die wir keine Lösung finden. Wir können uns beispielsweise noch nicht artikulieren oder uns fehlen Erfahrungen, um ein Ereignis als unbedenklich einordnen zu können. Wenn ein Elternteil kaum zu Hause ist, weil es vielleicht viel arbeiten muss, können wir das noch nicht einordnen und folgern stattdessen, dass mit uns etwas nicht stimmt, weil es kaum Zeit mit uns verbringt. Nicht gelöste Stresserlebnisse bleiben als eine Art Kurzschluss in unserem Nervensystem »eingefroren«. Im Laufe unseres Lebens bilden sie die Blockaden und Begrenzungen unseres Erfolgs, wie im oben genannten Beispiel die zwanghafte Idee »Ich bin nicht gut genug und muss immer noch besser werden, um liebenswert zu sein«, die nur mit bewusster Lösungsarbeit überwunden werden können.

Dramatische Schauplätze für die Folgen von Panikums Dilemma sind menschliche Beziehungen. Unzählige Arten von Verstrickungen tanzen auf den Bühnen des Lebens und liefern nie enden wollenden Stoff für Filmdramen. Man braucht nur Telenovelas anzuschalten, die ihren Stoff aus dem Beziehungsalltag inspirieren lassen. »Du sollst mich doch glücklich machen« – »Du bist an xy schuld« – »Du musst dich ändern« – subtile Machtspiele, Projektionen, Freiheitsentzug entstehen aus ungelösten Konflikten mit den Eltern und setzen sich in Beziehungen fort.

Wenn Panikum unsere menschliche Umwelt als emotionale Bedrohung wahrnimmt, mischt es sich eifrig in soziale Beziehungen ein. Die Bedrohung muss nicht einmal durch eine aktuelle Situation entstanden sein. Obwohl in der Gegenwart nicht die geringste Bedrohung existiert, können alte, ungelöste emotionale Konflikte in uns aufsteigen. *Ausgelöst durch situative Trigger setzen sie uns eine Rasterbrille auf, durch die wir alles als Bedrohung wahrnehmen, was einer früher erlebten Gefahr ähnlich ist. Wir sehen die Menschen um uns herum nicht wie sie sind, sondern verzerrt durch diese Brille. Wir leben emotional gerade irgendwo in unserer Vergangenheit.* Wenn beispielsweise Kinder ihre Eltern als schwach und kränklich erleben, neigen sie aus Liebe dazu, für sie Verantwortung zu übernehmen. Das stellt jedoch eine zu hohe emotionale Belastung und Herausforderung für sie dar, bei der sie von Natur aus versagen müssen. Wenn sie als Erwachsene in eine Situation kommen, in der sie Verantwortung für andere übernehmen sollen, die diese nicht bereit sind, für sich selbst zu übernehmen, sagen sie nicht einfach ein klares »Nein«, sondern reagieren übermäßig gereizt und werden wütend. Was soll Panikum tun, um uns aus einem Feuer der Vergangenheit zu retten, welches in der Gegenwart gar nicht existiert, sondern nur in der Projektion brennt?

Es wird in seinem Dilemma unpassende Rettungsstrategien einsetzen, die andere vor den Kopf stoßen können. Vielleicht wird es in der Kommunikation hyperaktiv und antwortet hektisch durch uns, bevor ein Gegenüber seinen Satz beendet: »Ja, aber ...« Es geht vorsorglich auf Abwehr und lässt andere emotional nicht an uns heran. Es ist, als hätten Menschen in diesem Modus eine Hab-Acht-Ritterrüstung angelegt. Damit strecken sie anderen bereits ein unsichtbares Abwehrschild entgegen, wenn diese nur eingeatmet haben, um etwas zu sagen. Manche Menschen reagieren im Panikum-Modus laut und aggressiv, sodass andere auf Abstand gehen. Oder sie verletzen verbal und sorgen für emotionale Trennungen, bevor eine kommunikative Verbindung entstehen konnte.

Vielleicht hast du Menschen in diesem Zustand schon einmal erlebt? Vielleicht konntest du aus der aktuellen Situation nicht verstehen, was dein Gegenüber bewegte? Kein Wunder – du hattest damit wenig zu tun. Dein Gegenüber befand sich in einem Film seiner Vergangenheit. Du hast darin nur unfreiwillig eine Rolle erhalten, die zu Recht ein Unbehagen in dir ausgelöst hat. Oder vielleicht hast du dich selbst schon einmal so verhalten in einer spezifischen Situation oder gegenüber einer bestimmten Person? Dann analysiere, wodurch du dich bedroht gefühlt hast. Du kannst dann deine Sichtweise ändern und sogar alte emotionale Konflikte ausheilen. In diesem Buch findest du viele Tipps dazu.

Ein anderes, sehr aktuelles Beispiel für die wenig konstruktive Einmischung von Panikum ist der Umgang mit anderen Kulturen. Über Fremdes und Neues haben wir zunächst scheinbar keine Kontrolle. Deshalb ist Panikum auf der Hut und neigt dazu, alles Fremde zuerst als Bedrohung wahrzunehmen. Aktuelle Forschungen der McGill-Universität in Montreal bestätigen, dass wir im Stressmodus weniger Mitgefühl mit Fremden als mit vertrauten Menschen empfinden.[3] So kann Panikum in eingebildeter Bedrohung Fremdenhass schüren und Anschläge auf diejenigen provozieren, die anders aussehen, anders denken, anders fühlen, andere Rituale haben. Warum das so ist und welche Trümpfe Heurekum hier bietet, verstehst du noch mehr im Kapitel 6: »Die neuronale Autobahn wechseln«.

Betrachte noch einmal die Beispiele am Anfang dieses Themas mit dem Chef und der Unordnung. Was denkst du, um welche emotionale Bedrohungen es sich dabei handeln könnte? Vielleicht ist es die Angst vor Ablehnung, vor Einschränkung der eigenen Freiheit, vor Bewertungen, vor beruflichen Zwängen? Vielleicht ist es die Angst, für andere Verantwortung übernehmen zu müssen und dadurch überfordert zu sein? Vielleicht ist es die Bedrohung der eigenen Werte oder der persönlichen Sphäre; oder …?

Emotionen – die Herausforderer für Panikum

Nicht nur für Panikum sind Emotionen eine Nuss zum Knacken. Die Wissenschaft hat sich lange davor gedrückt, das Thema Emotionen anzupacken. Es war ihr zu schwammig, zu wenig messbar und anfassbar. Die Emotionsforschung wurde von der Kognitionsforschung mit der überheblichen Idee »Ich denke, also bin ich« als unseriöse Teilwissenschaft betrachtet und einfach vernachlässigt. Erst als 1971 Candace B. Pert, Professorin für Physiologie in Washington, die Opiatrezeptoren für Neurotransmitter entdeckte, fing die Wissenschaft an, sich dafür zu interessieren, denn endlich gab es etwas Messbares.

Was sind diese Emotionen überhaupt? Wir alle sind uns sicher, dass wir Emotionen kennen und fühlen, bis wir sie beschreiben wollen. Bis heute gibt es keine einheitliche Theorie und Definition, was Emotionen sind und welche es gibt.

Wir wissen, dass Emotionen eine körperliche Erfahrung sind, die sich über ein neurochemisches Feuerwerk blitzschnell im Körper mitteilen können. *Neurotransmitter* bilden die chemischen, und unser neuronales Netzwerk die elektrischen Impulse, derer sich die Emotionen bedienen. Wie das Wort E-motion schon sagt, möchten sie uns zu Handlungen bewegen. Daher sind sie unsere Energiegeneratoren. Im Kapitel 7 und 8 findest du mehr über den Zusammenhang zwischen ihnen und unseren Gedanken.

Die Emotionsforscher Carroll E. Izard und Paul Ekman stimmen immerhin bei der Beschreibung einiger Emotionen als überkulturelle Grundemotionen überein: Freude/Vergnügen; Ekel/Widerwillen; Wut/Zorn; Überraschung; Furcht/Angst.

Das emotionale, fühlende Repertoire des Menschen beschränkt sich aber keineswegs auf diese Emotionen. Es ist viel feiner und individueller. Selbst bei der gleichen Emotion – zum Beispiel Freude – weiß ich nicht, ob sie sich bei dir genauso anfühlt wie bei mir.

Bleibt die Frage, wozu die Evolution Emotionen erschaffen hat? Eine evolutionäre Emotionsforschung gibt es leider erst seit 1980. Der Emotionsforscher Antonio Damasio hat es einmal zusammenfassend so ausgedrückt: »Ohne Emotionen können wir uns nicht fühlen, keine Sinnerfahrung machen – keine Entscheidungen treffen, weil unsere ›innere Stimme‹ fehlt.«[4] Eine andere aufschlussreiche Definition gab uns Candace B. Pert. Sie schrieb, dass die Gefühle für eine Verbindung von Geist und Körper sorgen.[5]

Der chronische Alarmzustand des Körpers wird zum Verhängnis

Panikum ist mit zwei starken physiologischen Verteidigungswaffen ausgerüstet – mit *Adrenalin/Noradrenalin* und Kortisol. Zwei hormonelle Stress-Achsen[6] bemühen sich nacheinander um die Lösung eines Bedrohungsproblems.

Die Sympathikus-Nebennierenmark-Achse sorgt als blitzschnelle Erstreaktion auf eine Bedrohung dafür, dass Noradrenalin und in der Folge Adrenalin ausgeschüttet werden. Adrenalin und Noradrenalin mobilisieren den Körper, damit er die Bedrohung bekämpfen oder ihr entfliehen kann – zum Beispiel, wenn sich jemand angegriffen oder abgewertet fühlt. Entweder kämpft er verbal oder physisch um seinen Wert oder er entzieht sich der Situation.

Wenn ein Problem mit der ersten Stressreaktion nicht gelöst werden konnte, wird Noradrenalin solange aufgeschaukelt, bis schließlich die Hypothalamus-Hypophysen-Nebennierenrinden-Achse stimuliert wird. Es kommt vermehrt zur Ausschüttung von Kortisol. Dieses stellt den Organismus auf eine länger andauernde Belastungssituation ein.

Was spielt sich in der *ersten Stress-Achse* ab? In einem Regelkreis unseres Nervensystems balancieren sich je nach Bedarf zwei

Gegenspieler gegenseitig aus. Der *Sympathikus* ist für die Aktivierung zuständig und der *Parasympathikus* sorgt für Erholung. Ein immer wieder aktivierter Strom von Adrenalin hält das sympathische Nervensystem in einem Erregungszustand. In der Nacht sollte sein Gegenspieler, der *Parasympathikus* dominieren, damit wir schlafen können. Doch ein adrenalingefeuerter Sympathikus ist zu stark, um sich vom *Parasympathikus* hemmen zu lassen. Schlaflos wälzen wir uns von einer Seite zur anderen und probieren vielleicht allerlei Tricks, um den *Sympathikus* zu ermüden.

Die Muskeln werden in einem Anspannungszustand gehalten, denn sie sollen bereit sein, zu kämpfen oder zu fliehen. Entspannung gelingt ihnen zwar zum Teil in der Nacht, doch reichen unter Stress die schlafarmen Nächte dafür nicht mehr aus. Die Muskulatur friert in einem Spannungszustand ein. Hast du so etwas schon erlebt? Zur Entspannung gehst du vielleicht schwimmen, in die Sauna oder nimmst allerlei Anwendungen. Du gibst vielleicht viel Geld aus für alles, was dir Erleichterung verspricht. Doch dein *Panikum* hält den Motor der Anspannung pflichtbewusst am Laufen – so lange, wie es eine Bedrohung wahrnimmt.

Immer weiter gibt sich der Körper alle Mühe, trotz des Alarmzustands gut zu funktionieren. Doch es kostet ihn mehr und mehr Kraft. Die Entzündungsneigung wächst. Entzündung ist ein Kampf, der sich im Körper abspielt. Dahinter können emotionale Konflikte stecken: Der Kampf, den jemand im Außen offenbar nicht gewinnen kann, verlagert sich nach innen. Im Außen müssten zum Selbstschutz Grenzen gesetzt werden durch ein gesundes »Nein«. Wenn das nicht gelebt wird, wird das »Nein« nach innen gegen sich selbst gerichtet. Für die Ausheilung der Entzündung steht irgendwann zu wenig Lebens-Energie zur Verfügung. Zu viel Kraft hat der Körper für seine Alarmbaustellen verbrauchen müssen. Er sendet Alarmsignale ins Bewusstsein durch Schmerzen und Störungen in verschiedenen Organen und Körpersystemen. Dazu gehören beispielsweise Herzbeschwerden, Verdauungsstörungen, Kopfschmerzen, Atembeschwerden, Konzentrationsbeschwerden. Wir gehen endlich zum Arzt und lassen uns untersuchen. Dieser findet zunächst vielleicht keine physischen Unregelmäßigkeiten. Hilflos lächelnd sagt er: »Sie sind kerngesund.« Vielleicht vermutet er, er habe einen Hypochonder oder Neurotiker vor sich. Doch in der Zeit des 21. Jahrhunderts, in der viele Menschen nicht mehr ums nackte Überleben kämpfen müssen, kommen immer öfter Patienten mit Beschwerden, für die sich zunächst keine physische Erklärung finden lässt. Das wird achselzuckend als »funktionelle Störung« diagnostiziert. Dafür gibt es kaum schulmedizinische Therapien. Letztlich bieten Behandler betäubende oder blockierende Substanzen an, die die Reizleitungen von Panikum behindern. Aber das ruft weder Heurekum hervor, noch hilft es weiter, um Panikum in seinem Eifer zu beruhigen.

Die *zweite Stressachse* leistet ebenfalls betriebsam ihren Dienst. Ein dauerhaft hoher Kortisolspiegel schwächt das Immunsystem und unterdrückt die Produktion des »Jugend«-Hormons DHEA. DHEA bewirkt genau das Gegenteil von Kortisol. Es schützt die Nerven, fördert das Gedächtnis, aktiviert die Zellen und stärkt das Immunsystem. Die beiden Hormone sind Gegenspieler. Nimmt Kortisol zu, so nimmt DHEA ab und umgekehrt. Je älter wir werden, desto mehr verschiebt sich die Gleichung zugunsten des Kortisols.

Um immer wieder neue Energie zur Verfügung zu stellen, beginnt ein dauerhaft hoher Strom des Stresshormons Kortisol in der zweiten Stressachse sogar am Körper-Eiweiß zu knabbern. Es verringert die Proteineinlagerung und baut Muskelmasse ab. Es fördert Osteoporose durch Blockade des Glukose-Stoffwechsels. Kortisol baut Gehirnzellen ab – auch im Hippocampus, dem Gedächtnis-Gehirn. Das hat seinen Sinn: Wenn Gedanken oder Erinnerungen immer wieder Stress aktivieren und das Individuum es nicht schafft, sich davon zu lösen und sich weiterzuentwickeln, dann schwächt oder kappt Kortisol die Bahnungen zu diesen Sackgassen-Gedächtnisarealen. So entsteht Raum für Veränderung im Gehirn und im Leben des Menschen.[7]

Das Kortisol ist bestrebt, einen möglichst hohen Zuckerspiegel im Blut zu halten, damit das Gehirn schnell damit versorgt werden kann. Das Gehirn benötigt für die Zuckeraufnahme kein Insulin. Damit viel Zucker im Blut ist, verringert Kortisol daher die Wirksamkeit des Insulins. Insulin hat jedoch die wichtige Aufgabe, Zucker in die Körperzellen zu transportieren und den Blutzuckerspiegel konstant zu halten. Die Insulinhemmung durch Kortisol ist eine der Ursachen für die Entstehung der erst seit wenigen

Jahrzehnten erkannten Insulin-Resistenz – eine reduzierte Sensibilität der Körperzellen gegenüber dem Insulin. Die Bauchspeicheldrüse glaubt daraufhin, dass sie zum Ausgleich noch mehr Insulin produzieren muss. Im Laufe der Zeit können die insulinproduzierenden Inselzellen der Bauchspeicheldrüse ermüden. Das kann zu Diabetes II führen.[8]

Diabetes II entwickelt sich leider mit steigender Tendenz als eine der großen Volkskrankheiten. Laut der Diabetes Surveillance des Robert-Koch-Instituts ist die Häufigkeit des Typ-II-Diabetes in Deutschland in der erwachsenen Bevölkerung zwischen 1998 und 2014 von 5,2 auf 7,2 Prozent gestiegen. Dauerhafter Kortisol-Überschuss fördert Insulin-Resistenz, diese ist die Diabetes-II-Vorstufe – diese Ursachen-Kaskade kennen die wenigsten.

Ahnst du, was das für dich, lieber Leser, bedeutet? Es ist wichtig, immer wieder Kortisol abzubauen – durch Phasen der Entspannung. Baue sie ein in dein Leben – selbst in den schwierigsten Zeiten! Forsche nach, was deine Inseln der Entspannung sind: Musik, Sport, Meditation, Zärtlichkeit, Kultur, Lesen, Yoga, Wandern, Seele baumeln lassen ... oder? Alkohol, Medikamente und Süchte aller Art sind übrigens keine heilsamen Inseln der Entspannung! Im Teil IV in »Heurekums Schatzkiste schlage ich dir dazu eine Übung vor, die ich »Kortisolbremse« nenne.

Wenn der Panikum-Motor über längere Zeit nicht zur Ruhe kommt, bricht irgendwann die Widerstandskraft des Körpers zusammen. Er hat bereits viel Lebensenergie für den Widerstand aufgewendet und dabei mussten die Organe zu lange energetisch hungern. Entzündungen heilen nicht aus und chronifizieren stattdessen. Auf lange Sicht können sie sich zu krebsartigen Veränderungen entwickeln. An dem Organ, welches durch die Art der emotionalen Belastung am meisten betroffen ist, entsteht nun eine physische Störung. Jetzt erst identifiziert der Arzt ein physisches Problem.

Aus Panikum, dem tollen Einfall der Evolution, haben sich durch emotionale Bedrohungen Dramen entwickelt, welche das Leben und die Gesundheit in rechtsstaatlichen Gesellschaften heute mehr bedrohen als physische Lebensgefahr. Panikum wird Panikum bleiben. Was können wir trotzdem tun? *Wir können*

Panikum *verstehen und ihm eine bewusste Impulskorrektur anbieten.* Wir können die kleine Bedrohungs-Fehleinschätzung der Evolution durch bewusste Intervention ausgleichen und emotionalen Stress dauerhaft lösen. Wir können Panikum erlösen von seiner harten Arbeit und es so lange in den Urlaub schicken, bis es wirklich gebraucht wird. Wie du das bewerkstelligen kannst, das verraten dir die nächsten Kapitel.

3. Die Geister, die wir riefen ... wie schicken wir sie nur wieder weg?

Panikum ist überbeschäftigt – Zahlen sprechen für sich

Ausgebildete Ersthelfer für physische Verletzungen sind Pflicht in jeder Einrichtung, jedem Betrieb. Doch wer und was hilft uns bei emotionalen Verletzungen? Sie erschaffen oft lebenslänglich einen Hintergrundstress, zu dessen Motoren wir ohne bewusste Erkenntnisarbeit an uns selbst kaum Zugang finden. Darauf sind die wenigsten geschult. Für den Umgang mit unseren Emotionen haben wir in der Schule oder im Elternhaus selten ein konstruktives und effektives Training erhalten. Ein schönes Abbild sind die spärlichen Informationen über Emotionen im Internet. Sie stehen in keinem Verhältnis zu der Wichtigkeit und Bedeutung der Rolle von Emotionen in unserem Leben.

Volkswirtschaftler finden, dass die größten Leistungsverluste in Unternehmen durch den uneffektiven Umgang mit Kommunikation, vernetzter Teamarbeit, Führungsverantwortung und emotionalen Themen entstehen. Gleichzeitig sehen sie dort unsere größten ungenutzten Ressourcen. Sie propagieren sogar, dass der nächste 6. Aufschwung nach der Theorie des *Kondratjew*[9] durch einen optimierten Umgang mit diesen Potentialen entsteht. Das Resultat davon ist mehr Gesundheit, Kreativität und Leistungskraft. Der 6. *Kondratjew*-Aufschwung werde nicht wie bisher durch eine neue technische Errungenschaft erzeugt, sondern durch die ungenutzten Potentiale im Menschen selbst.

Die WHO betrachtet Stress als größte Gefahr für das Wohlergehen des Menschen im 21. Jahrhundert. Diese Zahlen sprechen ihre eigene Sprache:

- Laut einer DAK-Umfrage von 2014 wünschen sich 52% der Deutschen eine Anti-Stress-Verordnung der Bundesregierung. Die Prozentzahl zeigt, wie stark der Druck der Menschen ist. Verordnungen helfen – doch reichen sie nicht weit, wenn wir unsere Stress-Lösungs-Kompetenzen nicht verbessern. Dazu soll dieses Buch dienen.
- Mentale und emotionale Reaktionen auf unbewältigte Konflikte und Belastungen stellen einen höheren Risikofaktor für Krebs- und Herzerkrankungen dar als Zigarettenrauchen (Langzeitstudie über 20 Jahre, Medizinische Fakultät der Universität in London).[10]
- Fühlten sich in Deutschland von 2002 – 2009 noch 39,1% der Beschäftigten (ohne Führungskräfte) durch ihre Arbeitssituation belastet, waren es von 2010 bis 2015 schon 48,7%. Nach der Arbeit nicht richtig abschalten können 38%. Fast die Hälfte aller, die sich gestresst fühlen, haben seelische Probleme. 31% fühlen sich erschöpft oder ausgebrannt. Abgearbeitet und verbraucht fühlen sich sogar 43%.[11]
- Der zunehmende Arbeitsstress mit dem Ausfall von Mitarbeitern kostet die Wirtschaft rund zehn Mrd. Euro pro Jahr schätzt das Bundesministerium für Arbeit und Soziales 2011. Hinzu kommen die Kosten für die Behandlung psychischer Erkrankungen mit fast 27 Mrd. Euro (Stand: 2006).
- 2011 wurden bundesweit 59,2 Millionen Arbeitsunfähigkeitstage (AU-Tage) aufgrund psychischer Erkrankungen registriert.[12] Die Arbeitsausfälle durch psychische Erkrankungen stiegen bei der AOK von 2006 bis 2016 um fast 80%.[13] Von 1997 bis 2016 stiegen die AU-Tage für psychische Belastungen bei DAK-Versicherten von 76,7 AU-Tagen auf 246,2 AU-Tage je 100 Versicherte.[14] Während es 2016

bei anderen Diagnosen einen Rückgang oder Gleichstand (AOK, TKK) der Fehltage gab, nahmen die AU-Fehltage der psychischen Belastungen zu. Psychische Erkrankungen/Belastungen führten generell zu längeren Ausfallzeiten. Mit 25,7 Tagen je Fall dauerten sie 2016 mehr als doppelt so lange wie der allgemeine Durchschnitt mit 11,7 Tagen je Fall.[15] Bei der DAK lagen die psychischen Erkrankungen 2016 erstmals an zweiter Stelle des AU-Tage-Volumens nach den Muskel-Skelett-Erkrankungen. Depressive Episoden sind dabei die häufigste Diagnose.

- Weitgehend unbeachtet in den Statistiken sind Schlafstörungen. Denn sie führen weniger zu AU-Tagen, doch sie beeinflussen die Leistungsfähigkeit erheblich. Die DAK stellt im Report 2017 fest, dass etwa 10% der Erwerbstätigen an Schlafstörungen leiden – deutlich mehr als noch 2009.[16] Es gibt etwa 100 verschiedene Schlafstörungen. Eine wichtige Ursache dabei ist unverarbeiteter Stress, der das Nervensystem im Alarmmodus hält, sodass es nicht in den parasympathischen Erholungsmodus gelangen kann.
- Im Jahr 2016 hatten bei der DAK Erkrankungen des Muskel-Skelett-Systems einen Anteil von 22,2 Prozent am Krankenstand. Dabei entfällt der Hauptanteil auf die Rückenbeschwerden.[17] Die psychische Komponente von Rückenschmerzen ist das Gefühl der Überforderung – also ein Stressfaktor.
- 20% der Deutschen (besonders Studenten/Musiker/Wissenschaftler) sollen Aufputschmittel »Cognitive Enhancer« zur Leistungssteigerung nehmen.[18]
- Auf gesundheitlichen Abstieg folgt meist der soziale Abstieg: 2016 wurden 42,8% aller Anträge auf Erwerbsminderungsrente aufgrund von psychischen Störungen gestellt. Zum Vergleich: Im Jahr 2000 lag der Anteil bei 24%.[19]
- In Deutschland sind die Leistungen der gesetzlichen Rentenversicherung bei Berufsunfähigkeit so niedrig, dass wir uns eine Berufsunfähigkeit ohne private Zusatzabsicherung gar nicht leisten können. Die gesetzliche Rentenversicherung zahlt seit 2001 nur noch eine Erwerbsunfähigkeitsrente ohne Berufsschutz. Bei Minderung der Leistungsfä-

higkeit auf nur noch sechs Arbeitsstunden pro Tag erhält der Arbeitnehmer keinen Cent Leistung. Wer drei bis sechs Stunden am Tag arbeiten kann, hat Anspruch auf die halbe Erwerbsminderungsrente. Die volle Erwerbsminderungsrente bekommt man nur, wenn man in keinem Beruf mehr als drei Stunden arbeiten kann. Sogar sie beträgt meist weniger als ein Drittel des letzten Bruttogehalts.

Diese Zahlen machen deutlich: *Wir können uns allein ökonomisch gesehen Dauerstress nicht leisten – und dennoch leisten wir ihn uns. Warum?*

Wir glauben nicht, was wir sehen, sondern wir sehen, was wir glauben

Wie wird unsere Wahrnehmung dominiert von dem, was wir ohnehin schon glauben oder was uns andere erzählen? Neulich fragte ich einen Tankwart, der täglich viel Kontakt mit Menschen hat, wie es ihm gehe. Er meinte, dass ihm die meisten Menschen von ihren Problemen, ihrem Mangel und Hindernissen berichten. Das belaste ihn. Viele Menschen erzählen anderen, ohne um Erlaubnis zu fragen, einfach von ihren Problemen und lenken damit deren Aufmerksamkeit auf Belastendes – jedoch ohne wirklich nach Lösungen zu suchen. Empathie ja – aber Mülleimer ohne konstruktive Zielrichtung? Das kann wie ein Fass ohne Boden sein und hilft niemandem. *Unsere Aufmerksamkeit ist ein hohes Gut, denn sie beeinflusst, was wir fühlen.* In meinem Umfeld gibt es eine Person, die mich, kaum zur Tür hereingekommen, mit ihren Problemen überfiel. Ich musste sie regelmäßig stoppen. Es hat lange gedauert, bis sie erkennen konnte, dass sie mich ungefragt quasi als Mülleimer benutzt. Sie hätte wenigstens fragen können, ob ich bereit bin, mir ihr neuestes Drama anzuhören.

Wer hatte im Laufe der Geschichte wohl mehr zu tun – Panikum oder Heurekum? Die uns bekannte Historie der Menschheit ist voller physischer und emotionaler Bedrohungen. In unserem Land war die physische Bedrohung noch bis vor ca. 70 Jahren maximal – in anderen Ländern findet sie gerade noch statt. Es erscheint mir wie ein Wunder, dass das Gefühl des Menschen das überlebt hat. Vielleicht gelang dies nur, weil es in die Ohnmacht des Dornröschenschlafs gefallen ist?

Worüber wird beim Esstisch zu Hause mehr gesprochen? Über Möglichkeiten oder über Opfererfahrungen? Was wird Kindern vorwiegend beigebracht: Vertraue in das Leben und in dich selbst – oder misstraue jedem Fremden? Das Letztere ist zu ihrem Schutze sicher wichtig. Wenn Warnungen jedoch wichtiger werden, als Kindern Erfahrungen von Vertrauen zu vermitteln, prägt das ihr Weltbild. So lächeln wir in manche unschuldigen Kinderaugen – doch manchmal kommt nur ein erstarrter Blick zurück.

Es ist viele Jahre her, da traf ich einen jungen Vater. Er erklärte mir, wie er seinen Sohn auf das Leben vorbereitet hatte. »Ich habe meinen Sohn auf den Tisch gestellt und gesagt, er solle springen – ich würde ihn auffangen. Er sprang und ich fing ihn nicht auf. Dann erklärte ich ihm, dass die Welt so ist und er immer auf der Hut sein muss.« Ich war schockiert. Ist das Erziehung? Ist es Schutz, ständig Bedrohung zu erwarten? Das bedeutet, dass Panikum ständig aktiviert ist. Als ich vielleicht fünf Jahre alt war, unterzog mich mein Großvater einem wohlmeinenden Training, welches er nicht vorher angekündigt hatte. Er ging mit mir in den Wald und plötzlich war er verschwunden. Eine Weile stand ich völlig allein da und wusste nicht, was los ist. Ich bekam große Angst und rief nach ihm. Das war alles, was ich lernte. Doch zum Glück spielte er das Spiel nicht allzu lange. Er zeigte sich und brachte mir dann bei, wie ich die westliche Himmelsrichtung an der Moosbewachsung der Bäume erkennen kann. Ich sollte wohl lernen, alleine nach Hause zu finden. Aber zurück blieb nur die Angst, ich könnte mutterseelenallein im dunklen Wald allein gelassen werden. Besser wäre gewesen, er hätte mir beigebracht, mich zuversichtlich der Situation und der Angst zu stellen.

Ein Klient verblüffte mich mit der Aussage »Ich erwarte immer das Schlimmste – dann kann mir nichts Schlimmeres passieren.« Er hatte so viele schmerzliche Enttäuschungen erlebt, dass er sich davor schützen wollte. Er zahlt jedoch einen hohen Preis für seine Strategie: Seine Aufmerksamkeit ist auf negative Ereignisse gerichtet und entsprechend unbehaglich fühlt er sich. Warum machen wir es nicht anders herum: »Ich erwarte stets das Optimale, dann kann mir auch nichts anderes passieren«? Im Verlauf dieses Kapitels wirst du diese Idee besser verstehen.

Es wundert nicht, dass Menschen, die im Laufe der Geschichte so viel Bekanntschaft mit Panikum gemacht haben, es für eine unabdingbare Realität halten. Klar, das Überleben ist das Wichtigste und es gab ja auch den Säbelzahntiger. Die Menschen haben es inzwischen geschafft, den Säbelzahntiger zu ersetzen und sich gegenseitig zu bedrohen. Trotz dieser erdrückenden Erfahrungen in der Entwicklungsgeschichte stellt sich heute die Frage: *Hat sich unsere Kultur im Stress verlaufen und verhakt?* Den Glauben an eine bedrohliche Realität geben wir gut gemeint an unsere Kinder weiter. Wir stellen kaum infrage, ob es das ist, was unsere Kinder schützt. Gewiss haben kleine Kinder zunächst keine Vorstellung davon, dass etwas unsicher sein könnte. Schließlich wissen sie ja noch um die Geborgenheit im Mutterleib. Sie erforschen die Welt unschuldig und hemmungslos. Hier und da müssen wir sie zurückhalten, damit sie sich nicht versehentlich umbringen. Wir müssen sie lehren, achtsam zu sein in einer dualen Welt, in der alles zwei Seiten hat. Es gibt jedoch eine uralte Weisheit, die besagt: »Energie folgt der Aufmerksamkeit.«

Wie bringen wir es unseren Kindern bei:
1. »Pass auf! Baden bei Gewitter ist gefährlich, weil der Blitz in dich einschlagen und dich umbringen kann?« oder
2. »Verlasse bei Gewitter den Badesee, denn Blitze können in den höchsten Punkt einer Fläche einschlagen und dich treffen. So kann das Gewitter sich austoben und du bist in Sicherheit.«

Welche der beiden Erklärungen löst mehr Panikum aus – welches aktiviert mehr Heurekum?

Über die Medien wundere ich mich häufig. Es geschehen immer noch sehr gefährliche und bedrohliche Dinge auf diesem Planeten. Gleichzeitig geschehen auch großartige Bemühungen von Menschen um soziale Gerechtigkeit, um friedliches Zusammenleben, um kreative Lösungen, um das produktive Miteinander von Kulturen, um Zusammenarbeit mit der Natur, um natürliche Heilung und Gesundheit. Doch darüber wird weit weniger berichtet, als über dramatische Ereignisse. Wer heutzutage eine grausame Tat begeht, erhält mehr kostenlose Publicity, als jemand, der eine Methode weitergeben möchte, wie man mehr Heurekum erleben kann. Wer immer etwas Produktives anbieten möchte, muss dafür sehr teure Werbung machen. Werbung für destruktive Taten gibt es kostenlos.

Ist das Leben ohne Panikum *nicht spannend genug?* Erleben wir die intensivsten Gefühle nur mit Panikum?

Im Juni 2018 veröffentlichten Psychologen um David Levari und Daniel Gilbert (Harvard University) eine interessante Studie. Sie zeigt, dass *wenn Probleme gelöst und Bedrohungen abgestellt sind, Menschen dazu neigen, die Maßstäbe zu verändern und dann selbst in neutralen Dingen Bedrohliches zu sehen.* Wenn beispielsweise weniger bedrohliche Gesichter gezeigt wurden, fingen die Probanden an, neutrale Gesichter als bedrohlich wahrzunehmen.[20] Das ist ein Indiz dafür, dass Bedrohliches in uns so stark neuronal gebahnt ist, dass wir es sogar dort suchen, wo es gar nicht existiert. Das erklärt immerhin, warum in einem relativ wohlhabenden Land mit weitgehender Sicherheit und Rechtsstaatlichkeit wie Deutschland so viel Hysterie wegen verhältnismäßig kleinen Störungen aufgebaut wird, dass man meinen könnte, wir lebten im Krieg.

Ein Grund mehr, endlich den Heurekum-Zustand in uns zur Priorität zu machen. Heurekum haben wir in uns weniger bewusst erforscht und erfahren. Panikum *hat überdimensional viel Aufmerksamkeit erhalten und deshalb glauben viele mehr an* Panikum *als an* Heurekum. Unsere Wirklichkeit entsteht tatsächlich aus dem, was wir glauben. Es gibt die Wirklichkeit nicht an sich. Sie ist in unserer Wahrnehmung gänzlich von uns selbst erschaffen. Im nächsten Kapitel erfährst du, was das mit unserem Gehirn zu tun hat und warum ich das behaupte.

Schauen wir durch eine Umkehrbrille?

Wie kann eine Kultur, eine Gesellschaft, die so viel Wohlstand erreicht hat, sich dermaßen zwanghaft auf bedrohliche Dinge fixieren? Wie kann sie Unternehmenskulturen hervorbringen, die in Mitarbeitern ängstliche Verkrampfungen erzeugt? Welche Rolle spielt die Wahrnehmung dabei und was steuert unsere Wahrnehmung im Gehirn?

Im Auge gibt es einen blinden Fleck, der erst Mitte des 17. Jahrhunderts entdeckt wurde. An der Stelle, wo die Fasern des Sehnervs das Auge verlassen, befinden sich keine Sehzellen. Das Gehirn bastelt in diese Lücke ein sinnvolles Bild hinein. Daher bemerken wir den blinden Fleck erst gar nicht. Doch genau in diesem blinden Fleck könnte sich etwas Wichtiges befinden, das unser Leben verändern könnte.

Wie oft hast du Details übersehen, weil du sie nicht erwartet hast? Vor einigen Jahren zeigte ein Kollege in einem Workshop ein Video von 23 Sekunden, entwickelt an der Universität von Illinois vom Team Daniel Simons. Es hat mich nachhaltig über mich selbst schockiert: Je drei Spieler werfen sich einen Basketball zu. Die eine Mannschaft ist schwarz gekleidet – die andere weiß. Die Zuschauer sollen die Würfe der weißen Mannschaft zählen. Das machen wir brav und präsentieren hinterher stolz unser Ergebnis. Doch darum ging es nicht. Wir wurden gefragt, ob uns sonst noch etwas aufgefallen sei. Nur einer aus einer Gruppe von ca. 60 Personen meldete sich. »Ich sah einen King Kong im Hintergrund vorbeischlendern, Grimassen machen und aus dem Bild laufen.« Das glaubte ich nicht. Der Film wurde nochmals gezeigt – diesmal ohne Zählen. Tatsächlich – deutlich und recht lange ist der verkleidete Affe im zwischen den Spielern zu sehen. Ich hatte mich zum Affen machen lassen, indem ich meine Aufmerksamkeit durch das Zählen fesseln ließ. Dadurch hatte ich sogar eine bedrohliche Figur übersehen. Ich erinnerte mich nur an einen Schatten, den ich wahrgenommen hatte – aber ich musste ja die Ballwürfe zählen …

Ebenso kann es sein, dass wir kollektiv unseren Fokus auf Panikum-gesteuerte Ereignisse lenken und dabei die andere Seite völlig übersehen oder nur schemenhaft wahrnehmen. *Was wir nicht erfahren, halten wir auch nicht für Wirklichkeit.* Wir glauben gar nicht, dass es existiert. Im neuen Bundestag sitzt seit 2017 eine neue Partei. Sie profiliert sich dadurch, dass sie Deutschland am Abgrund wähnt. Ihre Unkenrufe werden von vielen geglaubt. Gleichzeitig geht es Deutschland in den letzten Jahren so gut wie nie. Unzählige Menschen würden gerne in diesem Land wohnen, weil sie das erreichte Maß an Wohlstand, Rechtsstaatlichkeit und Sicherheit schätzen, das ihre Länder nicht auf die Reihe bekommen.

Wir glauben nicht, was wir sehen, sondern wir sehen, was wir glauben. Wenn ich glaube, dass die Welt gegen mich ist und es mir schlecht geht – dann werde ich genau diese Erfahrung machen und darin bestätigt werden. Wie kommt das? Pro Sekunde hat unser Gehirn ca. 20 Mio. Reize zu verarbeiten. Dazu gehören Sehreize, Hörreize, Lageempfinden des Körpers, Fühlreize, Emotionen und Gedanken sowie Signale automatischer Körpervorgänge und unsere aktuellen Handlungsziele und Bewegungen. Müssten wir das alles bewusst verarbeiten, würden wir schreien vor Reizüberflutung – so wie wir es bei Autisten beobachten. Ihr Wahrnehmungsfilter ist durchlässiger als bei den meisten anderen Menschen. Dieser Filter ist ein Segen und nennt sich Thalamus. Er steht an den Eingangstoren des Gehirns für die Botschaften unserer Sinne – ziemlich in der Mitte unseres Gehirns. Dort ordnet er blitzschnell alle ankommenden Reize in zwei Fächer ein: das Bewusste und das Unbewusste. Die meisten Reize muss er ins Unterbewusste leiten und nur 10 bis 20 davon kann er pro Sekunde ins Bewusstsein der Großhirnrinde lassen. Ein schwieriger Job! Er macht das hervorragend und wir hören ihn niemals klagen oder sich überfordert fühlen. *Der Thalamus ist ein Profi, der uns genau kennt.*

Interessant ist, nach welchen Kriterien er entscheidet er, was uns bewusst werden soll? Die meisten Menschen in meinen Seminaren sagen, dass er das nach Wichtigkeit entscheidet. Also zum Beispiel ist die Wahrnehmung einer Gefahr in einem Moment wichtiger als das Lesen eines Buches. Stimmt! Doch was ist wichtig, wenn gerade keine Gefahr droht?

Der Thalamus sitzt in unserem Zwischenhirn und weiß, was wir fühlen, denken, tun und sagen. Er kennt unsere Ziele. Unsere Ziele definieren stets, was uns wichtig ist. Und wenn wir keine Ziele haben, dann reimt er sie sich zusammen. Woher weißt du beispielsweise, was deinen Freunden wichtig ist? Entweder, sie sagen es direkt oder sie sprechen vermehrt darüber. Ebenso macht es der Thalamus. Er registriert unsere dominanten Gedanken, Gefühle, Denkmuster, Handlungen und hört zu, worüber wir meistens reden. Daraus schließt er, was uns offenbar wichtig ist.

Wenn du beispielsweise morgens aufwachst und mehrfach sorgenvoll definierst, dass das bestimmt ein schwieriger Tag wird, dass die Arbeit dich überfordern wird und dass du mit schwierigen Menschen klarkommen musst, denkt dein Thalamus, dass dir das wichtig ist. Also öffnet er die Eingangstore in dein Bewusstsein für alle Wahrnehmungen, die dieser Idee entsprechen. *Tatsächlich erfährst du dann viele Bestätigungen für das, was du schon vorher gedacht hast.*

So kann sich ein »schwarzer Tag« entwickeln: Ein Kollege grüßt Frau Schmidt morgens auf dem Flur nicht, weil er vielleicht gerade in ein Problem vertieft ist – was sie natürlich nicht bemerkt. Sie fühlt sich abgelehnt und übersieht das freundliche Lächeln eines anderen Kollegen. Als sie in ihr Büro kommt, und sich schier unübersehbare Berge von Akten vor ihr auftürmen, saust ihre Zuversicht zusammen mit dem Selbstwertgefühl in den Keller. Dabei hat sie vergessen, wie großartig sie gleich heute Morgen schon ein schwieriges Problem gelöst hat. Ihr Chef kommt ins Büro und will ihr ein Kompliment für die Lösung des Problems machen. Bevor er den Mund aufmacht, legt sie schon ihre Ritter-Rüstung an: »Heute kann ich keine Aufgaben mehr annehmen.« Ihrem Chef bleibt das Kompliment im Halse stecken, er dreht sich um und geht wieder. Sie beklagt sich weiter über die fehlende Anerkennung ihrer Kollegen und vergisst, sich selbst wertzuschätzen.

Zum Glück handelt der Thalamus gleichermaßen verstärkend, wenn wir unsere Aufmerksamkeit auf positive Erwartungen an den Tag richten. »Ich freue mich auf heute, es wird bestimmt ein spannender Tag. Ich freue mich auf das, was ich heute lernen und erleben werde und auf all die inspirierenden Menschen/Erfahrungen, die mir heute begegnen.« Der Thalamus lässt dann vorwiegend die Reize ins Großhirn, die dieser Idee entsprechen. Er lässt dich einen grimmigen Seitenblick übersehen, dafür lässt er dir Möglichkeiten und Chancen, in deinen bewussten Geist eindringen. Dann machst du selbst aus einem Misthaufen noch Gold. Dann entwickelst du Humor angesichts unüberwindbarer Aktenberge und freust dich über jeden Schritt, der dich bei deinen Aufgaben ein wenig weitergebracht hat. Dann hast du Verständnis, dass ein Kollege einmal schlecht drauf ist und findest vielleicht

Worte, ihn zu trösten. Dann drückst du anderen deine Wertschätzung aus, weil du es auch für dich fühlst.

Meist ist uns nicht bewusst, dass wir unsere Wahrnehmung durch die Voreinstellung des Thalamus selbst erzeugt haben. Wir glauben an unsere Wahrnehmung als wäre sie die einzige Sichtweise. Klar, wir sehen auch keine andere. Das können wir nicht verhindern – aber wir können uns dieser Lücke bewusst sein. Es ist reifer, als andere anzugreifen oder auszugrenzen, weil sie eine andere Wahrnehmung, andere Werte oder Denkweisen haben, die aus der eigenen Sicht scheinbar falsch sind.

Die Kommunikation mit anderen Menschen und deren Sichtweisen kann uns in diesem Dilemma sehr bereichern. Einmal wurde ich beauftragt, ein Assessmentcenter (Personal-Auswahlverfahren) für Verkäufer zu entwickeln. Bei der Durchführung saß ich im Gremium der Beurteiler. Die abendlichen Auswertungen der Beurteiler waren für mich eine Erleuchtung. Jeder der fünf Beurteiler hatte die Bewerber anders wahrgenommen. Manche Qualitäten wurden höher bewertet, manche niedriger, manche Fähigkeiten wurden bemerkt – andere nicht. Es schien mir, als hätten alle recht, denn jeder Blickwinkel war durchaus nachvollziehbar. Doch ich selbst wäre gar nicht auf die Sichtweisen der anderen gekommen. Diese Runden weiteten meinen Horizont.

Wirklichkeits-schaffend wird die Wahrnehmung, wenn wir unserem Thalamus bewusst sagen, was uns wichtig, lieb und wert ist und ihn bewusst mit konstruktiven Gedanken füttern. *Damit schaffen wir eine neue Wahrnehmung der Wirklichkeit. Das ist eine große schöpferische Leistung.* Denn dann beginnt er, uns die Türen und Kanäle des Bewusstseins zu öffnen, die uns einer gewollten Gestaltung der sichtbaren Wirklichkeit näherbringen. Das ist die Anwendung unserer schöpferischen Kraft. Wer mitgedacht hat beim Lesen, der wird verstehen, dass die schöpferische, wirklichkeitsschaffende Kraft auch durch Sorgen, Ängste und Unkenrufe wirkt, sodass man tatsächlich Katastrophen real wahrnehmen kann, die wir uns selbst zusammengebraut haben.

Was du für dich tun kannst, um Heurekum zu aktivieren und deine thalamische Wahrnehmung zu justieren:

- *Die Thalamus-Steuerung:* Sei dir bewusst, dass der Thalamus an deinen Lippen und Gehirnwindungen klebt. Stets bereit, deinen »Anweisungen« zu folgen und dir die Wirklichkeit zu zeigen, die du erwartest. Sei achtsam, womit du ihn »fütterst«.
- *Aufträge an den Thalamus:* Erkenne deine Visionen, die von innen kommen. Es sind die Bilder, die deinem Handeln Sinn geben. Definiere deine Tagesziele, Jahresziele und großen Ziele. Damit beauftragst du den Thalamus, deine Welt und Wahrnehmung dahingehend auszurichten und dir zum Erfolg zu verhelfen.
- *Das Leben umdefinieren:* Stelle deine mögliche Überzeugung infrage, dass das Leben bedrohlich ist. Definiere das Leben um als wohlwollend, ohne dabei deine analytische und achtsame Sichtweise zu verleugnen.
- *Das Wahrnehmungs-Patchwork:* Achte deine Wahrnehmung, doch betrachte sie niemals als einzige Sichtweise. Betrachte sie als eine Möglichkeit von vielen. Frage dich, welche Voreinstellungen in dir diese Wahrnehmung produziert haben. Finde durch Kommunikation andere Sichtweisen heraus.
- *Die Macht der Aufmerksamkeits-Energie:* Energie folgt der Aufmerksamkeit. Lenke deine Aufmerksamkeits-Energie im Alltag auf das, was sich für dich gut anfühlt und auf das, was dir wichtig ist. Bleibe jedoch achtsam, was dir unangenehme Gefühle sagen wollen, die sich in dein Bewusstsein drängen. Höre ihre Botschaft und kümmere dich darum. Denn ihr Bestreben ist letztlich dein Wohlbefinden, was du in späteren Kapiteln mehr verstehen wirst.
- *Das konstruktive Selbstgespräch:* Deine Gedanken sind deine Selbstgespräche. Denke an das, was dir lieb ist. Denke an das, wie du deinen Tag, wie du dich selbst erleben möchtest. Vermeide es, gleichzeitig Zweifel daran zu bedienen – denn dann werden die Zweifel deine Wirklichkeit erschaffen.

Sprich mit anderen lieber über das, was du willst – nicht über das, was dir nicht gefällt.
- *Emotionale Temperatur erhöhen und darin baden*: Wärme deine Gefühle durch konstruktive Gedanken über dich selbst, deine Umwelt und dein Erleben. Das wird dich beruhigen, wie ein entspannendes Bad. Mehr darüber findest du im Kapitel 7: »Nutze das initiative, stärkende Prinzip des Geistes«.

4. Der Körper – dein bester Stress-Management-Coach

Die Bedienungsanleitung des Körpers lesen

Panikum und Heurekum sprechen durch neurochemische Zustände in unserem Körper zu uns. Das Problem ist nur, dass viele verlernt haben, mit dem Körper bewusst und freundschaftlich zu kommunizieren. In meiner Praxis gab es Fälle, in denen Menschen vom Kopf abwärts kaum Körperwahrnehmung oder Gefühle spürten. Ihr bewusstes Leben spielte sich offensichtlich nur im Kopf ab. Und dabei handelte es sich nicht einmal um Borderline-Patienten, die durch ein großes Trauma ihr Gefühl abspalten mussten. Für unser persönliches Stress-Management ist es ungemein wichtig, das Körpergefühl zu spüren und bewusst zu beachten.

Interessant ist, dass der Körper durch die Traditionen und Religionen hindurch als unsere niedrigere Natur angesehen wurde und immer noch wird – mit Instinkten und animalischen Trieben. Es ging darum, die Körperlichkeit durch den Geist zu überwinden, seinen Körper in der Meditation zu verlassen, ihn zu vernachlässigen und asketisch auszuhungern – oder gar den Märtyrer zu spielen. Wenn es nicht so pathetisch traurig wäre, könnte man darüber schmunzeln. Denn der Körper ist eine solch geerdete Wirklichkeit von uns Menschen, dass es schwerfällt, zu glauben, dass er für die Entwicklung des Geistes unbedeutend sei. Interessant ist, dass die scheinbar so unwichtige Körperlichkeit zum weiblichen Prinzip gehört. Parallel zur Abwertung des Körpers wurde dieses Prinzip zumindest über die letzten ca. 5000 Jahre abgewertet oder unterdrückt, wo es nur ging.

Du glaubst, dass das du von dieser Einstellung nicht infiziert bist? Dann frage dich einmal, wie oft du die Bedürfnisse oder Botschaften deines Körpers übergangen hast, um ein Ziel zu erreichen? Wie oft hast du dich zu einer Arbeit geschleppt, auch wenn du krank warst? Wie oft sagte dein Körper, dass er etwas nicht essen oder trinken will und du hast es trotzdem getan? *Tatsächlich erfolgt jede Weiterentwicklung des Menschen, jede seelische Heilung über körperliche Prozesse – nicht über Kopfgeburten.* Es ist schließlich das weibliche Prinzip in jedem Menschen, das Neues gebiert.

Was auch immer *gerade los ist in unserem Leben – unser Körper hat immer einen Kommentar dazu.* Menschen, die zu allem ihren Senf dazu geben, können uns mächtig nerven. Der Körper dagegen spricht zum Glück meist leise zu uns. Es liegt an uns, ob wir ihm zuhören oder nicht. Der Körper ist ein Sprachrohr unseres Unterbewusstens. Er hat nur eines im Sinn: Er möchte uns dienen. Seine Sprache sind körperliche Sensationen, die wir fühlen können. Jeder Gedanke, jede Erfahrung setzt eine Emotion mit einer Botschaft in Gang. Zwar lag bei unserer Geburt keine Bedienungsanleitung für den Körper bei, dafür schult uns der Körper mit seinen emotionalen Botschaften direkt und in jedem Moment, was gerade gut oder weniger gut für uns ist. Erhöre seine Kommentare!

Heurekum und Panikum sind energetisch-körperliche Ereignisse aus neurochemischen Cocktails, welche uns zu Handlungen motivieren, die wiederum über den Körper ausgedrückt werden. Der Volksmund drückt die Sprache des Körpers plastisch und voller Weisheit aus: jemandem geht ein Licht, jemandem wird es flau im Magen oder es dreht sich einem der Magen um, es kribbelt erwartungsvoll im Bauch, jemand strahlt vor Glück übers ganze Gesicht, da zittern einem die Knie, da sitzt etwas im Nacken, da stellen sich die Haare zu Berge, da läuft es eiskalt über den Rücken, das Herz flattert, da ist es jemandem leicht oder warm ums

Herz, die Spucke bleibt weg, da bleibt das Wort im Halse stecken; es schnürt jemandem den Hals zu, es geht einem etwas an die Nieren, jemand findet etwas zum Kotzen, da verdaut jemand etwas nicht, wir zucken zusammen, jemand zerzaust sich die Haare, jemand runzelt die Stirn oder zieht die Augenbraue hoch, jemand hat Nerven wie Drahtseile, jemand h nahe am Wasser gebaut, jemand beißt sich auf die Zähne oder auf die Zunge, das Blut gefriert oder gerinnt in den Adern, jemand rümpft die Nase oder ist verschnupft, jemand redet frei von der Leber weg, da laufen sogar Läuse über die Leber, jemand hält die Luft an, da steigt jemandem die Röte ins Gesicht oder er wird bleich, jemand hüpft vor Freude, die Augen leuchten, ...

Diese Aufzählung kann beliebig fortgesetzt werden. Doch unser Körper hat auch leisere Töne, auf die wir sensibel achten sollten. Leichte blitzschnelle Veränderungen von Körpergefühlen in allen möglichen Körperteilen geben uns Botschaften – wie beispielsweise: Wärme, Ausdehnung, Atemrhythmus, Kälte, Kribbeln, Anspannung, Schmerzen, Stiche, unwillkürliche Bewegungen.

Mit dem besten Stress-Management-Coach zusammenarbeiten

Der Körper ist unbestechlich. Er antwortet auf alles mit Zustimmung oder Ablehnung. Das macht ihn zum zuverlässigsten Berater ohne Stundenhonorar. In der Kinesiologie messen wir seine Antwort über den Muskeltest. Bei einer Stressreaktion schaltet ein Testmuskel ab, indem er schwach wird. Bei Zustimmung wird oder bleibt der Muskel nahezu anstrengungslos stark. *Über Körperempfindungen können wir bei jeder Handlung erfahren, ob wir gerade etwas richtig machen* – richtig im Sinne von unserem eigenen Wohl. Dient uns eine Handlung, ein Verhalten, eine Situation oder ein Gedanke – dann wird der Körper uns zustimmen durch gute Gefühle oder sogar applaudieren durch Begeisterung. Findet eine Handlung gegen Heurekum in uns statt oder denken wir nur daran, wird der Körper uns das unverzüglich durch zusammenziehende Körpersignale oder ablehnende Emotionen signalisieren. Es gibt auch »Jeins«, die keine eindeutige Körper-Antwort zu sein scheinen. Sie bedeuten, dass ich an einem Vorhaben noch etwas ändern sollte, bevor es die volle Zustimmung des Körpers erhalten kann.

Oft verstehen wir seine Antworten nicht, da unser Kopf etwas anderes im Sinn hat. Da der Körper ein leiser treuer Begleiter ist, glauben wir, ihn einfach übergehen zu können – so wie manchmal die stillen Menschen um uns herum. Doch später bezahlen wir dafür. Während der großen Gier nach Steuerersparnissen für Investitionen in den neuen Bundesländern nach der Wende, wollte auch ich schlau sein. Ich beteiligte mich an einer GbR, die dort Immobilien errichtete, die neben den Steuervergünstigungen hohe Renditen erwirtschaften sollten. Als ich die Höhe der Investition abschloss, sagte mir mein Gefühl, dass ich mich nur auf den Mindestbetrag einlassen sollte. Der Berater erzählte mir in großen Tönen, wie sicher diese Investition sei und dass ich als Investorin mutig und nicht zu kleinlich sein sollte. Normalerweise ein guter Gedanke – aber nicht, wenn das Gefühl sich sträubt. Ich unterschrieb letztlich mit einem flauen Gefühl im Magen. Es kam, wie es kommen musste: Die Kosten waren übertaeuert, es gab nur ein Drittel der erwarteten Erträge und die Trägergesellschaft machte sich aus dem Staub. Es war ein Verlustgeschäft und ein Lehrstück von vielen. Missachtungen meines Körpergefühls haben mich durch falsche Entscheidungen in meinem Leben schon einiges Geld gekostet.

Wie könnte der Mensch herausfinden, ob er im Leben auf seiner richtigen Spur ist, wäre es kompliziert, das zu ermitteln? *Alles, was für uns wirklich wichtig ist, ist von der Natur einfach gestaltet.* Das ist Gerechtigkeit: Jeder kann das »Ja« oder »Nein« oder »Jein« des Körpers direkt fühlen. Die Antworten deines Körper-Coaches sind denkbar einfach: Mache das, worin dich dein Körper durch ruhige, angenehme Gefühle bestätigt. Lasse das, wobei dir dein Körper unangenehme Gefühle zurückmeldet – oder ändere es ab, bis dein Körper zustimmt. Es gibt da nur zwei Kleinigkeiten zu beachten:

- Kommt das antreibende »Ja«-Gefühl aus einem reinen Trieb – z.B. Hunger, erkennst du es daran, dass es nicht ruhig ist, sondern sich schnell ausleben möchte.
- Bei neuen Herausforderungen und Zielen kann Panikum in deinem Körper ein mulmiges Gefühl auslösen – gemäß sei-

nem Auftrag, dich vor ungewissen Gefahren zu schützen. Wenn es eine Herausforderung ist, die dir dienen will, oder ein aus dem Herzen gesetztes Ziel ist, wirst du gleichzeitig so etwas wie neugierige Anspannung fühlen. Es wird dich reizen, deine bisherigen Grenzen zu überschreiten. Mehr darüber findest du im Kapitel 26: »Den Nebel der Ungewissheit meistern«. Nun kommt es darauf an, was in dir die Oberhand gewinnt – die Befürchtungen oder die Zuversicht, die Neugier, das Kribbeln, die Abenteuerlust? Durch ermutigende Gedanken kannst du deine Zuversicht weiter verstärken. Wenn die Neugier nicht die Oberhand gewinnt, dann ändere etwas an dem Ziel, deiner Einstellung oder was immer es bedarf, bis dein Körper dir applaudiert. Eine Herausforderung oder ein Ziel, dem du dich aussetzen willst, kann schlichtweg das richtige zur falschen Zeit – oder das falsche zur richtigen Zeit sein. In diesem Fall wirst du die Zustimmung deines Körpers (noch) nicht erhalten.

In den untenstehenden praktischen Übungen findest du eine einfache Methode aus dem Werkzeugkasten der Kinesiologie, Antworten deines Körpers zu erhalten.

Was du für dich tun kannst, um mit deinem Körper zusammenzuarbeiten und zusammen mit ihm Heurekum zu aktivieren:

- *Körper-Check:* Nimm dir mehrmals am Tag eine kurze Auszeit und spüre, wie sich dein Körper anfühlt. Heiße deine Körpergefühle willkommen. Dies zentriert dich zuerst einmal in der Gegenwart. Denn das Körpergefühl ist immer ein Gegenwartsanker. Falls du angespannte Gefühle bemerkst, gib den betroffenen Körperstellen Aufmerksamkeit mit der Absicht, ihre Botschaft zu verstehen. Danke für ihre nonverbalen Botschaften und entspanne sie. In diesem Buch findest du einfache Methoden dazu.
- *Körper-Konsultation:* Trainiere dich darin, bei deinen Entscheidungen und Aktionen auf den Applaus oder die Ablehnung deines Körpers zu hören.

- *Kinesiologische Körper-Konsultation:* Grundsätzlich empfehle ich dir, achte auf dein Körpergefühl, wenn du dir eine Frage stellst oder an ein Vorhaben denkst. Fühlt es sich an wie eine angenehme Ausdehnung oder zieht sich etwas unangenehm zusammen? Wenn du eine deutlichere Antwort suchst, kannst du es einmal kinesiologisch überprüfen.
  - Trinke etwas Wasser und mache einige Überkreuzbewegungen, wie im Anhang unter »Gehirn-Balance-Übungen« beschrieben.
  - Stelle dich gerade hin mit entriegelten Knien und gleichem Gewicht auf beiden Beinen. Begib dich in einen neutralen, neugierigen Zustand, in dem du deinen Körper möglichst unbefangen befragen kannst.
  - Frage ihn: »Was ist mein Nein?« und dann lass deinen Körper los, damit er leicht kippen kann. Kippt er nach hinten, ist das sein derzeitiges »Nein« – kippt er leicht nach vorne, ist das sein momentanes »Nein«.
  - Zur Gegenprobe frage nun »Was ist mein Ja?« und dann lass deinen Körper los, damit er leicht kippen kann. Kippt er nach hinten, ist das sein derzeitiges »Ja« – kippt er leicht nach vorne, ist das sein »Ja«.
  - Falls dein Körper nicht eindeutig zu kippen scheint oder er beide Male in die gleiche Richtung kippt, braucht dein Körper etwas energetischen Ausgleich. Vielleicht blockierst du mit deinen Gedanken, die das Ergebnis manipulieren wollen. Mache einfach einige der »Gehirn-Balance-Übungen« im Anhang und versuche es nochmal.
  - Wenn du ein klares »Ja« und ein klares »Nein« hast, bringe deinen Körper in gerade Position und stelle eine geschlossene Frage oder denke an ein Vorhaben, ein Ziel, einen Plan. Dann sei offen für die Antwort, die dein Körper dir gibt. Kippt er nach vorne oder nach hinten? Sagt er damit »Ja« oder »Nein«?

Beim kinesiologischen Testen brauchst du Fokussierung auf dein Thema. Jeder andere Gedanke kann die Antwort des Körpers verändern. Beim Fragen brauchst du Neutralität – das bedeutet Offenheit für alle Antworten. Unser Hang zur Manipulation kann durchaus störend wirken. Manchmal braucht es eine klarere, eindeutigere Fragestellung. Einstein erklärte, dass er der richtigen Formulierung einer Frage/eines Problems viel Aufmerksamkeit widmet, weil das schon die halbe Lösung sei.

TEIL II
Stress-Adieu – Emotionales Wohlbefinden in die Hand nehmen

5. Schlüssel zur Selbstberuhigung

Ein Update für unser Nervensystem

Im Mutterleib starten wir weitgehend mit den Erfahrungen von Einheit und Geborgenheit. Allerdings können wir bereits hier Signale des Unbehagens empfangen. Stresshormone im Blut der Mutter oder ungesunde Wirkstoffe wie Nikotin, Alkohol, Drogen, Medikamente durchlaufen auch den Kreislauf des Kindes. Wenn die Mutter gestresst ist, verändert sich ihre sonst so beruhigende Herzschlagfrequenz. Hinzu kommen Sinnesreize wie beispielsweise übermäßige Lautstärke. So kann schon in der Schwangerschaft ein Nervensystem geprägt werden, welches in eine Art »Hab-Acht-Muster« gerät, da die Umgebung offenbar voller Bedrohungen ist.

Die Hirn- und Säuglingsforschung hat bereits erkannt, dass jedes Kind schon weit vor der Geburt ein voll wahrnehmendes und fühlendes Wesen ist. Die Erfahrungen der Geburt prägen unsere frühen Überzeugungen und unsere Biografie. Eine eingeleitete Geburt kann im Leben beispielsweise zur unbewussten Überzeugung führen: »Ich habe keine Zeit.« Die Geburt ist für jeden Menschen die erste, tiefgreifende Erfahrung von Angst und Stress, die im Unterbewussten abgespeichert wird. Der Mensch bewegt sich aus der weitgehenden Einheit und Geborgenheit im Mutterleib tiefer in die Welt der Polarität hinein. Bei erfolgreich verlaufenden natürlichen Geburten bleibt danach im Unterbewussten eine sehr wichtige Erfahrung abgespeichert: *Auch wenn es Hindernisse gibt – ich schaffe es!* Aus dieser Erfahrung leitet sich später im Leben ein prägender Impuls für die Selbstwirksamkeit ab. Es ist das Vertrauen in sich selbst, dass man etwas erreichen, überwinden, schaffen kann. Das ist einer der Gründe, warum Kaiserschnitte, die nicht aus medizinischen Gründen erforderlich sind, vermieden werden sollten. Stell dir das einmal vor, liebe Leserin, lieber Leser: Zu einer Zeit, die nicht deine ist, reißt dich jemand abrupt, ohne Vorbereitung aus deiner Geborgenheit im Mutterleib heraus. Wirst du nach dieser Erfahrung später im Leben überzeugt sein, dass du es aus eigener Kraft durch Schwierigkeiten schaffst? Oder wirst du eher glauben, dass zuerst jemand anderes dazukommen muss, um dir über ein Hindernis zu helfen? Wirst du Ausdauer haben oder schnell aufgeben, wenn dir niemand hilft?

Das Nervensystem des Menschen wird schon sehr früh von Stresserfahrungen geprägt. Es lernt, auf der Hut zu sein und entwickelt daraus einen gewissen Anspannungszustand. Das ist nicht zu verhindern – selbst nicht in den behütetsten Kinderstuben. Von gewaltsamen, lieblosen, manipulativen Kinderstuben mit extrem hohen Stressdosen will ich nicht einmal reden. Das verhält sich genauso wie bei anderen Säugetieren. Das Nervensystem, mit dem wir geboren werden, wird auch »Animalisches Nervensystem« genannt. Je mehr Stresserfahrungen in diesem Nervensystem gespeichert und gerade aktiviert sind, desto eher und schneller ist es zu Panikum-Reaktionen bereit.

Das Nervensystem vieler oder sogar der meisten Menschen hat so viel Stress, ungelöste emotionale Konflikte und Traumen gespeichert, dass es sich kaum noch richtig entspannen kann. Das vibrierende Hintergrund-Stress-Rauschen unseres Nervensystems halten wir daher für normal. Wer von uns weiß schon, wie es sich anfühlt, wenn sämtlicher Stress von ihm abgefallen ist? Viele haben es im Zustand des Verliebtseins erlebt: Farben, Töne und das ganze Erleben wurden intensiver. Andere sind dem in Momenten höheren Gewahrseins begegnet. An welchen Verhaltensweisen bemerkt man beispielsweise, dass das Nervensystem übermäßig angespannt ist? Hier einige Beispiele:

- Anstatt das Leben grundsätzlich als wohlwollend zu interpretieren, erwartet man von der Umwelt stets einen Angriff. Ein imaginärer Schutzschild ist zur Abwehr ständig ausgefahren. Jede noch so neutrale Äußerung nimmt man persönlich und ist sogleich im Kampfmodus. Selbst gefühlte Freundlichkeit nimmt man kaum mehr wahr, weil man nicht an sie glaubt und betrachtet sie als Angriff.
- Anstatt ruhig zuzuhören und die ganze Aussage eines Gesprächspartners abzuwarten, antwortet man schon, bevor dieser seinen Satz beendet hat.
- Anstatt nachzufragen, wie eine Aussage oder Handlung gemeint ist, fühlt man sich schnell angegriffen und schlägt verbal oder sogar physisch zurück.
- Anstatt Aufgaben zu Ende zu bringen, beginnt man viele Aufgaben, ohne sie zu beenden.
- Anstatt die nonverbalen und verbalen Signale eines anderen ruhig beobachtend wahrzunehmen, übertönt man sie durch seine Reaktionen und erzeugt damit Missverständnisse und Fehleinschätzungen.
- Anstatt ruhig an einer Aufgabe zu arbeiten, ist man hektisch, zerdeppert etwas oder macht Fehler, die einen noch mehr Zeit kosten.
- Anstatt eine Situation ruhig zuzulassen, kann man selbst wegen einer Kleinigkeit an die Decke gehen. Man reagiert übermäßig stark auf einen kleinen Reiz. Autoimmunerkrankungen wie zum Beispiel Heuschnupfen symbolisieren das perfekt: Es kommt ein harmloser Pollen angeflogen und das Immunsystem fährt alle seine Geschütze auf, um diesen unschuldigen Pollen zu bekämpfen.

Diese Beispiele kommen dir vielleicht bekannt vor. Dass ein hyperaktiv vibrierendes Nervensystem auf Dauer nicht gesund ist und viel Lebensenergie kostet, liegt auf der Hand. Wenn jemand in den oben genannten Zuständen ist, reagiert er tatsächlich autoimmun – also selbstangreifend – selbst, wenn er keine ausgewiesene Autoimmunerkrankung hat.

Unser Immunsystem ist auf der körperlichen Ebene Panikums schützendes, heilsames Schlachtfeld. Ständig wird dort entschieden, wer Freund oder Feind ist. Entdeckte Eindringlinge werden unverzüglich angegriffen.

Einst hatte ich die Gelegenheit, mein Blut im Dunkelfeld zu beobachten. Ich sah ein großes weißes Blutkörperchen, wie es eine vorbeischwimmende undefinierbare Substanz »auffraß«. Eine Weile war in der Fresszelle eine Menge los. Dann explodierte die Zelle zu meinem Erstaunen mitsamt der verdauten unerwünschten Substanz. Sie opferte so ihr Leben für mich, damit ich leben kann. Ich bekam großen Respekt vor diesen kleinen Kerlchen. Sie machten mir klar, dass sie für mich alles geben. Für mich blieben sie ein Vermächtnis, meinerseits alles zu geben, um aus meinem Leben eine Sinfonie zu machen.

Die beschriebene Arbeit des Immunsystems ist gesund. Unsere Energie im Alltag hängt von einem gut funktionierenden Immunsystem ab. Was aber, wenn die jungen Lymphozyten in der Schule der Thymusdrüse unter dem Brustbein Fehlinformationen über Freund oder Feind oder deren Gefährlichkeit erhalten? Dann können sie selbst eigene Körperzellen angreifen oder auf Substanzen wie Pollen oder Katzenhaare überreagieren. Bei autoimmunen Impulsen ist das Immunsystem in heller Aufregung, ohne den Abschalthebel zu finden. *Autoimmunität spielt sich im Immunsystem ab – spiegelt aber die oben geschilderten Überreaktionen im menschlichen Miteinander.*

Henry Sherwood Lawrence entdeckte schon 1949 Transferfaktoren, die Immuninformationen zwischen Lebewesen übertragen können. Sie können unter anderem Überreaktionen im Immun- und Nervensystem auf natürliche Weise herunterregeln in ein gesundes Potential. Sie bedienen den Ausschalter bei Autoimmunreaktionen. Ende des letzten Jahrhunderts hat eine amerikanische Firma diese Peptide (Aminosäuren) intensiv erforscht und verfügbar gemacht. Wo finden wir diese Moleküle? Oh Wunder, sie sind zahlreich im rohen Eigelb und in der Muttermilch vorhanden – vorwiegend in der Milch der ersten 48 Stunden nach einer Geburt – dem Kolostrum. Muttermilch und Stillen geben dem Neugeborenen enorme Signale der Beruhigung. Nicht jeder Mensch hat als Baby genügend davon empfangen. Einiges davon kannst du auch heute noch über diese Moleküle ausgleichen und damit dein Immunsystem stärken.

Das Leben kann nicht gemacht sein, um im Kampf-Flucht-Erstarrungs-Modus mit reduzierter geistiger und emotionaler Energie verbracht zu werden. Denn der *Organismus ist nicht darauf ausgelegt in einem Dauer-Anspannungszustand zu existieren.* Zum Glück müssen wir schlafen und automatisch Anspannung abbauen – sonst würden wir vermutlich nicht alt werden. Woraus können wir schließen, dass wir nicht für Daueranspannung gemacht sind? Ganz einfach – in diesem Modus verlieren wir beständig Energie, wir sind immer weniger belastbar. Im Denken bewegen wir uns in eingefahrenen, engen Korridoren, emotional fehlt uns die Freude. Das Nervensystem kommt nicht zur Ruhe und raubt uns den Schlaf. Wir bewegen uns wie Marionetten und die Muskulatur steht unter Strom. Das ist am fühlbarsten zu verstehen, wenn du jetzt ein kleines Experiment machst: Balle einmal deine Faust ganz fest und halte die Spannung. Wie lange hältst du das durch? Nicht lange, oder? Lasse lieber los. Wenn du nicht loslässt, »frieren« deine Muskeln in diesem Zustand ein. Das nennt man Muskelverhärtungen. Nun schließe und öffne die Faust im Wechsel. Wie lange kannst du das durchziehen? Vermutlich dauernd. *Der beständige Wechsel von Anspannung und Entspannung ist eine Dynamik der Gesundheit und des Erfolgs.*

Wenn das Leben nicht für Dauerstress gedacht ist – wofür dann? Heurekum zeigt auf eine andere Perspektive, die etwa so aussieht: Das Leben ist gemacht, um sich einem Sinn zu widmen. Es ist gemacht, um sich ihm mit ganzem Herzen zu öffnen und es, so wie sich selbst, zu erleben. Das Leben ist gemacht, um durch das Herz in die materielle Welt einzutauchen und darin Erfahrungen zu machen. Das Leben ist gemacht, um aus der Dynamik der Polaritäten Erkenntnis zu gewinnen und dadurch Bewusstsein zu erlangen. Das Leben ist gegeben, um vertrauensvoll seine Schönheiten zu genießen und um seine Geschenke auszupacken. Füge gerne hinzu, was du als Heurekum-Perspektive erkennst.

Klingt das für dich zu romantisch oder gar gefühlsduselig? Du kannst das einfach selbst herleiten. Warum bekommen wir bei diesen Haltungen biologische Belohnungen, fühlen uns optimal, energiegeladen, präsent und hochfrequent? Warum bestätigt uns das Leben, wenn wir uns darum kümmern?

Vielen Menschen scheint der allgegenwärtige oder ständig drohende emotionale Stress allzu normal. Wie wir gesehen haben, kann es jedoch nicht das Ziel des menschlichen Schicksals sein, dauerhaft darin zu leben. *Unser Nervensystem braucht ein Update.* Es ist das Herauswachsen und Hinausreifen aus dem Automatismus eines stressbereiten animalischen Nervensystems in einen Modus, der von höheren Bewusstseinszentren und der Herzenergie geprägt ist. Das erreichen wir Schritt für Schritt durch Bewusstsein und Wege zur Selbstberuhigung, die ein stabiles und gelassenes Nervensystem trainieren.

Wie erschaffen wir uns emotionale Bedrohungen selbst?

Wie reagierst du reflexartig, wenn du eine Situation erlebst, die dir nicht gefällt oder dich gar schmerzt? Genau – in der Regel mit emotionalem Widerstand. Der viel gepriesene Widerstand – ein Stoff, der scheinbar Helden macht. Doch ist Widerstand auch erfolgreich?

Unangenehme Situationen lehnen wir gerne ab. Wir lehnen andere ab oder gar uns selbst. Dieser *Widerstand ist das eigentlich problematische Verhalten, das Stress auslöst*. Eine Situation selbst ist zunächst einmal unschuldig. Eine Ablehnung bedeutet immer Abtrennung. Trennung in richtig und falsch, gut und schlecht, in erwünscht und unerwünscht. Das Abgelehnte mutiert zur Bedrohung, da ich mich jetzt vermeintlich dagegen schützen oder wehren muss. Mit Widerstand wollen wir uns eigentlich vor etwas schützen. *Fatal dabei ist, dass wir mit dem emotionalen Widerstand eine Bedrohung überhaupt erst erschaffen.* Diese inneren Prozesse spielen sich kaum bewusst und in Sekundenschnelle ab. Sobald wir auf diese Weise eine Bedrohung definieren – steht unverzüglich die Stressfeuerwehr Panikum in der Tür und möchte das vermeintlich bedrohliche Feuer löschen. *Der Code, der* Panikum *auf den Plan ruft, ist die Wahrnehmung einer Bedrohung.* Eine Situation muss nicht per se bedrohlich sein. Wenn wir sie jedoch durch unseren Widerstand als Bedrohung etikettieren, dann ist sie für Panikum ein Einsatzbefehl.

Das physikalische Stromgesetz: $U = I \times R$ lässt sich auch auf Stress anwenden. Je größer der Widerstand (R), desto größer die Spannung (U) und desto geringer der Energiefluss (Stromstärke I). Widerstände führen in der Physik zu Energieverlusten und Erwärmung. Im Widerstand erhitzen auch wir uns im wahrsten Sinne des Wortes.

Stell dir vor, dein Chef kommt morgens in dein Büro und bittet dich, eine neue Aufgabe zu übernehmen. Du kennst dich damit noch nicht aus. Du weißt nicht einmal, ob sie dir Spaß macht. Du hast drei Möglichkeiten:

1. Du kannst dich mit der Aufgabe überfordert fühlen und aktiven oder passiven emotional geladenen Widerstand entwickeln.
2. Oder du spürst, dass sie für dich nicht passt und daher auch kein Gewinn für den Betrieb ist. Du lehnst mit einem emotionslosen »Nein« ab.
3. Oder du kannst sie neugierig als Herausforderung betrachten und gespannt sein, wie du sie meistern wirst.

Alles gleichzeitig geht nicht. Im Fall 1) wird Panikum dich aus der bedrohlichen Situation retten wollen und Stress in dir auslösen. Im Fall 2) wird Panikum die Füße stillhalten – es sei denn, du bekommst Schuldgefühle, weil ein »Nein« gesellschaftlich nicht so erwünscht ist. Dieses »Nein« ist nämlich eine große Kunst. Im Fall 3) wird Heurekum mit positiven Gefühlen auf der Bildfläche erscheinen und dich unterstützen. *Es sind die nicht immer bewussten Vorerfahrungen, die Menschen individuell unterschiedlich auf die gleiche Situation reagieren* lassen. So kann es sein, dass ein Mensch mit Widerstand reagiert und sie als Bedrohung erlebt – ein anderer heißt sie als Herausforderung willkommen.

Emotionaler Widerstand erzeugt eine Bedrohung: Bedrohung aktiviert Panikum. *Das ist der Schlüssel.* Wenn es uns gelingt, die Bedrohung abzustellen, dann darf sich Panikum weiter ausruhen. »Das geht doch nicht, ich bin von so vielen Dingen bedroht«, werden viele einwenden. »Ich kann nicht verhindern, dass mein Arbeitsplatz gefährdet ist, dass ich für drei arbeiten muss, weil niemand mehr neu eingestellt wird. Dass meine pubertierenden Kinder alle möglichen Flausen im Kopf haben, dass ich einen Flop gelandet habe, dass mein Hausbau doppelt so viel kostet wie veranschlagt. Dass mein Partner krank ist, dass meine Eltern dement sind …« Ja, die äußere Situation bleibt zunächst die Gleiche. Es gibt einen schönen Satz des Motivationstrainers Arthur Lassen, der in die Lösung führt: »Ändere die Situation oder ändere deine Einstellung dazu. *Für das Unterbewusste ist es egal, ob wir eine Situation faktisch ändern oder ob wir eine andere Haltung dazu einnehmen.« Beides kann zur Auflösung der Bedrohung führen. Wie kannst du deine Einstellung ändern und wie kannst du anstelle von Widerstand reagieren? Das erfährst du in den nächsten Kapiteln.*

Widerstand in einen Segen umparken

Jeder von uns hat Situationen erlebt, die er zuerst als unangenehm bewertet hat. Später haben sie sich jedoch als Segen erwiesen. *Warum also gleich bewerten, anstatt abzuwarten, bis sich der Segen der Situation zeigt?* Gewiss gibt es dramatische Situationen, in denen es sehr schwerfällt, einen Segen zu erkennen. Doch in der Welt der Polarität hat eben alles zwei Seiten.

Viele Entdeckungen wurden gemacht, weil jemand einen Fehler gemacht hat. Alexander Fleming entdeckte 1928 zufällig das Penicillin, weil versehentlich Schimmelpilzsporen in eine Bakterienkultur gelangt waren. Vor vielen Jahren hatte ich selbst ein schier unlösbares Problem: Ich benötigte dringend Implantate. Ich hatte mich für Zirkon-Implantate entschieden anstatt des üblichen Titans. Die mir bekannten Zahnärzte waren nicht bereit, mir Zirkon-Implantate zu setzen, da sie den Werkstoff für nicht ausgereift hielten. Ich suchte im Internet und fand niemanden. Fünf Jahre später machte schleichender Schwund meines Kieferknochens eine Implantation immer problematischer. Ich bedrängte mein Unterbewusstes, mir nun endlich eine Lösung zu finden.

Etwas später versäumte ein Geschäftspartner einen Termin mit mir in Frankfurt! Ich stand nun vor verschlossenen Türen und musste zusätzlich noch dringend zur Toilette. Es gibt Bedürfnisse, die kann man nicht vertagen! Also ging ich um den Block und sah das große Schild eines Zahnarztes, der Implantate setzt. Ich suchte die Praxis auf – eigentlich um die Toilette zu nutzen. Dann fragte ich nach, ob er Erfahrung mit Zirkonimplantaten hatte. »Oh Wunder!« – dieser Zahnarzt hatte schon Erfahrungen damit und war bereit, mir Zirkon zu setzen. Es ist nun elf Jahre her, dass die Implantate eingesetzt wurden und ich bin sehr zufrieden. War es nicht ein Segen, dass der Geschäftspartner den Termin vergessen hatte?

In den Neunzigerjahren kehrte ich zurück von einer Reise in ein Entwicklungsland. Dort war ich sehr vorsichtig und nahm nur gekochte Speisen zu mir, trank nur Wasser aus versiegelten Flaschen und blieb erfreulicherweise kerngesund. Auf dem Rückflug wurden frische Früchte angeboten. Ich hatte solche Lust darauf, dass ich bedenkenlos zuschlug. Schließlich war es eine internationale Airline und das Essen sollte in Ordnung sein. Doch hatte ich nicht bedacht, dass es in dem Land zubereitet worden war, in dem ich so vorsichtig war. Als ich nach der Heimkehr zu Hause aufwachte war mir so schlecht wie noch nie in meinem Leben. Fast eine halbe Stunde brauchte ich, um zur Toilette zu kriechen. Ich war beunruhigt, was ich mir da eingefangen hatte. In der Uniklinik geriet ich an einen sehr freundlichen Arzt, der mich beruhigte. Wir unterhielten uns zufällig über seine beruflichen Pläne. Er plante, sich selbstständig zu machen. Damals war ich beratend tätig und Ärzten behilflich, die finanzielle Seite ihrer Praxisgründung zu organisieren. Er wurde einer meiner besten Kunden. Dafür hatte sich die vorübergehende Darminfektion allemal gelohnt!

Das Unbewusste kann uns selbst durch Störungen des normalen Ablaufs zu Lösungen führen, auf die wir sonst nicht kommen würden. Deshalb ist es besser, offen zu bleiben und nicht reflexartig in den Widerstand zu gehen. Nicht immer ist der Segen einer schwierigen Situation so offensichtlich. Es gibt Situationen, die uns dienen, eine neue Wegrichtung einzuschlagen. Wir wissen dann nicht, wo wir gelandet wären, wenn wir in der gleichen Richtung weitermarschiert wären. Wenn uns eine Autopanne stoppt, wissen wir nicht, ob wir bei freier Fahrt an der nächsten Kurve in ein Stauende gerast wären. Ich kenne Ehepaare, die sich seit Jahren miteinander herumquälen und keine Lösungen für ihre Konflikte finden. Irgendwann bricht einer der beiden aus und trennt sich. Vielleicht geht er oder sie zu einem neuen Partner. Das anschließende Geschrei ist groß und mindestens einer fühlt sich als Opfer der Situation. Doch häufig erweist sich die Situation auch für den verlassenen Partner als Befreiung. Er hat wieder Luft zum Atmen und neue Möglichkeiten öffnen sich ihm.

Das Schicksal ist oft weiser und vorausschauender als wir. Es entbindet uns oft da, wo wir uns freiwillig nicht aus einer Situation bewegen würden. Als mir ein wichtiger Webmaster von heute auf morgen kündigte, ohne über die Gründe zu kommunizieren, war es anstrengend, einen kompetenten neuen zu finden. Doch schließlich entpuppte er sich als Glückstreffer. Auch wenn es eine Weile gedauert hat, bis ich meinen entrüsteten Widerstand losgelassen habe. Denn der bisherige Webmaster hatte durch sein Verhalten meine Werte von Kommunikation, Geschäftspartnerschaft, Kooperation und Ehrlichkeit verletzt. Wenn jemand unsere Werte verletzt, sind wir besonders tief getroffen. Doch wer leidet in diesem Fall unter den unangenehmen Gefühlen? Ich – nicht der andere. Es fiel mir nicht leicht, sein Verhalten bei ihm zu lassen und die emotionale Ablehnung aufzugeben. Doch es ist das Gesündeste. Ein passendes Sprichwort dazu ist: »*Ärger ist, wenn man sich selbst bestraft für die Fehler von anderen.*« Im Nachhinein bin ich für den Segen durch den neuen Webmaster und seine Leistungen jeden Tag dankbar. Ist es nicht erstaunlich, wie viel Segen ein in meinen Augen unverschämtes Verhalten gebracht hat? Deshalb rufe ich dir und mir zu: »*Beruhige dich – was zunächst wie ein Misthaufen aussieht, kann später zu Gold werden!*«

Der US-Schriftsteller Napoleon Hill, der 500 Self-made-Millionäre interviewte, empfahl, beim Auftauchen eines Fehlers, unverzüglich mehrmals zu behaupten: »*Das ist gut*« – auch wenn man noch nicht weiß, wozu. Eine intelligente Haltung, um schnellstmöglich auf der Heurekum-Autobahn zu landen und kreativ zu werden. Sie lässt Panikum ruhig auf der Feuerwache bleiben und das Gehirn beginnt sofort, neugierig nach dem Segen einer Optimierung in dieser Situation zu suchen.

Jemand sagte mir einst: »*Wer in einer Situation keine Fülle erkennt, hat sie noch nicht erleuchtet.*« Wie weise – mache dir diese Denkweise zu eigen und du wirst in unsanften Situationen keinen oder nur kurz emotionalen Widerstand aufbauen, den du hinterher sowieso mühsam wieder loslassen musst. Wenn du selbst Beispiele dieser Art hast, freue ich mich über deinen Bericht per E-Mail. Man kann nicht genug davon erfahren!

Der Stress-Umdreh-Code – den limbischen Ausgleich bewirken

Aus den oben beschriebenen Beispielen und der Erkenntnis, dass Widerstand eine Bedrohung hervorruft, ergibt sich eine so simple Lösung, dass wir einfach nicht darauf kommen. *Was ist das Gegenteil von Widerstand? Es ist das Annehmen.* Das kann Heurekum in uns besonders gut.

Mache die Probe aufs Exempel:
- Schließe deine Augen. Stelle dir eine Situation vor, die dir bisher gar nicht gefällt, die du ablehnst. Spüre die Antwort deines Gefühls auf diese Betrachtung. Wo im Körper nimmst du das Gefühl wahr?
- Dann stelle dir die Situation nochmals vor. Diesmal akzeptiere sie einfach in allen Aspekten. Akzeptiere gänzlich, dass sie da ist und dass du vielleicht keine Lösung weißt. Nun achte wieder auf dein Gefühl. Was fühlst du jetzt und wo?

Die kleine Veränderung des Annehmens hat vermutlich Heurekum statt Panikum aktiviert. Wenn Heurekum herrscht, bekommt die Sache einen anderen Stellenwert. Erleichterung, Humor, kreative Lösungsansätze, neue Blickwinkel und das Gefühl »Ich kann etwas ändern«, setzen sich anstelle der Bedrohung.

Der Stress-Umdreh-Code ist: annehmen statt Widerstand. Annehmen heißt jedoch nicht hinnehmen. Annehmen ist nur der erste Schritt, damit Panikum sich nicht angesprochen fühlt, einzugreifen. Schließlich geht es in der Regel um emotionale Bedrohungen, und dafür hat Panikum keine sinnvollen Strategien. Wenn du durch das Annehmen in einem guten Heurekum-Zustand bist, dann beginne, nach Optimierungen/Änderungen einer Situation oder Sache zu suchen. Das Limbische System ist unser emotionales Gehirn. Von dort werden emotionale Stress-Reaktionen befeuert. Der Stress-Umdreh-Code des Annehmens gleicht die Spannung im Limbischen System aus.

Das ist theoretisch alles leicht gesagt. Selbst wenn es funktioniert, wird das Leben uns immer wieder darin schulen müssen. In einigen Widerständen haben wir uns geradezu festgebissen. Es gibt Dinge, da möchten wir beharren und uns ärgern. Nur hört uns keiner dabei zu. So ist es mir eines Tages beim Schreiben dieses Buches ergangen. Aus unerfindlichen Gründen sind in dem Dokument plötzlich sämtliche Überschriften verschwunden und die Absätze sind durcheinandergeraten. Vielleicht habe ich eine falsche Taste erwischt? Jedenfalls ist mir diese irrsinnige Funktion im Word-Programm nicht bekannt. Es kostet mich einen Tag, die Datei wieder zu ordnen. Und ja, ich beschimpfe meinen unschuldigen Computer. Ich möchte mich gerne bei jemandem beschweren, aber niemand interessiert sich für meinen Schmerz. Ich weiß, dass ich den Widerstand loslassen muss, um mein ebenfalls unschuldiges Nervensystem zu entlasten. Doch ich will mich ärgern, ich will schimpfen, ich will aggressiv sein. Es ändert natürlich nichts an meinem Problem. Es fügt ein zusätzliches Problem hinzu: Nach einiger Zeit fühle ich mich emotional schrecklich und völlig gestresst. Okay – ich gebe den emotionalen Widerstand auf. Es geht mir sogleich besser. Gelassenheit erreichen wir eben nur durch Loslassen von blockierenden Strategien – in allen Bereichen. In diesem Zustand lässt sich das Problem leichter beheben. So wünsche ich auch dir liebe Leserin, lieber Leser fröhliches Üben im Alltag. Du wirst immer wieder hinfallen – aber je öfter du bewusst aufstehst, desto stärker und kraftvoller wirst du.

Lass dein Annehmen jedoch keine einseitige Kopfgeburt sein, sondern nimm mit Beteiligung des Herzens an. Das Herz vermittelt zwischen Verstand und Gefühl und umfasst dein ganzes Wesen. Es beruhigt deine Emotionen glaubhaft. Bedenke, dass dein emotionales System durchaus misstrauisch gegenüber deinen

Gedanken sein kann, weil sie es vielleicht durch Verurteilungen schon oft verletzt haben. Beherzt lassen sie sich leichter überzeugen. Wenn du wenig Kontakt zu deinem Herzen verspürst, was in stressreichen Situationen durchaus sein kann, dann nutze Herz-Aktivierungs-Übungen. Einige findest du in diesem Buch. Experimentiere damit. Experimentiere spielerisch.

Was du für dich tun kannst, um den Panikum-Reflex konstruktiv umzulenken:

- *Den Segen in jeder Situation suchen:* Mache es dir zur Gewohnheit, jede Situation zuerst einmal anzunehmen – wie schräg sie auch daherkommen mag. Mache es dir zur Gewohnheit, dich selbst in allen Facetten anzunehmen. Wenn du an der Selbstliebe sparst, wird Panikum besonders viel zu tun haben. Selbstliebe ist nämlich der Ast, auf dem du sitzt. Besser nicht daran sägen! Gehe in einer schwierigen Situation nach dem Annehmen sogleich auf die Suche nach dem Segen darin. Was will sie dich lehren? Auf welche Verbesserungen oder neue Sichtweisen möchte sie dich aufmerksam machen? Selbst wenn du noch keine Antworten findest, bist du auf einem konstruktiven Weg. Du hast das Gefühl, dass es vorwärts geht und das bedrohliche Gefühl von Ohnmacht in einer schwierigen Situation, verliert seinen Boden.
- *»Das ist gut!«:* In einer Stress-Situation wird der bewusste Teil des Gehirns im vorderen Stirnlappen energetisch unterversorgt. Dadurch fallen uns in Stress-Momenten die guten Tipps des Stressmanagements meist nicht gleich ein. Deshalb kannst du dir den Tipp von Napoleon Hill einprogrammieren, sodass dir zuerst der Satz »Das ist gut!«, einfällt – noch bevor Panikum zur Hochform auffährt. Das spart deinem Nervensystem viel Energie und bringt dich schnell auf die Zielgerade der Lösungsfindung.

6. Die neuronale Autobahn wechseln

Auf welcher neuronalen Autobahn bist du unterwegs?

Selten wird uns bewusst, dass alles, was wir im Außen manifestieren, zuerst durch unsere neuronalen Schaltkreise hindurchmuss. Zuerst treffen wir eine neuronale Entscheidung – erst dann wirkt sie sich in unseren Handlungen aus. Heurekums positive Gedanken und Gefühle bedienen sich eigener Hirnareale mit eigenen neuronalen Schaltkreisen und haben eigene chemische Botenstoffe. Sie können Panikums Schaltkreise hemmen. So werden auch Panikums Gedanken und Gefühle in eigenen Hirnarealen und neuronalen Schaltkreisen aktiviert mit eigenen chemischen Botenstoffen. Sie können Heurekums Schaltkreise hemmen. Kurz gesagt: Ein konstruktiver Gedanke fährt auf einer anderen neuronalen Bahn als ein Stress-Gedanke. Wenn wir unsere Aufmerksamkeit auf die Gedanken und Gefühle der Panikum-Bahnung lenken, hemmen sie die Aktivität der Heurekum-Bahnung – und umgekehrt.[21, 22]

Viele Trainings zur Beeinflussung von Emotionen beruhen daher darauf, die positiven Bahnungen und Hirnareale gezielt zu verstärken. Aufgrund der neuronalen Plastizität unseres Gehirns sind seine emotionalen Schaltkreise noch in jedem Alter formbar. Neue Nervenzellen können sich jederzeit entwickeln und neue Verbindungen aufbauen.[23]

Am besten stellst du dir das als zwei verschiedene neuronale Autobahnen in deinem Nervensystem vor: Die eine ist eine Stress-Autobahn oder Panikum-Strecke. Auf dieser landest du, wenn du negative Antworten auf eine Situation gibst und emotionalen Widerstand entwickelst. Auf dieser Autobahn begegnen dir zusätzlich an jeder Raststätte und Ausfahrt frühere Erfahrungen und Assoziationen, die bisher negativ für dich waren oder sind. Die anderen Autofahrer, denen du begegnest, strapazieren dein Nervenkostüm zusätzlich. Egal, was du machst – dir wird deine Entscheidung gespiegelt, diese Autobahn zu benutzen. Auf dieser Autobahn bewegen dich Emotionen, die angstgetrieben sind und dich in deiner Leistungsfähigkeit blockieren.

Auf der anderen Autobahn, der Zuversichts-Autobahn oder Heurekum-Strecke, reist du automatisch, wenn du positive Entscheidungen triffst und konstruktive Gedanken denkst. An den Raststätten und Ausfahrten begegnen dir ermutigende Erlebnisse und Assoziationen aus bisherigen Erfahrungen. Sie bestärken dich darin, dass du erfolgreich sein kannst. Die anderen Autofahrer in deinem Umfeld spiegeln dir deine konstruktive Grundhaltung – sie lächeln dir zu. Dazu passende, in dir abgespeicherte Assoziationen leuchten auf. Auf dieser Autobahn bewegen dich energiegeladene, angenehme Emotionen. Hier beginnst du vielleicht zu verstehen, was hinter der Empfehlung des positiven Denkens steckt. Doch warum sind damit so viele gescheitert? Vermutlich, weil sie es mechanisch dahergeplappert haben. Sie haben vergessen, zu den positiven Gedanken ihre emotionale Zustimmung einzuladen und beides miteinander zu verbinden. Ein Fahrzeug hat zwei Achsen – fehlt eine Achse, kommt es nicht weit. So ist das mit positiven Gedanken ohne Verbindung zum Gefühl – sie nehmen keine Fahrt auf.

Gedanken, Einstellungen, Handlungen, Emotionen, die angstgetrieben sind, können niemals auf der Heurekum-Autobahn fahren. Positive Gedanken und Gefühle können nicht gleichzeitig auf der Panikum-Strecke fahren. So hast du es schon oft erfahren: Entweder bist du zuversichtlich eingestellt und siehst folglich Ansatzpunkte für Fortschritt. Oder du reist auf der ängstlichen, zweifelnden Route von Panikum. Dann findest du viele Beweise für deine Sichtweise und vor allem scheinst du dort blind zu sein für zuversichtliche Einstellungen, konstruktive Ideen oder Lösungsansätze. Die neuronale Panikum-Bahnung ist mit Gedanken und Gefühlen der Angst mit all ihren emotionalen Facetten verbunden. Die Heurekum-Bahnung ist mit Gedanken und Gefühlen der Liebe mit all ihren emotionalen Facetten verbunden. Beide Empfindungen können nicht zur gleichen Zeit in unserem Körper herrschen und schließen einander aus. Du kannst nicht gleichzeitig in beiden Autobahnrichtungen unterwegs sein. Du wählst die Autobahn – das Leben spiegelt dir deine Wahl.

Ein anschauliches Beispiel bietet uns die Spaltung der deutschen Bevölkerung in zwei Lager bezüglich der Notlage der Flüchtlingsströme 2015. Im Kapitel : »Panikums Dilemma« habe ich erzählt, dass alles Fremde für Panikum zunächst bedrohlich erscheint. Folgerichtig reagiert ein Teil der Bevölkerung sowie die meisten europäischen Länder mit Angst vor Unsicherheit, vor Überfremdung, vor einer anderen Kultur, vor Verlust des eigenen Wohlstands. Viele Menschen werden nicht müde, eine Katastrophe heraufzubeschwören, die real visualisiert und empfunden wird. Als Hauptlösung sehen sie nicht die Komplexität des Themas und der Lösungswege, sondern nur das Bild eines Zauns in allen Facetten: Abschotten von der Bedrohung und wegsehen – selbst wenn es keine nachhaltige, praktische Lösung des Migranten-Problems ist. Klar, Sicherheit ist ein Grundbedürfnis, aber kein Grund zu der Hysterie, die nur ein hyperaktives Panikum immer wieder anfacht.

Bei dem anderen Teil siegen Heurekum-Emotionen über die Sorge von Panikum. Dieser Teil engagiert sich proaktiv und praktiziert selbst gegen Widerstände und Niederlagen eine Integrationskultur. Heurekum-Emotionen wie Mitgefühl, Menschlichkeit, Erbarmen, Gemeinschaftsgefühl, Großzügigkeit – aber auch Neugier, Abenteuerlust und Spannung spielen dabei eine Rolle. Dieser Gruppe wird es gelingen, die Chancen dieser Ausnahmesituation und praktikable Lösungen zu sehen, weil ihr neuronales Netz von Zuversicht dominiert ist.

Auf die Heurekum-Autobahn zu wechseln, bedeutet keineswegs Gefühlsduselei, Schönfärberei, Traumtänzerei oder Augenwischerei. Es bedeutet, die Hirnströme zu verändern und auf gesunde, lösungsorientierte Schaltkreise umzuschalten. Es dauert vermutlich nicht mehr lange, bis wir das Modell der Autobahnen an unseren Gehirnströmen ablesen können. An der Universität Bremen sind Forscher dabei, aus den Hirnströmen Worte und Gedanken zu entziffern. Prothesen können schon heute mittels Gedankenenergie gesteuert werden. Mit einer App und einem Headset sollen wir alle später in der Lage sein, die Zusammenhänge zwischen unseren Gedanken, Worten und Hirnströmen individuell zu erforschen.

Die Autobahn wechseln

Am nächsten Tag habe ich den Auftrag, in der Dübener Heide ein Seminar zu geben. Es ist schon Nacht, als ich auf der A 9 kurz vor Leipzig unterwegs bin. Ich fahre sehr schnell, denn ich bin spät dran und will noch einige Stunden schlafen, damit ich morgen fit bin. Plötzlich geht mitten auf der Fahrt mein Motor aus – Lichtmaschine alles aus. Während ich auf den Seitenstreifen ausrolle, arbeitet mein Gehirn bereits fieberhaft an Lösungen für das Problem. Wie soll ich mitten in der Nacht mit all dem Seminargepäck an einen verlassenen Ort in der Heide kommen? Vor dem Seminar würde ich keinen Schlaf mehr bekommen – Panik! Vielleicht bin ich nicht einmal pünktlich da? Doch während ich noch ausrolle, drängt sich ein neugieriger, sogar heiterer Gedanke dazwischen: »Jetzt bin ich aber mal sehr gespannt, wie ich das Problem löse!« Er entspannt mich. Ich finde die Nummer des ADAC heraus. Die Dame fragt mich, ob ich den Wagen noch einmal gestartet habe. Nein, auf diese Idee war ich in meinem Schock nicht gekommen. Vorsichtig starte ich den Wagen – ich glaube es nicht – er springt an! Er bringt mich sicher und rechtzeitig in die Heide. Eine Nachfrage später bei der Werkstatt ergibt, dass mein Motor nicht bei voller Fahrt ausgehen kann. Aha, so etwas gibt es nicht – aber geträumt habe ich es auch nicht!

Entscheidend in dieser Geschichte ist, dass der heitere, neugierige Gedanke kurz nach der Panik sehr schnell und automatisch die Bühne betrat. Dies ist nur möglich, wenn wir immer wieder üben, innerlich die Denkautobahnen zu wechseln auf die Seite der Zuversicht. Irgendwann kommen die konstruktiven Gedanken automatisch und wir können uns gratulieren.

Wenn wir versehentlich auf der Panikum-Strecke gelandet sind, ist es zunächst keine leichte Übung, auf die andere Autobahn zu wechseln. Denn leider ist unsere Wahrnehmung im Panikum-Modus so eingenommen von den Assoziationen der Stress-Autobahn, dass wir uns kaum eine positive Wendung vorstellen können. Deprimiertheit und Hoffnungslosigkeit gedeihen dort prächtig. Sei trotzdem zuversichtlich und übe immer wieder den Sprung auf die Heurekum-Autobahn, bis es fast zu einem Reflex wird. Wenn du trotz deiner bisherigen Panikum-Gewohnheiten beständig weiter übst, wird es dir leichter und leichter gelingen.

Oft hören wir Geschichten von Menschen, die extrem lebensbedrohliche Situationen mit einer Art innerer Entscheidung überlebt haben. Viktor E. Frankl, der Neurologe, der in vier Konzentrationslagern interniert war und fast seine gesamte jüdische Familie im Holocaust verloren hat, hat sich trotzdem die Bejahung des Lebens bewahrt. Weitgehend ohne Hass und Groll auf diese destruktive Vergangenheit konnte er 1945 aus dem KZ befreit werden. Er sprach von der »Trotzmacht des Geistes«. Von ihm stammt der Gedanke: »Zwischen Reiz und Reaktion befindet sich ein Raum. In diesem Raum befindet sich unsere Macht, unsere Reaktion zu bestimmen. In unserer Reaktion liegen unser Wachstum und unsere Freiheit.«[24] Was war der Schlüssel zum Überleben für solche Schicksale? Viele berichten übereinstimmend davon, dass sie ihre Hoffnung nie aufgegeben haben. Viktor Frankl glaubte in den dunkelsten Stunden an einen Sinn, der sich dahinter verbergen musste, auch wenn er ihn nicht erkannte. Viele, die an einer Situation verzweifelt sind und ihre Hoffnung verloren haben, konnten derartige Herausforderungen nicht meistern. Es gibt offenbar eine innere Entscheidung, die unser Schicksal beeinflusst.

Ebenso kannst du glücklicherweise von der Panikum-Autobahn auf die Heurekum-Strecke springen. Hier erfährst du eine wirksame wie einfache Methode, dies zu meistern: Du brauchst dazu ein mentales Trampolin. Es katapultiert dich auf die Heurekum-Autobahn, wenn du Sätze wie diese bewusst denkst: »Es ist alles gut.« Oder: »Ich akzeptiere die Situation jetzt so, wie sie ist.« Oder: »Ich habe mein Bestes gegeben. Ich bin gut so wie ich bin.« Damit beendest du eine gefühlte Bedrohung und landest sanft auf der Heurekum-Autobahn. Wenn du dich um diesen Sprung immer wieder und immer schneller bemühst, dann hast du viel erreicht in der Kunst der Selbstberuhigung. Chapeau!

In jeder neuen Situation findet in uns blitzschnell eine meist unbewusste Entscheidung statt, ob wir sie auf der Stress- oder auf der Zuversichts-Autobahn erleben wollen. Für diese Entscheidung haben wir ein kurzes Zeitfenster von etwa fünf Sekunden.

Diese Entscheidung ist entscheidend. Deshalb sind wir unseres eigenen Glückes Schmied.

Damit du diese Entscheidung möglichst schnell treffen kannst, musst du dich etwas vorbereiten. Diese Begebenheit mag das verdeutlichen: Einmal im Winter muss ich eine Autofahrt übers Land machen. Ich weiß, dass die Straßen durch einen Nieselregen vereist sind. Ich weiß auch, dass ich zur Vollbremsung neige, wenn ich ins Schleudern komme. Also setze ich mich vorher hin und hämmere mir wie ein Mantra ein: »Runter von der Bremse, runter von der Bremse!«. Auf halber Strecke wird es richtig gefährlich. Ich fahre äußerst langsam. Hinter mir meint ein Autofahrer, er müsse mich überholen. Er realisiert offenbar nicht, dass die Straße unter dem Schnee spiegelglatt ist. Ich sehe ihn im Rückspiegel spurten. Wenige Sekunden später schleudert er quer vor meinen Wagen. Natürlich trete ich voll auf die Bremse. Der andere fährt geradeaus nach rechts in den Graben. Mein Wagen schleudert durch die Vollbremsung einmal um die eigene Achse. Währenddessen setzt endlich mein »Mantra« ein: »Runter von der Bremse, runter von der Bremse!« Ich ziehe meinen Fuß von der Bremse und mein Wagen kommt in Fahrtrichtung zum Stehen. Hätte ich mir das nicht vorher eingehämmert, hätte ich mich weitergedreht und wäre vermutlich auch im Graben gelandet.

Eine bewusste Gedankenänderung ist in jedem Moment sehr schnell möglich. Damit wird es dir immer öfter und wirksamer gelingen, auf die HEUREKUM-Autobahn zu wechseln. Am Ende

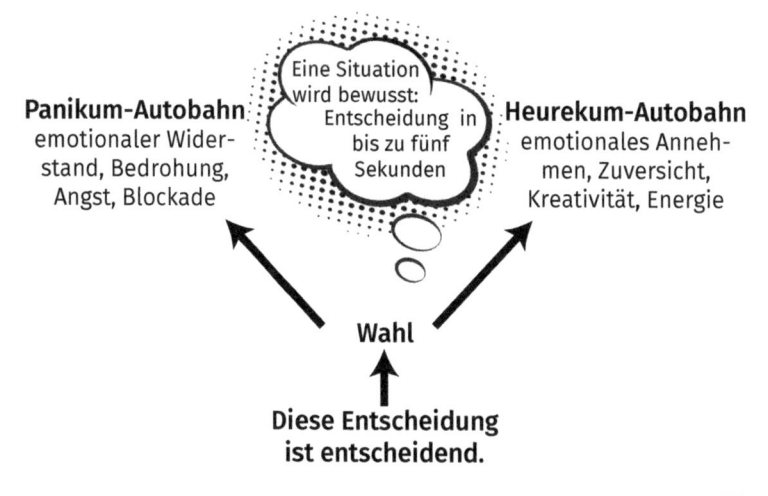

Panikum-Autobahn — emotionaler Widerstand, Bedrohung, Angst, Blockade

Eine Situation wird bewusst: Entscheidung in bis zu fünf Sekunden

Heurekum-Autobahn — emotionales Annehmen, Zuversicht, Kreativität, Energie

Wahl

Diese Entscheidung ist entscheidend.

dieses Kapitel 6: »Die neuronale Autobahn wechseln« findest du unter »Notausgänge zur Heurekum-Autobahn« eine Übung, mit der du deine passendsten Sätze zum schnellen Wechsel der Autobahn herausfinden kannst. Ein weiteres großartiges Mittel, welches der Bedrohung sofort den Boden entzieht, ist der Humor. Er versetzt dich umgehend auf die Heurekum-Autobahn.

Für manche Veränderungsprozesse brauchst du eine geeignete Auszeit. Wenn du bemerkst, dass du dich in bestimmten Situationen immer wieder auf der Panikum-Autobahn wiederfindest, dann beobachte, was deine ursprüngliche Wahl ausgelöst hat. Sie resultiert meist aus Echos von alten Erfahrungen, die du mit Übungen aus diesem Buch in Ruhe verwandeln kannst. Übe es immer wieder, bis sich dir die Nackenhaare aufstellen, wenn du versehentlich auf der Panikum-Autobahn gelandet bist.

Wir haben einen Körper anvertraut bekommen und dürfen seine Hüterinnen und Hüter sein. Der Körper hat ein Nervensystem. Es ermöglicht uns zu fühlen und zwischen den Körperbereichen zu kommunizieren. Es ermöglicht uns, uns selbst wahrzunehmen. *Der unerlöste, andauernde Panikum-Modus lässt unser Nervensystem altern und kostet viele Neuronen im Gehirn.* Es mehren sich die Anzeichen, dass besonders der Hippocampus (Gedächtnis-Gehirn), in dem lebenslänglich neue Neuronen gebildet werden, durch Stress beeinträchtigt wird und neu gebildete Zellen nach starken Stresseinwirkungen absterben. Deswegen übernimm die Verantwortung dafür, dass dein großartiges Nervensystem von unnötiger Anspannung erlöst wird!

Entscheide dich, dir und ihm zuliebe, immer öfter für die Strategien der Selbstberuhigung. Du meisterst dein Panikum, indem du auf die Heurekum-Autobahn springst. An der nächsten Raststätte kannst du gelassen Tee trinken, ohne im Flucht- oder Kampfmodus zu sein, oder ohne die Teetasse vor Erstarrung nicht halten zu können.

Unsere Welt als Kippfigur im Gehirn

Es ist unheimlich, wie sehr uns der Wahrnehmungsfilter eine glaubhafte Wirklichkeit zeigen kann, die einzig von unserem eigenen Gehirn gesteuert wird. Noch unheimlicher ist, dass wir es kaum bemerken und unsere Wahrnehmung daher selten infrage stellen. Unterwegs auf der Panikum-Autobahn glauben wir, dass sie unsere Wirklichkeit ist und glauben an den Kampf gegen Widerstände. Auf der Heurekum-Autobahn sehen wir grünes Licht und genießen die freie Fahrt.

Es erschüttert und fasziniert mich jedes Mal, wenn ich meinen Seminarteilnehmern einen kleinen Film zeige, in dem sich die Scherenschnitt-Silhouette einer jungen Frau einfach dreht. Während die einen behaupten, sie drehe sich im Uhrzeigersinn, sagen die anderen, sie drehe sich dagegen. Zwischendurch werden Wechsel beobachtet – doch völlig unregelmäßig bei jedem zu einer anderen Zeit. Der Film allerdings zeigt nur eine permanente Wiederholung der gleichen Bewegung. Außen vollzieht sich keine Änderung. Dann kann sie nur in den Gehirnen selbst erfolgen. Und zwar erfolgt sie dann, wenn die Gehirnströme einer Person einen Richtungswechsel vollziehen. Dieser Richtungswechsel vollzieht sich auch, wenn wir zwischen Heurekum und Panikum wechseln.

Jeder kennt Kippfiguren – eine der bekanntesten ist der durchsichtige Würfel mit der Sichtbarkeit aller Seitenkanten. Falls du keinen Kipp-Wechsel siehst, streiche mehrmals von links nach rechts horizontal über dein Schädeldach. Dadurch verändern sich deine Gehirnströme zwischen den beiden Hirnhemisphären. Bei zwei gleichen Kippfiguren können wir nur eine Version gleichzeitig sehen. *So können wir auch nicht auf der neuronalen Panikum- und der Heurekum-Autobahn gleichzeitig unterwegs sein.*

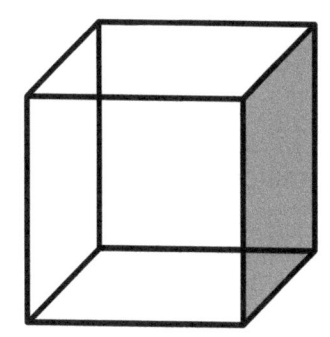

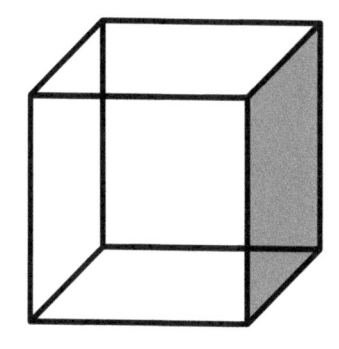

Führt »Nein-Sagen« auf die Panikum–Autobahn?

Es wäre ein Missverständnis zu glauben, dass es bei der Heurekum-Autobahn generell ums »Ja-Sagen« geht. Es geht um Annahme einer Situation – aber nichts ums Hinnehmen. »Nein-Sagen« bedeutet nicht, automatisch auf der Panikum-Autobahn zu landen. Das emotionslose »Nein-Sagen« aus dem Herzen ist kein Widerstand, sondern eine wichtige Option! Es ist oft wichtig, seine Grenzen abzustecken und diese auch zu kommunizieren. Wir brauchen das »Nein-Sagen«, um uns zu schützen. Ohne Schutz würde Panikum sofort aktiviert. Wer niemals »Nein« sagen kann, will oder darf, dessen »Ja« hat auch keine Bedeutung. Oder was würden wir von einem »Ja« auf einen Heiratsantrag halten, wenn die Auserwählte nicht »Nein« sagen darf? Darauf kann kein Verehrer stolz sein. »Nein-Sagen« ist eine souveräne Entscheidung, die wir oft treffen müssen zugunsten anderer Dinge, zu denen wir »Ja« sagen wollen. Vielleicht musst du eine Einladung bei Freunden ablehnen, weil du einen Tag brauchst, an dem du dich endlich ungeteilt deinen Kindern widmen kannst? Eine Wahl triffst du in jedem Moment. Eine Wahl ist neutral und bedeutet die souveräne Abwahl anderer Dinge – sie stellt keine Bedrohung dar.

Wenn wir mit einem »Nein« jedoch Schuldgefühle verbinden, weil wir beispielsweise Angst haben, jemanden vor den Kopf zu stoßen oder andere gesellschaftliche Grenzen zu überschreiten – rufen wir Panikum auf den Plan. Kaum etwas ist eine größere emotionale Bedrohung für uns als Schuldgefühle. Diese sind allerdings hausgemacht und entstehen durch Verurteilungen. Diese wiederum haben wir in der Hand. Mehr dazu findest du im Kapitel 9: »Das Verurteilungs-Syndrom loslassen«. *Ein »Nein«, das Panikum auslöst, ist stets mit einer emotionalen Bedrohung aufgeladen. Das souveräne »Nein-Sagen« ist eine emotionslose Wahl, die wir treffen.*

Was du für dich tun kannst, um immer wieder auf der Heurekum-Autobahn zu landen:

- *Notausgänge zur Heurekum-Autobahn:* Mit dem Konzept der neuronalen Autobahnen kannst du bewusster entscheiden. Bisher bist du vielleicht gewohnheitsmäßig auf die Panikum-Autobahn gesprungen. Selbst wenn du es zuerst reflexartig tust, bemerke es und springe mit deinen Erste-Hilfe-Sätzen auf die Heurekum-Autobahn: »Es ist alles gut.« »Okay, ich akzeptiere es so, wie es ist.« »Alles ist erst einmal gut.« »Welcher Segen steckt in dieser Situation? Was will sie mich lehren?« Panikum reagiert schnell. Damit du ihm zuvorkommen kannst, brauchst du ein anderes Reflexmuster, welches du blitzschnell in den Ring werfen kannst. Das erreichst du nur, indem du es dir mehrfach einprägst und dann immer wieder einsetzt, bis du automatisch mit diesem Muster reagierst. Zur ersten Reaktion hilft es, sich kleine Sätze wie »Alles ist gut« zu basteln, die dir in Stress-Situationen zur Verfügung stehen. *Die Natur von Stress ist, dass er unser bewusstes Denken weitgehend beeinträchtigt. Wir brauchen deshalb einen hilfreichen Reflex, der dann immer noch zugänglich ist.*

– Deine Aufgabe ist es nun, einen Signal-Satz zu finden, der verhindert, dass du eine Belastungssituation als Bedrohung wahrnimmst. Die besten Testsituationen sind plötzliche unerwartete Ereignisse, die dir nicht gefallen.
– Probiere einige Sätze aus und schreibe sie auf ein Blatt Papier.
– Stelle dir anschließend eine bekannte Stress-Situation vor und teste diese Sätze dabei durch, indem du sie während deiner Visualisierung der Situation laut nacheinander sagst. Bei welchen Sätzen empfindest du die meiste Erleichterung? Das sind deine *Reflex-Anker*. Verwende diese Sätze in der nächsten Zeit häufig in deinen Selbstgesprächen, damit sie sich einschleifen. Besonders dann, wenn etwas geschieht, was dir nicht gefällt. Das ist ein wichtiger Schritt zur Selbstberuhigung.

- *Chronifizierte Panikum-Entscheidungen ändern:* Es gibt vielleicht chronische Situationen, bei denen du vor langer Zeit schon auf die Panikum-Strecke gegangen bist und dich festgebissen hast. Wahrscheinlich sitzt du auf einer Raststätte dieser Autobahn und kaust auf einem zähen Steak, das du nicht hinunterbekommst. Da wird sonst nichts angeboten und du glaubst, du müsstest das Steak herunterwürgen. Wenn dir das chronifizierte Ärgernis klar wird, hast du immer noch das Trampolin. *Du kannst es einfach nachträglich annehmen.* Wenn du dich damit auf die Heurekum-Strecke katapultierst, bekommst du die Energie, dafür neue Sichtweisen und Lösungen zu finden.

- *Geisterfahrer auf der Panikum-Autobahn?* Wenn du bemerkst, dass du auf einmal »schlecht drauf« bist – aggressiv, missmutig, passiv, oder, oder ... dann bist du irgendwann unbewusst auf die Panikum-Autobahn gewechselt. *Frage dich, bei welchem Ereignis oder Gedanken der Widerstand begonnen hat.* Vielleicht war es ein Telefonat oder eine Begegnung? Meistens kommst du darauf. Nun ändere einfach deinen Gedanken, deine Entscheidung oder Bewertung. Schneller als du denkst, kutschierst du wieder auf der Heurekum-Autobahn.

7. Nutze das initiative, stärkende Prinzip des Geistes

Wie unsere Gedanken versehentlich Panikum auf den Plan rufen

Welche Rolle spielen Gedanken bei der Auslösung und Auflösung von emotionaler Bedrohung? Um das Wechselspiel zwischen Gedanken und Emotionen besser verstehen zu können, hilft es, das männliche und weibliche Prinzip im Menschen einmal unter die Lupe zu nehmen. Auch wenn in unserer Welt eine Gleichmacherei der männlichen und weiblichen Rollen stattfindet, ist es für unser Thema sinnvoll, sie als unterschiedliche Prinzipien zu betrachten. *Männer und Frauen sind zwar gleichwertig und gleichberechtigt – aber nicht gleich.* Die meisten Menschen meinen, dass das männliche Prinzip in uns den Verstand vertritt, während sie das Fühlprinzip als weiblich verorten. Fragt man nach den Grundeigenschaften dieser Prinzipien, hört es bei den meisten schon auf. Es gibt ein gebendes Prinzip und ein empfängliches Prinzip. Nicht wenige Männer ordnen das gebende Prinzip der Frau zu, weil sie ihre Mutter darin sehen. Doch die Natur spricht eine andere Sprache: In dieser spielt der Mann die initiative, gebende Rolle und die Frau verkörpert den empfänglichen Part.

Die nachfolgenden Zusammenhänge kannst du selbst beobachten und überprüfen. Dazu musst du kein Wissenschaftler sein, sondern brauchst dir diese Dynamiken nur bewusst zu machen:

Stelle dir kurz vor, dass du dich für etwas verurteilst, kritisierst oder abwertest. Du kennst sicher persönliche Beispiele dazu aus deinem Alltag. Nimm wahr, wie du dich dabei fühlst. Ich vermute, dass es emotional unangenehm ist? Nun erinnere dich an das letzte Mal, dass du dich selbst wertgeschätzt hast oder jemand anderes dir Wertschätzung ausgedrückt hat, die du bereit warst anzunehmen. Nimm wieder dein Gefühl wahr. Antwortet es mit angenehmen Gefühlen? Daraus lässt sich ableiten: *Gedanken erzeugen Gefühle – Gefühle antworten auf die Qualität der Gedanken.* Da der Verstand der männlichen Qualität in uns zugeordnet wird, sind seine Gedanken ein initiatives, gebendes Prinzip, welches in jedem Menschen vom weiblichen Prinzip empfangen wird. Das weibliche Prinzip reagiert auf jeden Gedanken mit einem Gefühl. Hat ihm ein Gedanke gefallen, dann *applaudiert* es durch positive Gefühle. Findet es den Gedanken bedrohlich, drückt es sein *Missfallen durch negative Gefühle* aus. *Das empfängliche Prinzip ist ein Antwortprinzip.* Wie das weiche, formbare Wasser spiegelt, was auf seine Oberfläche trifft, spiegelt das weibliche Prinzip dem männlichen Prinzip die Qualität seiner Gedanken.

Das Weibliche ist das kreative Prinzip, dass sich nach der Inspiration und Initiative durch das männliche Prinzip in eine Zeit der Schwangerschaft zurückzieht. Danach bringt es etwas Neues hervor. Sei es ein physisches Kind oder die Geburt einer neuen Idee, einer neuen Sichtweise oder Erkenntnis, einer Lösung oder einer neuen Vorgehensweise. Dies wiederum inspiriert den Verstand zu neuen Gedanken und Initiativen. Normalerweise bedient sich das Denken aus bisherigen Erfahrungen. *Daher finden wir auch keine neuen Lösungen für neue Probleme, solange unsere Gedanken isoliert im Kopf kreisen* und uns den Schlaf rauben. Denn neue, kreative Denkansätze werden aus dem fühlenden, weiblichen Prinzip in uns geboren. Das männliche Prinzip gewinnt daraus Erkenntnis und entschlüsselt die emotionalen Botschaften. So entsteht im optimalen Fall ein Kreislauf, in dem beide Prinzipien ihren schöpferischen Tanz vollziehen und viele konstruktive Dinge hervorbringen. Dieses Wechselspiel findet permanent in uns statt – ob es uns bewusst ist, oder nicht. Wenn wir es uns bewusst machen, können wir dieses Wissen aktiv und produktiv nutzen.

Der Verstand ist in unserer Welt einem kleinen Missverständnis aufgesessen. Wenn wir negative Gefühle wie beispielsweise Ärger, Unzufriedenheit, Einsamkeit erfahren, denkt ein unbewusster Verstand, die Gefühle seien das Problem. Es ist ihm nicht klar, dass er diese Gefühlsantworten durch seine Gedanken selbst erzeugt hat. *Der unbewusste Verstand übernimmt noch keine Verantwortung dafür, wie es den Gefühlen geht.* Im schlimmsten Fall erklärt er sie zum Feind und rebelliert gegen sie. Doch sie können nicht anders – sie sind stets eine ehrliche, unschuldige Antwort auf unsere Gedanken. Wenn wir uns beispielsweise bewusst oder unbewusst abwerten, empfängt unser Gefühlssystem diese Gedanken und kann nur mit emotionalen Schmerzen antworten. Im schlimmsten Fall werden die Gefühle ohnmächtig, um nicht sterben zu müssen, weil sie nicht mehr ertragen können, was ihnen die Gedanken zumuten. Daher kommt der berühmte Dornröschenschlaf, aus dem Dornröschen nur durch ein männliches Prinzip, den Prinzen, zur richtigen Zeit erlöst werden konnte. Erst der bewusste, reife Verstand ist in der Lage, die Gefühle zu wärmen und ihren Dienst in ihrer vollen Kraft zu nutzen.

Was wünschen sich Kinder von ihrem Vater, besonders wenn sie in eine schwierige Situation geraten sind? Sie wünschen sich Schutz, wärmenden Rückhalt, ermutigende, tröstende und unterstützende Worte, Anerkennung – aber auch klare Grenzen. Übertragen wir dies auf den Verstand, der das männlich-väterliche Prinzip symbolisiert, braucht unser empfängliches, emotionales System vom Verstand schützende, wärmende, tröstende, unterstützende Worte, Ermutigung und Komplimente sowie eine Zielrichtung. Damit kann es sich von den generationenlangen Altlasten der Unterdrückung erholen.

Unser emotionales System hat allerdings so viele Verwundungen durch verurteilende Impulse des Verstandes gespeichert, dass es auf die kleinste Ablehnung überschießend oder gar hysterisch reagieren kann. Beim Schreiben des Exposés für dieses Buch erlebe ich selbst ein Beispiel dazu. Ich komme ins Schwitzen, weil ich viele Daten auf wenige Zeilen herunter brechen muss. Ich fange an, die Gliederung des ganzen Buches umzuwerfen. Nach vielen kraftraubenden Stunden bemerke ich, dass ich versehentlich eine veraltete Exposé-Vorlage verwende. Mein Körper ist bereits in helle Aufregung geraten. Das Chaos ist zur Bedrohung geworden. Mein Verstand kommt mit demotivierenden Sprüchen, die er schon als Kind eingesogen hat: »Das wird nichts. Das schaffst du nie in der Zeit, die du dafür vorgesehen hast.« Ganz toll – diese unpassende Unterstützung und Entmutigung – die brauche ich jetzt gerade noch! Ich habe einmal eine Postkarte gelesen, auf der stand: »Wir alle brauchen jemanden, der uns keine Vorwürfe macht.« Genau den brauche ich jetzt – doch mein Gewohnheitstier im Kopf kommt mit seiner Lebenserfahrung und will eine schmerzhafte Vergangenheit in meine Gegenwart zerren. Das zeigt einmal wieder: *Lebenserfahrung ist wichtig – aber in jedem Moment sollten wir darüber hinauswachsen. Sonst wird die Zukunft nur ein Abklatsch der Vergangenheit.* Nach der Erfahrung dieses Chaos fühle ich mich zu müde, es am Abend noch zu ordnen. Ich gehe schlafen, obwohl mein Körper in Kortisol rotiert. Panikum versucht, diese emotionale Bedrohung zu lösen, indem er den *Sympathikus* in Aktion hält. Ich kann nicht einschlafen – bis sechs Uhr morgens liege ich wach. Doch in dieser Zeit wird mir klar, wie tief verwurzelt die Selbst-Demotivation meiner Gedanken in meinem System eingraviert ist. Es ist ein Wunder, dass unser Nervensystem das so lange überlebt! Ich fange an, unterstützende Gedanken zu entwickeln. Es kommt mir vor, als müsste ich meinem gewohnheitsmäßigen Denken erst einmal beibringen, wie das geht. Etwa so: »Es ist normal, dass ein Teig immer wieder durchgeknetet werden muss, wenn ich einen Kuchen backe. Hefeteig muss sogar mehrfach gären zwischendurch. Durch das Kneten und Gären wird alles neu geordnet und besser verteilt. Nach vielem Kneten, Drehen, Umwerfen, Quetschen hast du am Ende ein rundes Buchprojekt, welches Freude macht zu lesen.« Dieses

Bild kannst du auf jedes Projekt übertragen und sogar auf das gesamte Leben. Hier kann mein Verstand sogar seine Lebenserfahrung anwenden und mich mit diesen Selbstgesprächen unterstützen: »Du warst schon öfter an einem solchen Punkt, und hast jedes Mal einen Weg gefunden. Das wirst du auch diesmal tun. Deine Intuition wird dir zur rechten Zeit liefern, was du brauchst. Chaos braucht es manchmal, damit eine alte Fixierung zerstört wird und eine noch bessere Lösung entsteht.« Oder: »Nun schlafe erst einmal. In der Nacht ordnet sich alles in deinem Geist und morgen hast du neuen Elan und neue Ideen, wie das Problem gelöst werden kann.« Die Tatsache, dass ich meinem Verstand wie einem kleinen Kind eine konstruktive Haltung beibringen muss, zeigt nur, wie viel Negativität er unmerklich im Laufe des Lebens abgespeichert hat. Vieles davon haben wir schon mit der Muttermilch von den Ahnen aufgesogen, sodass wir es für normal halten.

Bei einem Spaziergang kommen mir zwei Damen entgegen. Zwischen ihnen führen sie ein vielleicht dreijähriges Mädchen an der Hand. Schon von weitem höre ich eine der Frauen in sehr aggressiven Ton darüber reden, dass sie nicht arbeiten kann, an diesem und jenem gehindert wird und was alles so schwierig für sie ist. Ich habe Mitgefühl mit dem kleinen Mädchen, das sich diese »Lektion« über das Leben ungefiltert anhören muss. Kinder sind wie unbeschriebene Blätter, die zunächst einmal alles als Wahrheit aufsaugen. In den ersten Jahren des Lebens speichern wir jede Erfahrung wie ein Gesetz ab – als sei es immer so. Als ich die Gruppe passiere, nehme ich Augenkontakt mit dem Mädchen auf. Wir lächeln. Zumindest kann ich ihr einen Moment Erholung schenken von den entmutigenden Lebensprophezeiungen, die es sich anhören muss.

Wenn der Verstand erkennt, dass es seine ehrenhafte Aufgabe ist, das emotionale System mit Zielstrebigkeit und unterstützenden Gedanken zu inspirieren, kann er sich darin üben. Du kannst ihm sogar den entschlossenen Auftrag geben, dass das ab sofort sein Job ist und nichts anderes. Der Mensch denkt angeblich bis zu 60.000 Gedanken am Tag. Du kannst dafür sorgen, dass immer mehr davon konstruktiv werden und deine positiven Gefühle nähren. *Sei dir selbst ein guter Vater, indem du dein Ge-*

fühl mit unterstützenden, ermutigenden Gedanken nährst. Lasse deinen Verstand erkennen, welche große Verantwortung er hat mit jedem Gedanken oder Wort, welches er entlässt. Lasse ihn erkennen, wie machtvoll jeder Gedanke ist. Lasse ihn erkennen, dass er es ist, der das weibliche Prinzip verhungern lassen oder es zur Hochform auflaufen lassen kann. Lasse ihn erkennen, dass ein positiv geladenes weibliches Prinzip ihm die Energie und Kreativität zur Verfügung stellt, die er für seine Ziele benötigt.

Wie wirkt sich die weit verbreitete Gewohnheit, sich selbst zu verurteilen, sich klein zu machen oder gering zu schätzen auf unser Gefühl aus? Es kann nur bedrohlich wirken. Denn wenn meine Gedanken an dem Ast sägen, auf dem ich sitze, müssen die Gefühle Alarm schlagen und Panikum auslösen. Das Schlimmste ist, dass ich vor dieser Bedrohung in mir selbst nicht weglaufen kann. Das ist der Supergau für Panikum. Wenn ich meinen Geist nicht diszipliniere, muss ich versuchen, diese innere Unruhe und Anspannung durch allerlei Ablenkungen zu kompensieren – wie beispielsweise durch Süchte, andere für mein Wohlergehen verantwortlich machen, Sex als Stressventil einsetzen, Energie von anderen abziehen oder dem Konsum frönen.

Jeder Gedanke ist ein Same, der durch starken emotionalen Eindruck oder Wiederholung im Garten des Unterbewussten aufgeht – egal ob konstruktiv oder destruktiv. Das Unterbewusste hat keinen Filter. Es lässt alles wachsen und hält das Ergebnis für die Wirklichkeit. Jeder Gedanke wirkt. Jeder Gedanke zählt. Jeder Gedanke bewegt Emotionen. Emotionen bewegen unsere Handlungen. Die Macht der Gedanken ist so groß, dass sie enorme Zerstörungen – aber auch enorme Wohltaten auslösen können. Ist es angesichts dieser Tatsachen nicht vordringlich, die Gedanken von negativen Impulsen zu entmüllen? Eine gute Frage, die wir uns stellen können ist: »Wem oder was dient es, dass ich xy denke oder sage?« Wenn es niemandem zu einem Wohl dient – ersetze diese Gedanken oder Worte lieber durch konstruktive. Im Anhang findest du ein Beispiel für eine mentale Umstrukturierung nach diesem Muster.

Entspannungs-Quickies für deinen Geist

Das Nervensystem benötigt im Laufe des Tages Entspannungsphasen. Diese muss nicht viel Zeit in Anspruch nehmen. Danach bist du jedenfalls leistungsfähiger, lösungskreativer und besser gelaunt. Die NASA hat mit einer Untersuchung belegt, dass ein Nickerchen von bis zu 20 Minuten am Tag die Aufmerksamkeit um 100 Prozent erhöht. Okay, viele Menschen entspannen sich durch Schokolade essen, Kaffee trinken, Naturerlebnisse, Lesen, Hobbys, Fernsehen, Sex, Musik oder Sport. Das braucht seine Zeit, ist teilweise nicht gesund und es passt nicht alles in den Berufsalltag. Nun lernst du zwei andere wirkungsvolle Entspannungs-»Quickies« für deinen Geist kennen, die du im Alltag zwischendurch anwenden kannst.

- *Die Vergnügungspark-Strategie:* Unsere Gedanken können wir vergleichen mit leise heransummenden Wägelchen oder Booten eines Vergnügungsparks, die uns auf eine wilde Reise durch luftige Höhen, Achterbahnen, Loopings oder tosendes Wasser mitnehmen wollen. Sehr ruhig und einladend fahren sie an dir vorbei und wollen dich überreden, einzusteigen. Bist du erst einmal eingestiegen, ist es mit der Gemütlichkeit vorbei. Dann gehst du auf wilde Fahrten mit ihnen, schreist zwischendurch mehrfach vor Vergnügen oder vor Entsetzen und weißt, dass es kein Zurück gibt. Irgendwann laden sie dich wieder ab – du steigst freiwillig aus. Die nächsten Wägelchen oder Boote lauern schon auf dich. An diesem Punkt kannst du dir eine wichtige Sache klarmachen: Du musst nicht in jedes Wägelchen einsteigen, das an dir vorbeifährt. Anders gesagt: *Du brauchst nicht in jeden Gedanken einzusteigen, der durch deinen Geist streift.* Nicht alle Gedanken kommen aus deinem ureigensten Inneren. Nicht alle dienen deinem Wohl. Viele kommen aus deiner Umgebung und aus deiner Vergangenheit. Das ist nicht leicht auseinanderzuhalten, weil du im Laufe der Zeit begonnen hast, dich auch mit Gedanken zu identifizieren, die gar nicht zu deinem Wohl sind. »Glaube nicht alles, was du denkst«, lese ich auf einer Postkarte und gewinne einen Moment des schmunzelnden Abstands zu meinen ach so wichtigen Überzeugungen.

In meiner Praxis erlebe ich häufig Menschen, die glauben, dass sie den Gedanken, die vorbeikommen, jedes Mal zwangsweise folgen müssen. Dass da *etwas* in ihnen denkt, was sie nicht abstellen können. Gemach, gemach! Wenn ein Gedanke regelmäßig in mir auftaucht, habe ich ihn vorher durch viele Wiederholungen bewusst oder unbewusst in meinen Geist einprogrammiert. Und nun soll ich das Opfer davon sein? Das ist pathetisch!
Probiere einmal diese Vorübung: Nimm dir eine kleine Auszeit von mindestens drei bis fünf Minuten. Setze dich bequem hin und schließe die Augen. Stelle dir vor, dass deine Gedanken nun wie diese Wägelchen kommen und gehen. Beobachte sie einfach und übe, nicht in sie einzusteigen, sondern sie ziehen zu lassen. Mache dir klar, dass nichts von dir verlangt, in sie einzusteigen. Denn wenn du einsteigst, aktivierst du dein emotionales und körperliches System im Sinne dieses Gedankens. Unweigerlich wird dies zu deinen Handlungen führen. Mache dir klar, dass du wählen kannst, in welchen Gedanken du einsteigen willst. Beobachte, was an dir vorbeizieht – lass die Wägelchen kommen und an dir vorbeifahren. Steige erst einmal nirgendwo ein. Das allein wird dein Nervensystem entspannen. Dein Gehirn macht nur seinen Job. Dieser ist, Tag und Nacht elektrische Impulse durch deine Neuronen zu jagen, sie zu vernetzen und daraus eine Wirklichkeit für dich zu basteln. Und das in einer Geschwindigkeit von bis zu 135 m/sec. Wenn du nun nicht mehr einsteigst, überraschst du das Gehirn. Seine Denk-Angebote verlangsamen sich vielleicht und dein Nervensystem kann sich ausruhen – ganz ohne Beruhigungspillen!
Im zweiten Schritt wähle, bewusst in ein Wägelchen einzusteigen. Beobachte nur, wo dich deine Wahl hinführt und übernimm die volle Verantwortung für deine Fahrt. Weil wir uns oft gedrängt fühlen, in den nächsten Gedanken einzusteigen, fällt es uns so schwer, uns auf einen Gedanken zu konzentrieren oder Gedanken zu Ende zu denken. Durch deine bewusste Entscheidung in dieser Übung verfolgst du einen Gedanken beobachtend. Spüre beobachtend

die Emotionen, die ihn begleiten. Vielleicht verwandelt er sich – beobachte nur. Irgendwann läuft er ruhig aus, weil er sich wahrgenommen fühlt. Auch das ist entspannend.

Wir haben eine Jugend, die mit schnell wechselnden Bildern in den Medien aufwächst. Warum sollten deren Gehirne glauben, dass es sich lohnt, einen Gedanken zu Ende zu verfolgen oder sich gar zu konzentrieren? Alles wird schnelllebig und oberflächlich – sogar der emotionale Kontakt zu anderen Menschen. Am 29. 11. 2010 meldete *dpa Deutsche Presse-Agentur*, dass Forscher an der Harvard Medical School in Boston, USA, herausgefunden haben, dass sich Jugendliche aufgrund ihrer permanenten »Online«-Kommunikation im Internet schlechter konzentrieren können. Häufige Nutzung multimedialer Angebote wie Facebook oder YouTube führe zu einer kürzeren Aufmerksamkeitsspanne. Das Gehirn erhalte zu wenig »Offline«-Ruhezeiten, in denen Informationen verarbeitet und dauerhaft abgespeichert werden können. Eltern, Lehrer, Kollegen und Arbeitgeber baden es aus. Stattdessen könnten wir in der Schule und im Elternhaus mit den jungen Menschen einfach das Denken und die bewusste Aufmerksamkeitssteuerung trainieren. Dieses Kapitel steuert dazu Hinweise bei.

- *Das »Kommentarlosland« – eine Ruhefeld-Strategie:* In der letzten Übung bist du vor den vorbeijagenden Gedanken oder Wägelchen stehen geblieben und hast sie beobachtet. Nun gehen wir einen Schritt weiter. Diese Übung ist inspiriert durch den Chiropraktiker *Frank Kinslow*.[25]

Du beginnst wie in der letzten Übung. Doch diesmal lässt du die Gedanken-Wägelchen oder Boote nicht wie im Vergnügungspark in einer geordneten Linie auftauchen, sondern fragst vor deinem inneren Auge immer wieder: »Woher kommt mein nächster Gedanke?« Dann siehst du einen Gedanken aus irgendeiner Ecke deines inneren Gesichtsfeldes auftauchen, durch das Bild fahren und verschwinden. Dann der nächste – vielleicht sogar mehrere durcheinander. Du steigst nicht ein. Diesmal suchst du einen Moment zwischen zwei Gedanken zu erwischen und dann schlüpfst du mit deiner Aufmerksamkeit hindurch. Du landest gewissermaßen in einer Dimension oder Leere hinter deinen Gedanken – im »Kommentarlosland«. Dort können sich dein Bewusstsein und dein Nervensystem eine Weile ausruhen. Die Gedanken möchten dich vielleicht zurückzerren, aber du bleibst einfach dort und ruhst eine Weile. Genieße es. *In kurzer Zeit hast du dich dort fast so tief erholt wie bei einem Nickerchen.*

Was du für dich tun kannst, um die konstruktive Kraft deiner Gedanken zu stärken, um den Applaus des Gefühls zu erhalten und Heurekum zu fördern:

- *Zeitinseln der Kraft:* Schaffe dir am Tag kleine Zeitinseln, in denen du dich bewusst anerkennst, für deine Bereitschaft, dich zu bemühen um Aufgaben, Ziele und deine Beziehungen. Lasse deinen Verstand seine nobelsten Aufgaben erfüllen und dich ermutigen. Lasse ihn Verständnis zeigen, für das, was du vielleicht noch nicht erreicht hast. Lasse ihn bedingungslos anerkennen, wer du bist. Natürlich wirkt das nur, wenn du gleichzeitig selbst von dem kleinsten Quäntchen Selbstverurteilung loslässt. Der Verstand kann dann stolz auf sich sein, denn so wärmt und umarmt er dein Gefühl. Weil er bereit ist, seinen Richterwahn loszulassen, erlaubt er dem Gefühl aufzuatmen und bedingungslose Selbstliebe kann sich breitmachen. Dann wird ein Lächeln über dein Gesicht huschen – besser als das der Mona Lisa. Das sind deine Heilmomente.

- *Komplimente frühstücken:* Das Frühstück ist wichtig. Wie wäre es, wenn du morgens einige konstruktive Gedanken und Gefühle mitfrühstückst? Du kannst tatsächlich gleich morgens Freude aktivieren – einfach so. Die Freude daran, dass du atmest, dass du lebst, dass du einfach da bist und heute so viele Möglichkeiten hast, dich auszudrücken. »Eigenlob stinkt«, glaubt man hierzulande. Die Managementtrainerin Sabine Asgodom hat ein Buch geschrieben mit einem Titel zum Umdenken: »Eigenlob stimmt.« In diesem Sinne, »frühstücke« gleich morgens einige ehrliche Komplimente an dich selbst – und gerne auch an dein Umfeld.

Frauen mögen Komplimente, selbst wenn sie so tun, als bräuchten sie sie nicht, weil sie sich schämen, dass sie ihnen so guttun. Ebenso tauen Komplimente dein emotionales System aus seinen Verkrampfungen auf und wärmen es. Ist das ein guter Start in deinen Tag?

- *Erfolgstagebuch als Motivator:* Ein *Erfolgstagebuch hilft dir besonders dann, wenn du Rückschläge erlebt hast* und im Tunnel von Panikum stehst. Es verschiebt deinen Fokus auf die Heurekum-Autobahn. Vielleicht magst du dir eine solche Ressource zulegen: Für die bisherigen Erfolge gehe deine Lebensalter durch und notiere rückwirkend in ein edles Buch, worauf du besonders stolz warst – bis zu dem heutigen Zeitpunkt. Dokumentiere anschließend laufend deine Erfolge, die du im Leben erreichst.

Notiere und ergänze immer weiter:
- was du kannst,
- was dir bisher gelungen ist, worauf du stolz bist,
- welche Widerstände und Herausforderungen du bisher gemeistert hast,
- wo du dich besonders bemüht hast – unabhängig vom Ergebnis.

Wenn du das anschließend durchliest – tut es dir gut? Entlockt es dir ein Lächeln? Nimm diese Liste immer dann zur Hand, wenn du dich niedergeschlagen, frustriert, energielos oder enttäuscht fühlst. Sie richtet dich auf und gibt dir das Gefühl von Selbstwirksamkeit.

8. Verbinde dich mit den energiespendenden Emotionen im Bauch

Energie ist unsere wichtigste Ressource

Was ist nun der Beitrag unseres weiblichen Prinzips zur emotionalen Stresskompetenz? Im letzten Kapitel haben wir schon das Zusammenspiel zwischen Verstand und Gefühl betrachtet. Das emotional-fühlende System in uns antwortet auf die Qualität der Gedanken. Seine Wahrnehmungszentren liegen physisch im Bereich des Beckens bis zum Solarplexus – dort, wo sich das legendäre Bauchgefühl befindet.

Emotionen sind Energielieferanten – und zwar sowohl hinsichtlich einer positiven Bewegung nach vorne bei angenehmen Emotionen oder rückwärtsgewandt als Bremsenergie bei angstvollen Emotionen. Wenn wir beispielsweise Aktivitäten für einen freien Tag planen und drei Ideen dazu haben – welche werden wir wahrnehmen? Welche reißt uns am meisten vom Hocker? Es wird wohl die sein, die die stärkste positive Emotion in uns auslöst. Wir haben viele Ideen am Tag – doch nicht jede führen wir aus. *Es reicht nicht, mit einem klugen Gedanken eine Zielrichtung einzuschlagen. Die Energie für die Handlung erhalten wir erst, wenn auch das Gefühl zustimmend »Hurra« ruft.* Es verbindet damit einen Gewinn und verschafft uns Lust auf eine Aktion. Vielleicht spricht uns ein Kinofilm an – aber wenn wir an die Fahrt dorthin denken, ist uns das zu viel Aufwand. Wenn wir aber in positiver Erwartung neugierig sind, den Film unbedingt sehen zu wollen – dann überreicht uns das emotionale System genügend Energie, um die Fahrt dorthin mit Leichtigkeit zu überstehen.

Auch die Stressreaktion von Kampf oder Flucht entsteht aus einem starken Gefühl. Hier ist es die Angst vor Bedrohung und das Bedürfnis, sich vor einer Gefahr zu schützen und zu überleben. *Positive wie negative Emotionen bringen uns gleichermaßen in Bewegung – nur in entgegengesetzte Richtungen.* Die Emotion entscheidet, wie konstruktiv die Bewegung ist. Je geheilter, je positiver, je entspannter das emotionale Feld in uns ist, desto mehr bestimmt Heurekum unser Handeln.

Die US-amerikanische Psychotherapeutin *Mira Kirshenbaum*[26] befragte Sportwissenschaftler, Ernährungswissenschaftler und Endokrinologen. Sie kam zu dem Schluss, dass über zwei Drittel unseres Energiehaushalts von Emotionen beeinflusst werden. Belastende Emotionen verbrauchen Unmengen an Energie. Positive, angenehme Emotionen füllen unseren Energietank wieder auf. Zwei Drittel? Das sollte uns in allen Lebensbereichen aufwachen und unsere emotionale Energie zur Priorität werden lassen. *Energie ist schließlich die wichtigste Ressource in unserem Leben!* Das bemerken wir spätestens, wenn eine Grippe im Anflug ist. Allerdings sieht es so aus, als würden viele Menschen am Rande ihres Energielevels gerade noch so die Kurve kratzen.

Eine weitere Erkenntnis ist von großer Tragweite: Für das *Fühlen als ganzkörperlicher Erfahrung brauchen wir fast dreimal so viel Energie (ca. 38%)* wie *zum Denken (ca. 14%)*.[27] Wenn wir am Rande des Energielevels leben, kann die so wichtige Gegenwarts-Wahrnehmung zur Einschätzung unserer Welt und unsere Intuition weniger ins Bewusstsein dringen. Wir sind empfindungsmäßig weniger präsent. Gedanken kreisen in alten Mustern der Vergangenheit. Das kann zu allerlei Missverständnissen, Fehlinterpretationen, überaufgeregten Reaktionen und Wiederholungen von vergangenen Stresserlebnissen führen – ein gefährlicher Cocktail, der sogar Wahlen beeinflussen kann. Die kleinste Fake News kann unsere Wahlentscheidung beeinflussen, wenn aus Energiemangel unser waches Gefühl und unsere Intuition weniger zugänglich ist. Daraus ergibt sich die hohe Priorität, stets für einen optimalen Energielevel zu sorgen – persönlich und in allen Institutionen des öffentlichen Lebens, der Politik und der Wirtschaft.

Ein harmonisches Konzert zwischen Kopf und Bauch dirigieren

Mark Foster besang 2015 den von vielen so vermissten Einklang zwischen Bauch und Kopf. Ja, es gibt Komplikationen, die wir in der inneren Beziehung zwischen Gedanken und Gefühl oder

Kopf und Bauch beobachten können. Viele Partnerschaften spiegeln diesen Konflikt, was die Brisanz erhöht.

Unser archaisches weibliches Prinzip – auch Anima genannt – kann durchaus im Clinch mit dem männlichen Prinzip im Verstand sein. Es kämpft mit ihm, wie es sich im Machtkampf vieler Ehepartner spiegelt. Das ist das Ergebnis vieler früherer Verletzungen und Entwürdigungen in der Kette der Generationen. Hat das weibliche Prinzip in uns die Botschaften des männlichen Prinzips als schmerzlich erfahren – wie zum Beispiel durch Abwertungen oder Unterdrückungen versucht es sich passiv zu wehren durch Trotz, indirekten Kampf, Verweigerung oder andere Schutzmechanismen. Es will das archaische männliche Prinzip – auch Animus genannt – nicht mehr als Impulsgeber akzeptieren. Umgekehrt kann sich auch das männliche Prinzip durch weibliche Ablehnungen zurückgewiesen fühlen und das weibliche in seinen Qualitäten unterdrücken, indem es in Missachtung eines emotionalen »Neins« oder »Jas« Entscheidungen trifft, oder Emotionen abwertend unterdrückt, anstatt ihre Botschaften einzubeziehen. Nach traumatischen Erfahrungen kann es so weit gehen, dass der Verstand Emotionen vom Bewusstsein abspaltet und sie lieber selbst simuliert, weil er erfahren hat, dass die echten Emotionen sehr schmerzhaft sein können. Wenn ich in Beratungen frage, was jemand fühlt, sagen nicht wenige: »Ich denke, ich fühle ...« Nein, das geht nicht! Entweder man fühlt oder nicht, aber man kann nicht denken, was man fühlt. Einen Kampf zwischen Animus und Anima in uns können wir uns nicht leisten. Denn er bringt durch die vermeintliche gegenseitige Bedrohung Panikum in einen Daueralarm-Zustand und verhindert den gesunden, kreativen Tanz zwischen unseren männlichen und weiblichen Anteilen. Er kostet Kraft, behindert unseren Erfolg und unser Wohlergehen. Wollen wir die Beziehungskämpfe um uns herum beenden, braucht es das Ende der Kämpfe in uns selbst.

Eine Schwierigkeit dabei ist, dass unser weibliches Prinzip aufgrund der Jahrtausende langen Unterdrückung nie wirklich erwachsen werden konnte. Deshalb kann es unreif wie ein Kind auf Angriffe des Verstandes reagieren – hysterisch, überschießend, beleidigt oder in den passiven Widerstand gehen. Daraufhin wird das weibliche Prinzip noch weiter beiseitegeschoben, denn das können wir vermeintlich wirklich nicht gebrauchen – schon gar nicht im Berufsleben! Besser ist, wenn wir ihm Verständnis entgegenbringen und den Raum zum Reifen geben. Dazu gehört, dass es sich in uns gefühlsmäßig ausdrücken darf und wir diese Regungen bemerken, beobachten und mitfühlend annehmen. Nur so kann es sich entwickeln.

Was kann den Konflikt aufweichen? Der Animus kann Verantwortung für seine Impulse an die Anima übernehmen. Er ist intellektuell und kann sich daher bewusst machen, dass er ohne die Verarbeitung seiner Gedanken über das körperliche, emotional-fühlende weibliche Prinzip keine kreativen Ideen entwickeln kann. Er kennt das: Wenn er ein Ziel hat, fallen ihm neue Lösungen erst nach und nach ein, wenn die Anima damit eine Weile schwanger gehen konnte. Er kann erkennen, dass er mit den intuitiven Impulsen und den sensitiven Wahrnehmungen des weiblichen Systems bessere Entscheidungen trifft. Das männliche Prinzip kann mental verstehen, dass das empfängliche weibliche Prinzip noch zart und zerbrechlich ist wie ein Kind. Daher braucht die Anima fürsorgliche, wärmende Impulse, um zu gedeihen und um die Geborgenheit auszustrahlen, die Heurekum zur Hochform auffahren lässt.

Das weibliche Prinzip darf sich dem Wert seiner empfänglichen Natur bewusst werden. Das ist gar nicht so einfach. Denn die empfängliche Natur wird in unserer Gesellschaft weniger geschätzt und selten als Wert anerkannt. Das spiegelt sich immer noch in der unfassbaren Unterdrückung der Frau und des weiblichen Prinzips in vielen Ländern. Selbst in Ländern der noch nicht so lange existierenden Gleichberechtigung, grassiert die Idee, dass Geben seliger sei als Nehmen. Diese Idee ist pathetisch – aber unlogisch. Stellen wir uns vor, jemand hat Geburtstag. Ein Gast will ihm ein Geschenk überreichen, doch der Beschenkte in spe streckt seine Hand nicht aus, um es zu empfangen. Wie unangenehm, denn der Prozess des Gebens möchte sich im Empfangen vollenden. Kann er das nicht, bleibt er als unvollendete Handlungen in der Luft hängen und stresst uns ungemein.

Das weibliche Prinzip in uns braucht in diesem Sinne gleichberechtigte Wertschätzung für die Schönheit seiner empfänglichen Natur. Die Natur spiegelt uns dieses Prinzip tausendfach.

Wir brauchen sie nur mit offenen Augen und Herzen zu studieren und Weisheit fliegt uns zu. Die Sonne beispielsweise verströmt ihre Energie in Hülle und Fülle. Während ihre Strahlen durch das Weltall rasen, bleibt es dort eiskalt und dunkel. Erst wenn sich ein weibliches Prinzip, wie die Erde, empfänglich in den Weg schiebt, bewirkt die Energie der gebenden Sonne Wärme und Licht. Es entstehen die vielfältigen Ausdrucksweisen der Natur und wir selbst. Die Erde gebiert Produktivität, indem sie ganz natürlich vom männlichen Prinzip der Sonne empfängt.

Wenn das weibliche Prinzip anerkennt, dass es ein Antwortprinzip ist, versteht es auch, warum es die Impulse des initiativ-zielgerichteten Männlichen braucht, um seine Qualitäten zu entfalten. Wenn es nichts empfängt, kann es nicht kreativ werden. Es versteht, dass seine passive Empfänglichkeit notwendig ist, um mit den richtungsweisenden mentalen Impulsen des Verstandes einen Schmelztiegel für neue Kreativität bilden zu können. Dazu braucht es Schwangerschaft, innere Arbeit im noch Dunklen, bis das Neue zu seiner Zeit geboren wird. So geht es uns mit jeder Idee, mit der wir eine Weile »schwanger gehen«, bis sie in das Licht der Sichtbarkeit tritt. Die neuen Schöpfungen inspirieren im Kreislauf wiederum das männliche Prinzip zu neuen Initiativen. Das ist die Macht des Weiblichen. Alles in unserer Welt ist daraus hervorgegangen.

In unserer Zeit wird offenbar, dass auch das männliche Prinzip seine Selbstablehnungen kennt und es sich daher verleugnet. Das drückt sich aus, wenn Menschen keine Verantwortung übernehmen, wenn sie keine Entscheidungen treffen, keine Ziele verfolgen. Gewiss hat das männliche Prinzip im Laufe der Geschichte erfahren, wie viel Zerstörung es in den Kriegen bis in die heutige Zeit angerichtet hat. Das ist jedoch kein Grund, gleich »das Kind mit dem Bade auszuschütten« und die Qualitäten des männlichen Prinzips in Mann und Frau zu verleugnen.

Das männliche Prinzip braucht die Verbindung mit dem Weiblichen, um aufbauend und nicht zerstörerisch zu wirken. Auch das weibliche Prinzip zeigt seine destruktiven Seiten, wenn es in seiner Geschmeidigkeit nicht von der richtungsweisenden, schützenden Stärke des Verstandes gehalten wird.

Wenn wir uns die Rollen der beiden so unterschiedlichen Dimensionen klarmachen, wird deutlich, dass nur beide im Zusammenwirken erfolgreich sein können. Es wird offensichtlich, dass der Kampf zwischen ihnen eine Blockade erschafft, die zur Wiederholung immer wieder alter Muster führt, die Entwicklung boykottieren. Eine bewusste, wertschätzende Zusammenarbeit zwischen Animus und Anima in uns führt zu einem Quantensprung, der viele unserer Konflikte automatisch auflösen kann. Dazu braucht es im Vorfeld eine neue Selbsterkenntnis der beiden Prinzipien. Danach können sie sich unter Vermittlung des Herzzentrums versöhnen.

Kann Kontrolle Emotionen beruhigen?

Gebetsmühlenartig wird das Gerücht wiederholt, wir sollten unsere Emotionen kontrollieren, nicht so emotional sein, und dass der innere Schw...hund für das zuständig ist, was uns nicht gelingt. Das ist nett konstruiert – lenkt uns aber auf die falsche Fährte. So werden Emotionen einfach bekämpft oder nicht angeschaut, nicht ernst genommen oder weggeschoben.

Dabei sind Emotionen unser größeres Talent, denn emotional sind wir von Geburt an – und vermutlich schon davor – zu 100 Prozent entwickelt. Die rationale Entwicklung hinkt hinterher. Wir müssen sie uns erst jahrelang schweißtriefend erarbeiten. Denkfehler gibt es viele – aber die emotionale Antwort ist stets klar und folgerichtig. Der Hochmut unseres Verstandes, der sich ein wenig überbewertet, ist also gar nicht angebracht.

Immerhin haben wir für den freien Ausdruck von Emotionen fünf fein säuberlich abgegrenzte Haupt-Spielfelder reserviert: Kinder, Kultur, Katastrophen, Beziehungen und Fußball. Dort dürfen Emotionen sich austoben. Im professionellen Berufsleben, da haben sie scheinbar nichts zu suchen und müssen unter Kontrolle gehalten werden. Wie wir im vorhergehenden Abschnitt erfahren haben, beruht das auf dem *Irrtum des Verstandes, dass die Emotionen die Ursache des Problems sind.* Anstatt zu erkennen, dass sein Denken die antwortende emotionale Reaktion auslöst. Kontrolle kostet viel Energie und schafft Druck im Dampfkessel der körperlichen emotionalen Reaktion. Es geht nicht darum, anstelle von Kontrolle Emotionen impulsiv auszudrücken, sondern sie als Botschaft an uns selbst zu achten und zu verstehen. Nicht Kontrolle brauchen wir, sondern die *drei Grazien unserer höheren Gehirnstrukturen: Wahrnehmen – Beobachten – Annehmen.* Es ist nicht nötig, auf jeden Zug der Emotionen aufzuspringen. Oder wenn du an die Vergnügungspark-Strategie aus dem vorhergehenden Kapitel 7: »Nutze das initiative, stärkende Prinzip des Geistes« denkst: Es ist nicht nötig, dich in jedes emotionale Wägelchen hineinzusetzen und auf wilde Fahrt zu gehen. Beobachte es einfach, wenn es vorbeizieht. Was gesehen wird, kann sich verwandeln und automatisch friedlich gehen.

Echos aus der Vergangenheit – den emotionalen Schmerzspeicher leeren

Das emotionale System kann uns im Alltag plötzlich mit negativen Gefühlen überraschen, die nicht durch aktuelle Gedanken oder nachvollziehbar durch aktuelle Situationen ausgelöst wurden. *Vielleicht reagieren wir trotzig, angespannt, verletzt, wütend, ängstlich, aggressiv auf eine Situation und wissen gar nicht, warum.* Dieses Verhalten agiert wie ein Autopilot, der sich aufgrund eines assoziativen Codes aus der Vergangenheit plötzlich einschaltet. Dann verhalten wir uns anders als sonst, überreagieren und möchten es hinterher am liebsten ungeschehen machen. Woher kommt dieses Störfeuer?

Wir alle waren einmal Babys und Kleinkinder. Ursprünglich kommen Babys aus einer Welt der Liebe – sie erwarten und strahlen nur Liebe aus. Jeder, der ihnen begegnet, ist für sie ein Teil dieser Welt der Liebe – selbst, wenn er gerade vom Rest der Welt ausgepfiffen wurde. Freude ist die erste Emotion, auf die sie reagieren und wir lächeln mit ihnen um die Wette. Babys können sich nichts anderes vorstellen, als dass sie im Mittelpunkt des Universums stehen und die ganze Welt jubiliert, dass sie endlich da sind. Im Laufe des Lebens kann es nur so kommen, dass wir Frustrationen dieser Idee erfahren – selbst bei den besten Eltern. Dann verwandelt sich der ursprüngliche Zustand der Liebe in Angsterfahrungen. *Angst ist die Abwesenheit von Liebe.*

Ich hatte eine Klientin, die extrem hohe Angst davor hatte, verlassen zu werden. Es stellte sich heraus, dass ihre Eltern eines

Abends ins Kino gingen, als sie etwa vier Jahre alt war. Sie hatten eine Nachbarin beauftragt, zwischendurch nach dem Kind zu sehen. Doch das Kind wachte auf und fand heraus, dass die Eltern nicht da waren. Sie dachte, die Eltern hätten es verlassen – ein elementarer Schock für sie. Als die Eltern wieder auftauchten, hatte sich der Schock schon tief in ihr eingegraben und befeuerte ihre Ängste später als Erwachsene. Jedes Kleinkind hat schon eine eigene unbewusste Matrix, eine eigene Persönlichkeit. Vorerfahrungen können die Bewertung späterer Erfahrungen bestimmen. Deshalb wird nicht jedes Kind auf gleiche Weise reagieren. Weil Kleinkinder sich noch nicht artikulieren können, bemerken wir oft nur mit großer Empathie, wenn es gerade eine emotionale Kröte schluckt.

Da das rationale Denken beim Kind noch nicht entwickelt ist, kann es einen traumatischen Schmerz nicht durch Analyse und Verstehen auflösen. Um zunächst unbeschadet weiterleben zu können, kann es ihn nur emotional im Unterbewussten abspeichern und vor dem Bewussten verbergen. Die Programmierung dieser Informationen findet hauptsächlich bis zum Alter von etwa sechs Jahren statt und ist spätestens mit 21 Jahren abgeschlossen. *Emotionale Konflikte, die wir als Erwachsene erleben, sind daher nur Wiederholungen* dieser ungelösten alten Konflikte.

Es gibt einen Ausweg, dass sich traumatische Erfahrungen im Kind gleich wieder ablösen. Wenn es nach einer frustrierenden Erfahrung anschließend wieder umarmt und in die bedingungslose Zugehörigkeit zu seiner Gemeinschaft zurückgeführt wird, löst sich die Anspannung des Kindes auf. Deshalb wird Eltern empfohlen, wenn sie einem Kind Grenzen setzen müssen, ihm hinterher fühlbar zu bestätigen, dass es trotzdem bedingungslos geliebt wird.

Eine amerikanische Untersuchung kam zu dem Schluss, dass der präfrontale Cortex (das Stirnhirn) sich gesund entwickelt, wenn ein Kind wenigstens zehn Minuten am Tag ungeteilte Aufmerksamkeit einer Bezugsperson erhält. Man weiß nämlich, dass bei Kindern, die zu wenig emotionale Zuwendung erfahren haben, die Entwicklung dieses Hirnbereichs gestört sein kann. Das beeinträchtigt seine Persönlichkeit und sein Sozialverhalten bis hin zur Gewaltneigung. *Aufmerksamkeit ist ein Heilmittel für*

Kinder. Kinder dürsten danach, denn sie gibt ihnen die so notwendige Energie, die sie von den Erwachsenen brauchen, um sich gesund zu entwickeln.

Ungelöste alte emotionale Konflikte sind wie Wellen, die nicht am Strand auslaufen konnten, sondern durch eine Art neuronalen Kurzschluss in ihrem Erregungszustand hängen geblieben sind. Vielleicht sind sie tief vergraben – aber nichts davon ist neuronal vergessen. Sie bleiben so lange unterschwellig wirksam, bis der Kreis einer emotionalen Erregung geschlossen wird und die Anspannung entladen werden kann. Wenn sie nun in Trigger-Situationen an ihren Gitterstäben rebellieren, ist ihre gute Absicht, dass sie während dieser Aktivierung angenommen und aufgelöst werden können. Doch darin sind die wenigsten Menschen geschult und sie landen in einer Spirale von Gefühlsunterdrückungen. Es gibt viele wundervolle Techniken, alte emotionale Verletzungen in der Gegenwart zu verwandeln. Weil diese Methoden so wirkungsvoll sind, inspirieren und begleiten sie mich schon lange in meiner Coaching- und Beratungs-Arbeit. Eine wird in meinem Hörbuch »Free your heart for success« beschrieben. Im Kapitel über das Herz findest du weitere Techniken dazu. Diese Übungen sind ein wichtiges Handwerkszeug für unsere Selbstheilungsprozesse. Denn ein Teil der Verantwortung auf unserer Lebensreise besteht darin, unseren emotionalen Speicher von traumatischen Schlacken zu befreien – damit wir aufhören, die Schmerzen unserer Vergangenheit mit endlosen Wiederholungen in die Gegenwart zu zerren.

Manchmal kommt ein Klient in meine Praxis, den eine negative Emotion belastet. Von mir erwartet er, dass ich die schmerzhafte Emotion »wegmache«. Doch Emotionen sind Energien. Wie im Energieerhaltungssatz der Physik, können Sie sich zwar in ihrem Vorzeichen verwandeln und transformieren – sie können aber nicht eliminiert werden. Würden wir doch nur Emotionen besser verstehen – es würde so viel Segen und Selbstberuhigung bringen.

Was du für dich tun kannst, um emotionale Verletzungen zu heilen und Kopf mit Bauch zu versöhnen:

- *Jedes Gefühl ist eine aufrichtige Botschaft:* Deine Gefühle sind eine direkte Botschaft deines Unterbewussten – gespiegelt über den Körper. Sie und ihre Botschaften möchten wahrgenommen und angenommen werden. *Emotionen und der Körper lügen nicht.* Nimm sie an – auch wenn du sie (noch) nicht verstehst.
Jede Ablehnung, Nicht-Beachtung oder Unterdrückung eines Gefühls ist für das weibliche System eine Bedrohung. Lass deine Gefühle wissen: »Ich sehe dich, ich nehme dich wahr, ich fühle dich und ich nehme dich an.« Vielleicht bedankst du dich sogar für ihre Botschaften – auch wenn dein Verstand sie noch nicht in Erkenntnisse umgewandelt hat. Sei ihnen eine gute Mutter. Wenn sie ihre fühlbare Botschaft abgeliefert haben, beruhigen sie sich wie jeder Botschafter, dem zugehört wurde.
- *Emotionale Achtsamkeit – Urlaub für* Panikum*:* Emotionale Achtsamkeit ist ein wichtiges Repertoire im Werkzeugkoffer deiner emotionalen Stress-Kompetenzen. Es ist ein urteilsfreies, absichtsloses Fühlen von Emotionen und körperlichen Wahrnehmungen im Moment. Das Großartige dabei ist, dass uns diese Übung aus Sorgen (Zukunft) und Ängsten (Vergangenheit) augenblicklich herauskatapultiert in die Gegenwart. Denn wir können unsere bewusste Wahrnehmung nur auf eine Sache zu einer Zeit richten. *Bist du in der Gegenwart, kannst du nicht gleichzeitig Ängste, Sorgen und Stress bedienen.* Im Gegenteil – dein Potential steht dir dann optimal zur Verfügung. Studien haben inzwischen hinreichend belegt, dass dieses Gewahrsein besonders den selbst-gemachten emotionalen Stress erheblich reduziert bis zu seiner Auflösung.
Probiere es einmal und beginne mit fünf bis zehn Minuten Übungszeit. Du wirst erstaunt sein, wie unterhaltsam emotionale Achtsamkeit ist. Gefühle in deinem Körper geben dir nonstop wertvolle Botschaften über dich. Sie »reden« die ganze Zeit zu dir – nur hörst du sie oft nicht oder un-

terdrückst sogar ihre Botschaften. Sie meinen es immer gut mit dir – selbst, wenn sie sich unangenehm anfühlen. Dann wollen sie dir nur sagen, dass du gerade etwas tust oder getan hast, was destruktiv und nicht aufbauend für dich ist.

Für die Übung emotionaler Achtsamkeit gilt:
- keine Bewertungen, keine Kommentare, keine Interpretationen, keine Manipulationen deiner Wahrnehmungen.
- Sei mit deiner Aufmerksamkeit ganz bei der Sache, die du gerade machst. Lasse dich auf sie ein.

In emotionale Achtsamkeit kannst du leicht durch eines oder mehrere der folgenden Tore eintreten: Lege deine Aufmerksamkeit auf Körperwahrnehmung, Körperbewegung, Atemwahrnehmung oder Wahrnehmung der Schwerkraft auf deinen Körper. Auf meiner Webseite: *www.emotionstag.com* findest du praktische Übungen dazu. Emotionale Achtsamkeit ist ein Übungsfeld, in dem es dir immer mehr gelingt, im tragenden Bewusstsein der Gegenwart und in hoher Wahrnehmungsfähigkeit zu sein. Es ist ein angenehmes und vielleicht neues Lebensgefühl, in dem sich dein Heurekum sonnt.

- *Den emotionalen Energiemotor anwerfen:* Sorge dafür, dass deine Emotionen dir Energie für deine Vorhaben liefern. Schule und diszipliniere deinen Verstand darin, ihnen konstruktive Gedanken zu senden. Nimm ein Blatt Papier zur Hand und schreibe alle konstruktiven, wärmenden, wertschätzenden Gedanken auf, die du deinem emotionalen Sein senden könntest. Schreibe sie einfach auf, wie sie dir einfallen und kommentiere sie nicht. Anschließend sprich einen Gedanken nach dem anderen aus und spüre, wie dein Gefühl über den Körper darauf antwortet. Kreuze dir drei bis fünf Gedanken an, bei denen dein emotionales System am meisten gefühlsmäßig »applaudiert« hat. Präge dir diese Gedanken ein, damit du sie in aktuellen Situationen parat hast. Sie wirken wie eine Medizin. Sie können dich in jeder Situation wieder auf die Heurekum-Autobahn katapultieren.

- *Die Heilkraft der Trauer fühlen:* Trauer ist die Emotion, die einen Verlust signalisiert. Im Laufe eines Lebens können viele Verluste entstehen. Freundschaften, Beziehungen, Menschen, materielle Dinge, Arbeitsplätze, Kunden, Erfolge können uns verlassen. Aber auch Anerkennung, Bejahung, Zugehörigkeit, Liebe, Lebensfreude, Energie, Gesundheit können wir verlieren oder uns selbst versagen. Wenn du einen Verlust erlebst, verdränge oder überspiele ihn nicht. Erlaube dir in deiner Stille, Trauer darüber zu fühlen. Lass Tränen fließen, wenn sie kommen. Weine um das, was du dir selbst versagt hast. Dann verwandelt sich deine Trauer in seelische Tiefe und Schönheit.
- *Das mütterliche Prinzip trainieren:* Du brauchst das unterscheidende, richtungsweisende, aber auch Grenzen setzende, väterliche Prinzip in deinem Gehirn für eine erfolgreiche Lebensgestaltung. Ebenso brauchst du in dir den mütterlichen Aspekt, der dich so annimmt, wie du gerade bist. Der dich in allem, was du bist, bedingungslos umarmt. Die mütterliche Umarmung des Seins löst das Geborgenheitshormon Oxytocin aus. Sie führt dich zurück von einer emotionalen Trennung in die Zugehörigkeit zu dir selbst oder zur Gemeinschaft. Darin heilt sich jedes Trauma, jeder Schmerz. Der mütterliche Aspekt reflektiert dein Sein – der väterliche deine Lebensgestaltung.
Nimm dir abends ein wenig Zeit, deine Gedanken des Tages zu scannen. Wo hast du dich kritisiert, abgelehnt, demotiviert? Was an dir hast du heute nicht angenommen, für ungenügend befunden? Welche automatischen Ablehnungsmuster hast du unbewusst aktiviert? Schreibe alles auf. Dann visualisiere, deine innere Mutter hätte einen Schoß, in den du deine Bilder und Gedanken über dich hineingeben kannst – die, die dir gefallen und die, die dir nicht gefallen. Wirf in deiner Vorstellung alles dort hinein in dem Vertrauen, dass es bedingungslos angenommen und umarmt wird. Lass alles von der Schippe – auch deinen größten Ärger über dich selbst. Spüre, was dieser Prozess mit dir macht. Vielleicht wirst du ein wenig schöner …

- *Die Tintenfisch-Strategie:* Negative Menschen, destruktive Dialoge, belastende Situationen, Umgebungen sind oft nicht auf Weiterentwicklung und Lösungen ausgerichtet. Sie können jedoch deine Hirnströme, deine Emotionen und dein Wohlbefinden sehr schnell beeinflussen und nach unten ziehen. Selbst wenn du dich physisch entziehst, können die negativen Einflüsse in dir weiterarbeiten. Hier der Tipp: Stelle dir vor, dass du mit unsichtbaren, energetischen Tentakeln mit der Situation in Kontakt bist. Damit du nicht weiter in das Ungemach verstrickt wirst, kannst du dir vorstellen, dass du diese Tentakel nun dort heraus und nach oben über deinen Kopf ziehst in deine höheren Zentren und in deine höhere Weisheit. Beobachte die Situation von dort aus nur. Du wirst sehen, dass du dann emotional weniger angreifbar bist.

9. Das Verurteilungs-Syndrom loslassen

Hat Verurteilung einen Sinn – oder ist es ein pathetisches Eigentor?

Wenn ich in einem Seminar verkünde, dass Verurteilen eine der destruktivsten und emotional belastendsten Gewohnheiten ist, schauen mich viele sprachlos mit großen Augen und einem »Ja-aber« auf der Stirn an. Wenn ich weiterfrage: »Wer wird gerne verurteilt?« springen endlich die Emotionen an – keiner meldet sich.

Zu tief ist uns diese Gewohnheit in Fleisch und Blut übergegangen, als dass wir sie infrage stellen würden. Wie ist es unserer Gesellschaft nur gelungen, eine zerstörerische Kraft wie die des Verurteilens so tief in uns einzugravieren? Wie ist es möglich, dass wir diese Denkweise für normal halten und nicht erkennen, was wir uns damit antun?

Weil das Verurteilen so viel dazu beiträgt, dass emotionaler Stress entsteht und konserviert wird, widme ich ihm in diesem Buch ein großes Kapitel. So lange wir im Verurteilungs-Modus sind, kann es keine echte Selbstberuhigung geben. Nehmen wir also diese Gewohnheit unter die Lupe und sezieren sie.

Verurteilen *teilt* im wahrsten Sinne des Wortes die Welt in zwei Teile: den guten und den schlechten, den falschen und den richtigen, den angenommenen und den abgelehnten. Immer wenn ein abgelehnter Teil entsteht, müssen wir uns scheinbar dagegen wehren und uns davor schützen. Wir erschaffen automatisch eine Bedrohung. Panikum bekommt richtig Arbeit. Das ist der Knackpunkt. Liebe Leserin, lieber Leser – du ahnst jetzt, warum dieses Thema so wichtig ist?

Hat Verurteilung einen Sinn? Darüber habe ich lange nachgedacht. Ich habe meine Seminarteilnehmer herausgefordert und sogar eine Prämie dafür ausgesetzt, dass mir jemand glaubhaft und nachvollziehbar einen Sinn für unsere Gewohnheit erläutert, gern und rasch zu verurteilen. Es ist bislang noch niemandem gelungen. Verurteilt wird niemand gerne. Frage ich weiter, wer gelegentlich einmal andere, sich selbst oder eine Situation verurteilt, melden sich alle. Was ist das? Ein gesellschaftlich akzeptiertes schizoides Verhalten?

Warum fragen wir uns nicht bevor wir urteilen wollen, welche Folgen es hat? Warum blicken wir nicht weiter und sehen, dass Verurteilung zwangsläufig Trennung von emotionaler Verbindung zu uns selbst oder anderen Menschen ist sowie Schuldgefühle erzeugt? *Mit einer Verurteilung beladen wir uns stets mit der Bürde von Schuld und Trennung.* Wollen wir das wirklich? Es ist uns doch auch klar, dass wir nass werden, wenn wir ohne Schirm bei Regen hinausgehen. Warum scheint bei diesem Thema der logisch folgende Geist geradezu betäubt zu sein? Warum sind uns beim Verurteilen die einfachsten Zusammenhänge scheinbar nicht bewusst? Welchen heimlichen Nutzen haben wir davon?

Eine Verurteilung ist der Finger, der auf jemanden oder auf etwas zeigt. Wer das tut, der entschuldigt sich unbewusst: »Ich war es nicht – der andere ...« Doch leider weiß ein chinesisches Sprichwort: »*Zeigst du mit einem Finger auf andere, zeigen drei auf dich.*« Und René Descartes meinte einst treffend: »*Was Peter über Paul sagt, sagt mehr über Peter als über Paul.«* Verurteilungen dienen hauptsächlich dem, der verurteilt. Denn er hofft, eigene Schuldgefühle abwehren zu können, indem er sie nach außen projiziert. Zu seinem Seelenfrieden führt das nicht, weil es eine Scheinlösung ist. Beim Beschuldigten zehren sie an der Kraft, aufzustehen und Verantwortung für sein Handeln zu übernehmen. Sie verengen den Fokus auf das vermeintlich falsche Verhalten, anstatt den Blick auf neue, bessere Möglichkeiten zu lenken. Wenn jemand Mobbing erfährt, spürt er die oft unausgesprochene Ablehnung, er bekommt vielleicht mehrdeutige oder kritische Seitenblicke und wird von Kommunikation und Information ausgeschlossen. Kannst du nachempfinden, wie sich jemand in dieser Situation fühlt und an was er denkt? Das ist eine Wirkung des Verurteilens.

Wie im Kapitel 3, im Abschnitt »Schauen wir durch eine Umkehrbrille?« beschrieben, können wir im Außen nur das wahrnehmen, was uns innen bewegt. Über die Voreinstellung unseres Wahrnehmungsfilters kann das Außen nur unser Inneres spiegeln. *Die Psychoanalyse nennt es Projektion, wenn eigene abgelehnte Anteile in anderen kritisiert oder verurteilt werden.* So ist es kaum erstaunlich, dass mich die Verhaltensweise eines Menschen geradezu auf die Palme bringen kann, während andere dabei gelassen bleiben – und umgekehrt. Im Außen kann mich nur aufregen, wozu ich selbst eine Resonanz habe. Kritisiere ich mich heimlich und unbewusst für etwas, kann mir das im Außen von einer anderen Person gespiegelt werden, damit ich es sehe. Darüber kann ich mich zwar lauthals echauffieren, die Aufmerksamkeit auf andere lenken, um mich aus der Schusslinie zu bringen. Doch Vorsicht, hier braucht es Verantwortung, denn wir sprechen immer über uns selbst, wenn wir andere verurteilen. Wer hat sich noch nicht über andere aufgeregt, die genau das tun, was er oder sie bei sich selbst ablehnt? Natürlich muss uns nicht alles gefallen, was oder wie andere etwas tun. Es reicht ein emotionsloses »Nein« zu etwas oder neutral zu bleiben. *Entscheidend für den Fingerzeig der Resonanz zu uns selbst ist die emotionale Ladung, mit der wir etwas ablehnen.* Sie führt uns auf die Fährte von unseren häufig unbewussten inneren Konflikten.

Eine Seminarteilnehmerin regte sich massiv über eine Mitarbeiterin auf, die sich häufig krankmeldete. Das bedeutete für alle anderen Mehrbelastungen – besonders für sie als Führungskraft. Wir suchten nach dem Grund für die hohe emotionale Aufregung und fanden heraus, dass sie sich selbst keine Auszeiten gönnte, obwohl sie sich danach sehnte. Sie glaubte, es sich verbieten zu müssen, weil das Arbeitsaufkommen und die Mitarbeiter ihr den Raum dafür nicht ließen. Die kranke Kollegin spiegelte ihr unbewusst ihr verleugnetes Bedürfnis. Wenn sie das in sich anerkennen und ändern würde, prophezeite ich ihr drei mögliche Ausgänge der Geschichte:

- Die Kollegin verschwindet aus ihrem Umfeld und wird vielleicht in eine andere Abteilung versetzt.
- Die Kollegin ändert ihr Verhalten.
- Das Verhalten der Kollegin regt sie nicht mehr auf.

Sie sagte mir, wenn die Theorie mit dem Resonanz-Spiegelprinzip stimmt, dann nähme sie die Herausforderung an. Sie gönnte sich ab sofort Auszeiten, ohne sich dafür zu kritisieren. Statt die Kollegin zu kritisieren, akzeptiere sie einfach ihr Verhalten. Ein Jahr später schrieb sie mir: »Sie werden es nicht glauben – es hat funktioniert. Die Kollegin hat sich nur noch einmal krankgemeldet – und das, als ich selbst im Urlaub war.«

Das Resonanz-Prinzip wirkt ebenso, wenn wir andere für etwas bewundern oder uns für etwas begeistern. Wir selbst haben eine Qualität, die wir an uns schätzen. Wir sehen und bewundern sie dann auch bei anderen. Einst sagte mir jemand: »Kreative Menschen werden immer begeistert sein, wenn andere kreativ sind. Nicht Kreative neigen dazu, den anderen ihre Kreativität zu neiden und erkennen sie daher nicht an. Sie ärgern sich, dass sie nicht selbst auf eine Idee gekommen sind.« Manchmal gestehen wir uns eine Qualität nicht zu, die wir haben. Wir bewundern sie lieber in anderen – auch das ist Projektion und gibt uns Hinweise über uns selbst. Eine schöne Weisheit dazu besagt: »*Was dich fasziniert, darin bist du talentiert.*«

Unbewusst vermuten wir, dass unsere Umwelt sich ebenso verhält, wie wir handeln. Wer andere betrügt, wähnt auch um sich herum Betrüger. Wer ehrlich ist, erwartet auch von seiner Umwelt Ehrlichkeit. Wer sich selbst verurteilt, wird auch andere verurteilen.

In meiner Coachingpraxis und im täglichen Leben habe ich mir eine Art auditiven Umkehrfilter zugelegt. Wenn ich jemandem zuhöre, wie er andere emotional geladen kritisiert, höre ich durch diesen Filter, was er über sich denkt. Ich höre, was er in sich selbst verurteilt oder sich nicht zugesteht. In diesem Sinne ist das Verurteilen stets ein Eigentor.

Die verflixte Sache mit den Fehlern

Lag bei deiner Geburt eine Anweisung bei wie: »Du sollst keine Fehler machen – du sollst perfekt sein?« Hoffentlich nicht! Wie kommen wir dann auf die Idee, dass Fehler schlimm sind? Wer steht am Morgen auf in der Absicht, einen Fehler zu machen? Kaum jemand. Ein absichtlicher Fehler wäre eine Sabotage. Vielmehr stehen die meisten auf, um ihr Bestes zu geben. Nun ist das Beste eines Menschen immer an seine Voraussetzungen geknüpft. Nach einer durchgefeierten Nacht ist mein Bestes am nächsten Tag weniger ambitioniert als sonst. Wenn ich etwas dazulerne, verbessere ich meine Voraussetzungen und werde eine Sache besser machen.

Physik war in der Schule mein Lieblingsfach. Es gelang mir jedoch nie, eine Klassenarbeit mit der Note Eins zu schreiben. Warum? Ich fand die kompliziertesten Lösungswege, verrechnete mich jedoch hier und da um eine Kommastelle und schon hatte ich einen Fehler gemacht, der mir den Notendurchschnitt vermasselte. Die Aufgabe galt als falsch gelöst. Heute würde mir das nicht passieren, denn die Taschenrechner haben in der Schule Einzug gehalten. Von Kind an werden wir darauf getrimmt, möglichst keine Fehler zu machen, da sie Konsequenzen haben. Wen wundert es, dass der Gedanke an einen Fehler für die meisten Menschen eine Bedrohung darstellt, die Panikum in eine Hab-Acht-Haltung bringt?

Die Angst vor Fehlern und deren Konsequenzen führt dazu, dass Menschen lieber darauf verzichten, etwas Neues auszuprobieren und auf bekannte Prozesse zurückgreifen. Angst führt zu einer inneren Anspannung und Einschränkung der Wahrnehmung. Die Kreativität des Gehirns wird reduziert. Schlimmer noch, sie führt durch die Blockade des Gehirns sogar zu vermeidbaren Fehlern. Besonders bei neuen Ideen, Aufgaben und Projekten gibt es viel zu lernen. Sackgassen und die Erfahrung von Wegen, die nicht funktionieren, gehören genauso dazu wie funktionierende Ergebnisse. Es ist weise, Fehler als notwendigen Teil eines Lernprozesses zu begreifen. Wissenschaftler und Forscher haben diese Denkweise integriert. Wenn sie eine Lösung suchen, machen sie systematisch so lange Fehler, bis ihnen eine Lösung gelingt. Nicht gelingende Lösungen sind Teil ihres Erfolges, denn dann wissen sie im Ausschlussverfahren, was nicht funktioniert. Der große Erfinder Thomas Alva Edison wurde angesichts seiner vielen Fehlversuche bei der Entwicklung der Glühlampe ungläubig gefragt, ob er bei dieser Idee nicht auf dem Holzweg sei. Edison erwiderte: »Ich habe nicht versagt. Ich habe mit Erfolg zehntausend Wege entdeckt, die zu keinem Ergebnis führen.« Zwangsläufig wird er irgendwann den funktionierenden Weg finden, wenn er weitersucht. Vielleicht ist manchmal 2 + 2 = 5 und du entdeckst eine neue Möglichkeit?

Deshalb: *Erlaube unbeabsichtigte Fehler in deiner Welt. Lerne, sie als normal zu betrachten, und kalkuliere sie in deine Lernprozesse als Chance für Neues ein.* Das entspannt und führt zu kreativen Prozessen. Frei nach dem Motto: »Umwege erhöhen die Ortskenntnis.«

Fehler an sich finden wir vielleicht in Ordnung. Viel schwerer wiegen der soziale Druck, die soziale Ausgrenzung, die soziale Schuldzuweisung, der scheinbare Makel, vor denen wir uns ängstigen. Viele kleben ihren Wert daran, dass sie fehlerfrei sind. Mit einem Fehler sinken sie in eine Selbstwertkrise, ohne sich klarzumachen, dass Fehler ihren Wert genauso wenig verändern wie die Tatsache, dass sie atmen. Deshalb fällt es vielen schwer, einen Fehler zuzugeben. Sie winden und winden sich und projizieren ihn lieber auf andere. Dabei ist es geradezu Hochmut, Unfehlbarkeit von sich und anderen zu verlangen.

Es wäre so entspannend und zeitsparend, wenn jemand einen Fehler einfach zugibt. Dann kann man sehen, was daraus gelernt werden kann. Politiker und Unternehmen sind oftmals wahre Meister im Verleugnen von Fehlern. Ich kann sogar verstehen, dass Wahrhaftigkeit in der Öffentlichkeit ein Dilemma sein kann. Denn sobald jemand einen Fehler zugibt, stürzen sich manche populistische Medien und soziale Netzwerke auf ihn wie auf ein gefundenes Fressen und zerreißen ihn. Soziale Reife, emotionale Kompetenz? In sozialen Netzwerken und einigen Medien häufig Fehlanzeige. Vielleicht erschaffen wir die Lügen im öffentlichen Leben dadurch mit? Denken wir an den Dieselskandal, in dem immer nur so viel zugegeben wurde, wie die Öffentlichkeit schon herausgefunden hatte. In einigen Unternehmen der Tourismusbranche werden Mitarbeiter angewiesen, bei Beschwerden von Kunden keine Fehler zuzugeben, weil das teure Haftungsklagen nach sich ziehen könnte. Das bedeutet jedoch, dass sie die Kunden mit ihrer Wahrnehmung für dumm verkaufen müssen. Damit riskieren sie das Wohlwollen und den Respekt des Kunden vor dem Unternehmen, denn das bemerken Menschen sehr schnell. Sie riskieren nicht nur, einen Kunden zu verlieren, sondern auch, dass er es vielen Bekannten weitererzählt. Wie wäre es mit einer empathischen Strategie, die den Kunden ernst nimmt? Dann würden viele von Klagen absehen.

Es ist schwer für so manches Selbstbild, Fehler zuzugeben. Das kannst du bei der Selbstdarstellung von Staaten, Politikern, Managern beobachten – aber auch in deinem Umfeld im Beruf. Wie ist das bei dir selbst? Fällt es dir leicht, einen Fehler zuzugeben, um mit neuen Erkenntnissen weiterzumachen – oder rechtfertigst du dich, suchst die Verantwortung bei anderen? Die Egostrukturen in uns haben solche Angst vor Fehlern, denn sie richten gerne und bei Fehlern bekommen sie Angst vor dem eigenen Richter in sich. Da scheint die Selbsttäuschung durch Verleugnen von Fehlern weniger bedrohlich. *Das Herz dagegen hat keine Probleme, Fehler zuzugeben, weil es von uns nicht erwartet, unfehlbar zu sein.* Es akzeptiert uns mit allen unseren Lernprozessen. Ist das nicht entspannend und beruhigend?

Eine andere Qualität von Fehlern entsteht aus emotionalem Stress. Wir werden aus einem inneren Druck heraus vielleicht laut oder greifen andere verbal an. Vielleicht setzen wir andere herab, tuscheln hinter ihrem Rücken, erkennen ihre Leistungen nicht an, ernten ohne Not die Lorbeeren für die Leistungen eines anderen, behindern den Erfolg von anderen, hören nicht zu, sind unachtsam. So komisch es klingen mag – wir geben auch hier unser Bestes, weil wir offenbar keinen anderen Weg kennen, um innere Ängste und Druck loszuwerden. Emotionaler Stress ist wie eine unsichtbare Kette um den Körper eines Menschen. Wenn wir ihn bitten würden, einen 100-Meter-Lauf zu absolvieren, würde er mit diesen unsichtbaren Ketten sehr unbeholfen laufen. Wir würden nicht verstehen, warum er sich so benimmt. Er wird vielleicht gehänselt, lächerlich gemacht oder abgelehnt. Doch gemäß seinen Voraussetzungen gibt er sein Bestes. Würde er diese Ketten ablegen, würden sich seine Voraussetzungen ändern und sein Lauf sähe eleganter aus.

In der Psychologie gibt es das Prinzip der Kohärenz. Es besagt, dass wir im Einklang mit uns selbst und unseren bisherigen Entscheidungen sein wollen. Demnach verteidigen wir eine einmal getroffene Entscheidung, selbst wenn sich später herausstellt, dass sie Unrecht war oder auf falschen Tatsachen beruhte. Das ist einerseits beruhigend für unser Selbstbild, andererseits aber sehr gefährlich, denn dadurch wird aus Fehlern nicht gelernt und weitere Fehler werden darauf aufgebaut, wie auf einem falsch gesetzten Fundament. Sie wirken wie eine Lawine, die klein anfängt, doch immer mehr Ungemach mit sich in die Tiefe reißt. Ich habe eine ehemalige englische Schulfreundin, die für den Brexit gestimmt hat. Offensichtlich wurden viele Briten durch falsche Aussagen der Brexit-Befürworter getäuscht. Inzwischen zeigen sich weitere negative Auswirkungen des Brexits. Ich habe deswegen lange Briefwechsel mit ihr geführt. Trotz erdrückender neuer Fakten stellt sie ihre Brexit-Entscheidung nicht wenigstens für eine Sekunde infrage. Ohne ernsthafte Auseinandersetzung stellt sie einfach fest, dass wir nicht einer Meinung sind. Ich habe einen Verwandten, der sehr gerne kritisiert und andere beschuldigt. Wenn ich diese Beschuldigungen hinterfrage und er dadurch zugeben müsste, dass er die Tatsachen ein wenig verzerrt, beendet er das Gespräch einfach mit »Das ist so, basta.« Inzwischen redet er nicht mehr gerne mit mir.

Wie einfach und erfrischend wäre es, an Erkenntnis interessiert zu sein, statt daran, fehlerfrei zu sein? Ein Zitat von Berthold Brecht klingt seit der Schulzeit in meinen Ohren und drückt es plastisch aus: »Wer A sagt, muss nicht B sagen, wenn er erkennt, dass A falsch ist.« Es ist enorm befreiend und dient der Selbstberuhigung, wenn wir einen Fehler zugeben und anerkennen können, dass wir in der damals besten Absicht und Einsicht gehandelt haben.

Vermeidung von Fehlern oder Neues wagen und Risiken eingehen? In diesem Spannungsfeld bewegen wir uns alle im Leben. Vermeidung von Fehlern kann zum Stillstand im Status quo führen. Risiken können zu dramatischen Veränderungen führen. Jeder muss seine persönliche Melange dieser beiden Pole finden. Interessant ist, was die australische Palliativpflegerin Bronnie Ware in ihrem Buch: »The Top Five Regrets of the Dying« (»Fünf Dinge, die Sterbende am meisten bereuen«) als späte Erkenntnis von Fehlern im Leben beschrieben hat. Sie erlebte Sterbende, die glücklich und zufrieden aus dem Leben gingen. Andere bedauerten etwas. Die folgenden fünf Punkte fassen zusammen, was Menschen sich versagten, um keine Fehler zu machen, um des lieben Friedens willen, weil sie die Erwartungen anderer erfüllen wollen oder weil sie glaubten, keine andere Wahl zu haben. Das sind die Inspirationen, die uns von Sterbebetten zugerufen werden:

1. Ich wünschte, ich hätte den Mut gehabt, mein eigenes Leben zu leben.
2. Ich wünschte, ich hätte nicht so viel gearbeitet.
3. Ich wünschte, ich hätte den Mut gehabt, meine Gefühle auszudrücken.
4. Ich wünschte mir, ich hätte den Kontakt zu meinen Freunden aufrechterhalten.
5. Ich wünschte, ich hätte mir erlaubt, glücklicher zu sein.

Es geht nicht darum, keine vermeintlichen Fehler zu machen. Es geht darum, zu leben, zu erleben, Erfahrungen zu machen. Es geht darum, auf das emotionslose stille »Ja« oder »Nein« des Herzens zu hören, anstatt sich einem vermeintlichen »Muss« zu unterziehen. Es geht darum, Lernprozesse zu akzeptieren und die Voraussetzungen für gute Entscheidungen beständig zu erhöhen.

Der Merksatz aus dem NLP (Neurolinguistisches Programmieren) »*Jeder Mensch gibt immer sein Bestes, gemäß seinen Voraussetzungen*« ist eine wunderbare Erkenntnis. Sie erlaubt uns, mit Verständnis und Mitgefühl auf uns selbst und auf andere zu schauen. Sie bringt uns die Weisheit, beständig an der Verbesserung von Voraussetzungen zu arbeiten, statt Energie für Urteile zu verschwenden. Verantwortlich bleibt natürlich jeder Mensch für seine Handlungen, wenn er sie selbst entschieden hat – egal wie seine Voraussetzungen waren. Verurteilungen haben bei dieser Maxime jedoch keinen Platz.

Die Akzeptanz von Fehlern beinhaltet für Unternehmen bisweilen ein Dilemma. Fehler können enorme Kosten verursachen, die die Existenz des ganzen Unternehmens gefährden können. Rückrufaktionen in der Automobilindustrie oder in der Lebensmittelindustrie können hohe Millionenbeträge verschlingen. Konstruktionsfehler bei Bauten können Katastrophen auslösen und unkalkulierbare finanzielle Folgen haben. Hier einige Beispiele von vielen: General Motors hat schon über 37 Rückrufaktionen mit 25 Mio. betroffenen Fahrzeugen ausgelöst. Kosten: über 2,5 Milliarden Dollar. Ein Adidas Basketballschuh wurde Mitte 2004 weltweit zurückgerufen, weil sich die Sohlen ablösten – Kosten: 10 Mio. Euro. Bei solchen Summen kann die Angst vor Fehlern Manager und Mitarbeiter in den Panikum-Modus treiben.

Einerseits müssen wir kostspielige Fehler vermeiden – andererseits wollen wir die Gehirne der Menschen nicht unter Stress setzen, sodass ihre Kreativität und Wahrnehmung eingeschränkt wird. Der Stahl-Industrielle Friedrich Alfred Krupp (1854–1902) sagte einmal: »*Wer arbeitet, macht Fehler. Wer viel arbeitet, macht mehr Fehler. Nur wer die Hände in den Schoß legt, macht gar keine Fehler.*«

Brian Tracy erzählte einmal von einem amerikanischen Unternehmer, dass er auf die Frage nach dem Geheimnis seiner erfolgreichen Personalpolitik antwortete: »Vergeben«. »Wir geben unseren Mitarbeitern große Jobs und große Verantwortung. Natürlich werden sie Fehler machen ... sie lernen – wir vergeben. Und sie machen diese Fehler nie mehr.« Ein junger Manager fragte Thomas Watson, den Gründer von IBM, welchen Ratschlag er ihm geben könnte, um eine erfolgreicher Manager zu werden. »Wenn du Erfolg haben willst, verdopple deine Fehlerquote«, war seine überraschende Antwort.

In Deutschland wird man tendenziell eher geächtet und verlacht, wenn einem etwas nicht gelungen ist. Entsprechend liegt die Zahl der Mitarbeiter in Betrieben, die aktive, kreative Antreiber von Innovationen sind, weit unter der von Bedenkenträgern, Zögerern und Mitläufern oder gar Opponenten. Wie wären der Spirit und die Energie in deutschen Unternehmen, wenn wir diejenigen Mitarbeiter ausdrücklich anerkennen würden, die etwas Neues ausprobiert haben – auch wenn sie dabei gescheitert sind?

Deine persönliche Fehlerkultur – wie kann sie gelingen?

- Erlaube unbeabsichtigte Fehler in deiner Welt. Lerne, sie als normal zu betrachten, und kalkuliere sie als Chance für Neues in deine Lernprozesse ein. Vermeide, deine Aufmerksamkeit auf Null-Fehler zu richten – das begünstigt sie, weil du dabei an Fehler denkst. Gib lieber stets dein Bestes, doch wenn es angemessen ist, lasse einmal alle Fünfe gerade sein – wenn du nicht gerade an einem entscheidenden Dichtungsring für ein Space-Shuttle Raketenstufe arbeitest. *Sei lieber an Erkenntnis interessiert als daran, keine Fehler zu machen.* Das entspannt.
- Wenn dir etwas nicht gelungen ist, erkenne dich selbst dafür an, dass du etwas Neues ausprobiert hast. Mache dir Komplimente dafür. Niemand hat dies bisher so angepackt wie du – und das ohne eine existierende Gebrauchsanweisung!
- Wenn dich dein gewohnheitsmäßiger Perfektionismus oder deine Selbstkritik plagen, dann brich einmal in Jubel aus über deinen Fehler und belohne dich bewusst dafür. Du hattest heute schließlich den Mut, aus dem Bett aufzustehen und dich einem ungewissen Tag mit einem hohen Fehlerpotential zu stellen. Wärst du im Bett geblieben, wäre dir kein Fehler passiert – aber auch kein Fortschritt und kein Erfolg.
- Sprich positiv mit dir und ermutige dich, weiter zu lernen. Entscheide dich, an dich zu glauben.
- Falls dich Panikum richtig gepackt hat, dann nimm Abstand und gehe in die Natur. Sie wird dich mit der ihr eigenen Zärtlichkeit umarmen und beruhigen. Oder lass dich

in die Arme eines geliebten Menschen fallen und eine Weile halten.
- Wenn du dich emotional beruhigt hast, nimm dir Zeit für die Analyse auf Papier mit Fragen wie: Was kann ich aus dem Fehler lernen? Fördert dieser Misserfolg etwas in meinem Leben? Was kann ich verbessern? Was weglassen? Was habe ich übersehen? Wie soll ein neuer Start aussehen? Schreibe deine Analyse unbedingt auf – nur so kann sie in deinem Kopf Gestalt annehmen.

Unerträgliche Gefühle – Schuld und Scham

Was tun wir Menschen nicht alles, um diesen Gefühlen zu entgehen. *Schuld- und Schamgefühle* sind die destruktivsten Gefühle, weil sie unser Fundament der Selbstachtung und des Selbstwertgefühls erschüttern. Wie viel Gewalt geschieht, weil das Selbstwertgefühl verletzt ist? Wird eine vermeintliche Schuld öffentlich, ist sie umso schwerer für das Individuum zu verarbeiten. Öffentlich am Pranger zu stehen, reicht als Denkzettel. Wenn dann Menschen in sozialen Netzwerken mit Beschimpfungen noch Öl aufs Feuer gießen, frage ich mich, warum sie auf Gebeutelte weiter einschlagen? Wollen sie damit den Schmerz der eigenen Schuldgefühle an andere abgeben?

Schuldgefühle sind so schwer zu ertragen, weil sie uns emotional von der Zugehörigkeit zur Gemeinschaft trennen. Der Mensch ist ein Rudeltier und eine der größten Bestrafungen ist der emotionale Ausschluss aus einer Gemeinschaft oder Gruppe. In früheren Gesellschaften konnte man sogar physisch aus einer Gemeinschaft ausgeschlossen und schutzlos in der Wüste oder Wäldern ausgesetzt werden. Diese unbewusste kollektive Erinnerung wirkt auch heute noch mit bei Motivation, Ängsten und Verhalten:
- Wir wollen gut in etwas sein – und scheuen uns davor, Fehler zuzugeben.
- Wir wünschen uns Anerkennung – und scheuen den Tadel.
- Wir möchten positiv auffallen – und scheuen eine Blamage.
- Wir möchten beliebt sein und dazu gehören – und scheuen die Ablehnung.

Es ist die Qualität der Mutter in jedem Menschen, die ein Kind nach einer unangenehmen Erfahrung in ihren Armen wieder in die Selbstakzeptanz und in die Zugehörigkeit zur Gemeinschaft zurückführen kann. Doch bei vielen emotionalen Konflikten ist das nie geschehen. Viele kindliche Konflikte werden von der Umgebung nicht einmal bemerkt. Daher zahlen viele für die Zugehörigkeit zur Gemeinschaft und zur Vermeidung der oben genannten Ängste einen hohen Preis – beispielsweise, indem sie sich verbiegen, perfektionistisch sind, anderen Schuld zuweisen. Auf diesem Altar sind viele sogar bereit, ihre Wahrhaftigkeit, ihre Würde und sogar ihr Selbst zu opfern. »Wenn es nur möglich ist, das Selbst zu erhalten, wenn wir dabei gleichzeitig die Verbindung zu anderen verlieren, dann wird das normale Kind sein Selbst aufgeben.«[28] Diese Aussage von *Abraham Maslow* hat Tragweite. Wenn wir als Kind in den Konflikt kommen, entweder die Zuwendung anderer zu verlieren oder unsere eigenen Bedürfnisse zu bewahren, opfern wir unser Selbst, um die Verbindung zum »Rudel« zu bewahren. Da solche Konflikte sehr wahrscheinlich sind, bedeutete es, dass fast jeder von uns, Teile seines Selbst geopfert hat. Es bedeutet auch, dass wir uns unvollständig fühlen und unbewusst nach diesen Teilen suchen.

Das Konzept der Schuld friert eine Vergangenheit ein, aus der der vermeintlich Schuldige nicht mehr aufstehen kann, so lange die Schuld existiert. Deshalb vermeiden und verdrängen wir Schuldgefühle, wo wir nur können. Es gibt einen soziologisch untersuchten typischen Prozess, wie wir Schuld von uns weisen:
- Wir vertuschen, verdecken, verheimlichen das Problem.
- Wenn es trotzdem offenbar wird, beginnen wir, es zu projizieren durch Schuldzuweisungen oder abzuwehren durch Rechtfertigungen – anstatt einfach Verantwortung dafür zu übernehmen.
- Wenn das auch nicht mehr fruchtet, beginnen wir, den vermeintlichen Fehler zu rationalisieren und zu verharmlosen: »Die anderen haben es auch so gemacht, das wurde schon immer so gemacht, das machen doch alle so.«

Das erinnert mich an die Haltung der USA zur NSA-Abhöraffäre der Jahre 2013 und 2014. Es ist offenbar ein Kavaliersdelikt, weil es ja alle so machen. Warum regen sich die Deutschen da auf? Verantwortungsverweigerung von Staaten, Unternehmen und Institutionen ist in – klar, Haftung kann teuer sein. Eine deutsche Pharmafirma brachte beispielsweise 1950 das Hormonpräparat Duogynon als Schwangerschaftstest und Mittel gegen Menstruationsstörungen auf den Markt. Ende 1960 gab es erste Hinweise, dass das Präparat Missbildungen hervorrufen könnte. Das Unternehmen ignorierte jedoch die sich häufenden Warnungen und Ergebnisse von Tierversuchen und verdiente weiter viel Geld damit. Im Bundesgesundheitsamt saß ein Mittelsmann der Firma, der ein Verbot des Präparates verhinderte. England verbot es schon 1970 als Schwangerschaftstest. Allerlei Vertuschungskreativität wurde angewendet bis erst 1981 das Präparat vom deutschen Markt genommen wurde – aber ohne Schuldeingeständnis. Es überließ viele Menschen mit Missbildungen und Behinderungen ihrem Schicksal. Die Betroffenen kämpfen bis heute um die Verantwortungsübernahme der Zuständigen und um Schmerzensgeld – es ist verjährt. Betroffenheit gegenüber den Geschädigten – offenbar keine. Ehrlich gesagt, bin ich betroffen über das Armutszeugnis, dass so viel emotionale Kälte, Unaufrichtigkeit und Verantwortungslosigkeit bei einem Unternehmen durchgehen kann und sogar der Staat für seine Fehler in der Sache nicht geradesteht. Welcher Preis ist höher, Verantwortung zu übernehmen und aus Milliardengewinnen eine Entschädigung zu zahlen oder Menschen unmenschlich zu behandeln?

Wenn Regierungen und Unternehmen sich diese Haltung ohne Sanktionen erlauben, woraus sollte das Individuum schließen, dass es wichtig ist, Verantwortung zu übernehmen? An welchen Leitbildern und Beispielen sollen junge Menschen erkennen, wie wichtig das ist, wenn es im öffentlichen Leben wenig Wert darstellt? Leider sind viele unserer politischen Debatten voller Schuldzuweisungen. Es gibt nur wenige Politiker oder Politikerinnen in Deutschland, die es schaffen, proaktive Reden zu halten, ohne dabei anderen Schuld zuzuweisen. Respekt – das spricht für sie! Dabei sollte die öffentliche Kultur ein Modell für Heranwachsende sein, wie man sein Leben positiv gestalten kann. Aus diesem Blickwinkel halte ich manche Bundestagsdebatten für nicht für jugendfrei.

Nun möchte ich auf ein schwierigeres Thema eingehen, was sich nicht jedem sogleich erschließen mag. Ein weiterer Horror, der durch die Ereigniskette Verurteilung – Schuldgefühl erzeugt wird, ist der *unbewusste Versuch, sich einer vermeintlichen Schuld durch Selbstbestrafungs-Szenarien* zu entledigen. Das scheint auf den ersten Blick ein seltsamer Antrieb zu sein. Auf der Seelenebene ist er jedoch logisch, denn da streben wir nach Ausgleich von Ungleichgewichten. Auch wenn Schuld ein destruktives Konstrukt ist, welches in der Vergangenheit unveränderlich eingefroren ist – wollen wir sie ausgleichen. Selbstbestrafungsmuster stecken hinter vielen scheinbar unlogischen Verhaltensweisen zu unseren Lasten: Die einen verlieren stets ihr Geld durch unglückliche Umstände, sobald sie eine gewisse Summe in den Händen halten. Die anderen ziehen immer den Kürzeren. Wieder andere fühlen sich meist ausgeschlossen. Andere kommen seltsamerweise immer mit dem falschen Partner zusammen. Anderen passiert stets ein Missgeschick, wenn der Erfolg schon um die Ecke blickt und dann unverrichteter Dinge von dannen ziehen muss. Andere werden dauernd gemobbt – egal in welchem Umfeld sie sich befinden. Manche sind ständig krank und eine Krankheit gibt der nächsten die Hand. In diesen Dramen erleben wir uns als Opfer und hoffen unbewusst, dass dadurch unsere Schuldgefühle erlöst werden. Die gesamte Panikum-Autobahn mit ihren Ohnmachts-Erfahrungen steht uns zur Verfügung.

Haben wir uns eine Weile intensiv als Opfer erlebt, entsteht ein neues Ungleichgewicht. Um das auszugleichen, werden wir unbewusst in anderen Bereichen zum Täter. Wie konnten in der Nazizeit freundliche Menschen von nebenan zu grausamen Tätern werden? Es waren häufig Menschen, die sich innerlich minderwertig – also als Opfer fühlten. Sie erniedrigten andere, um sich selbst dadurch aufzuwerten.

Das Opfer-Täter-Rad dreht sich sogar von Generation zu Generation. »Täglich grüßt das Murmeltier« bis wir eines Tages das Muster erkennen und aussteigen. Im Murmeltier-Film ist es die Liebe, die den hypnotischen Teufelskreis durchbricht. In deinem Film ist es vielleicht die Selbstachtung, die Selbstliebe, das Mitgefühl mit dir selbst, deine emotionale Heilungs-Kompetenz oder Erkenntnis und Bewusstsein, die dir den Ausstieg ermöglicht. Der

Ausstieg wird zum Einstieg in die 100%-ige Verantwortung für alles, was du jemals bewusst oder unbewusst ausgelöst hast. Das bringt dich zurück in deine Kraft. Es katapultiert dich über den Filmriss der Opfer-Täter-Dynamik hinweg.

Der einzige Ausstieg aus Schuldgefühlen besteht darin, 100% Verantwortung zu übernehmen und Verurteilungen nach innen und nach außen zu beenden. Dein Nervensystem wird es dir danken und kann sich endlich beruhigen!

Das Missverständnis »Verantwortung«

Verurteilungsstrategien entlarven sich als nichts anderes als eine Vermeidung von Verantwortung. Mit diesem Abschnitt möchte ich einen notwendigen Wortwechsel vornehmen und nicht mehr von Schuld sprechen, sondern mich auf Verantwortung konzentrieren. Schuld ist keine hilfreiche Idee. Warum?

In welche zeitliche Richtung zeigt »Schuld« – in Form von Verurteilungen, Beschuldigungen, Entschuldigungen, Rechtfertigungen? Ja, in die Vergangenheit! Was können wir in der Vergangenheit ändern? – Nichts. Wenn wir nichts ändern können, wie fühlen wir uns dann? – Ohnmächtig, »Ich kann nicht.« Wer hat die Macht, wenn ich andere beschuldige? Die anderen, denn wenn sie sich nicht ändern, kann ich ja nicht …! Unsere Selbstachtung, Kreativität und unsere Energie sinken. Der Opferstatus ist erreicht. Panikum ist im Dauereinsatz.

Wie viel konstruktive Energie können wir aufbringen, wenn uns das Gefühl der Ohnmacht beherrscht? Die Destruktivität von Schuldgefühlen beraubt den Menschen seiner Ideen und Ressourcen für konstruktive Veränderungen. Sein Selbstwertgefühl sinkt in den Keller, seine Zuversicht verliert an Boden. Im ohnmächtigen Dickicht des: »Ich kann nicht« verliert er seine vitalen Energien, denn der der Körper denkt: »Warum soll ich dann Energie zur Verfügung stellen?«

Die Selbstachtung des Menschen ist angegriffen und dauerhaft bedroht. Um die vermeintliche Schuld loszuwerden, beginnt er, unbewusste Selbstbestrafungsdramen zu inszenieren. Diese Strategie führt in unendlich wiederkehrende Wiederholungen von Stress und Leid.

Die Heurekum-Strategie bietet dagegen Sinnvolleres an: In welche zeitliche Richtung zeigt die Verantwortung? In die Gegenwart und Zukunft. Können wir in diesen Zeiten etwas ändern? – Auf jeden Fall! Wenn wir etwas in die Hand nehmen können, wie fühlen wir uns dann? – Kraftvoll und kreativ. Unsere Selbstachtung steigt. Wir können gestalten: »Ich kann!«

Dieses Gedankenexperiment zeigt deutlich, dass Verantwortung und Schuld so verschieden sind wie Sommer und Winter. Im deutschen Sprachgebrauch wird ihre Bedeutung leider oft gleichgesetzt. Wenn gefragt wird: »Wer ist dafür verantwortlich?« ist häufig gemeint: »Wer ist daran schuld?« Kein Wunder, dass es nicht attraktiv erscheint, Verantwortung zu übernehmen. Die fatale Verwechslung deutet an, dass wir uns mit dem Thema Verantwortung nicht wirklich auseinandergesetzt haben. Was unser Thema betrifft, hilft es schon, wenn wir in unserem Denk- und Sprachgebrauch eine klare Trennschärfe entwickeln und beide Bedeutungen auseinanderhalten.

Schuldgefühle sind stets unproduktiv, destruktiv, beunruhigend und ungesund.

Schuldgefühle kannst du so ersetzen: Übernimm grundsätzlich die 100%ige Verantwortung für das, was du tust, getan hast und sogar, für das, was dir geschieht. Denn du beeinflusst das, was dir geschieht, unbewusst durch deine Gedanken und Emotionen – selbst wenn es so aussieht, als hättest du nichts zu tun mit dem, was in dein Leben tritt. Wenn dir etwas nicht gelungen ist, nutze das Mitgefühl deiner Herzenergie und sei gnädig mit dir. Wenn dir etwas im Nachhinein leidtut, korrigiere dich gegenüber anderen und lasse es sie wissen. Beruhige dich – dein Leben verlangt nicht von dir, dass du keine Fehler machst oder perfekt bist. Es möchte nur, *dass du Erfahrungen machst und daraus Bewusstsein gewinnst.*

Viele Menschen quälen sich tagtäglich mit Tätigkeiten, die ihnen keinen Spaß machen. Auf Dauer macht das krank, weil unser Biosystem darauf ausgerichtet ist, mit Heurekum im energiegeladenen Flow und glücklich zu sein. Die meisten denken, das Problem für ihre Unlust läge in der äußeren Situation – an der Firma, den Kollegen, dem Chef. Doch *nicht eine Situation versetzt uns au-*

tomatisch in den Stressmodus, sondern unsere Antwort darauf. Wen dich Unlust überfällt, kannst du überprüfen, welche Urteile du gegenüber deiner Tätigkeit in dir trägst. Diese Urteile kannst du loslassen – du wirst dich sogleich entlastet fühlen. Manche beklagen sich beispielsweise über ihre Tätigkeit, weil der Chef kaum emotionale Kompetenzen zeigt oder weil er keine klaren Strukturen schafft. Manche sind unglücklich mit ihren Kollegen oder Kolleginnen, weil sie nicht viel zustande bringen. Sie glauben nun, auch noch deren Verantwortung übernehmen zu müssen. Andere fühlen sie sich von Kollegen gemobbt, ausgebootet oder ausgeschlossen. Weil sie sich ohnmächtig ausgeliefert fühlen, entwickelt sich ein innerliches »Hintergrund-Gejammer«.

In diesem Fall ist es wichtig, sich auf die Wurzeln der Situation zu besinnen: Wer hat sich für diese Arbeit, diesen Job entschieden? Das sind wir ja hoffentlich selbst gewesen. Auch wenn viele die Entscheidung und deren Folgen lieber trennen würden: *Mit einer Entscheidung ist immer die Verantwortung für alle Folgen dieser Entscheidung verbunden – auch für die möglicherweise unliebsamen.* Mit einer Entscheidung stimmen wir ihren Folgen gleich mit zu – selbst wenn wir sie noch nicht kennen. Wenn wir unzufrieden mit einer Arbeit oder einer Situation sind, ist es zuerst notwendig, sich an die eigene Selbstverantwortung zu erinnern. Das beruhigt das innere Gejammer. Wenn du eine Entscheidung getroffen hast, kannst du dich meist auch umentscheiden. Du hast die Dinge in der Hand und bist nicht ohnmächtig. Du kannst dich für eine Änderung der Strategien, der Aufgaben, der Berufstätigkeit oder des Unternehmens/der Abteilung entscheiden. Wenn du dich dafür entscheidest – aus welchen Gründen auch immer – die Tätigkeit beizubehalten, dann gehört dazu, zu den Problemen zu stehen, die dort existieren. Du allein entscheidest dich nachträglich mit jedem Tag in dieser Tätigkeit, die damit verbundenen Probleme anzunehmen. Du weißt, dass du jederzeit eine Änderung anstreben kannst. Du weißt, dass du Optimierungen anstreben kannst oder die Tätigkeit/Situation verlassen kannst, wenn dir die Widrigkeiten zu belastend werden. Bleibe verantwortlich!

Eine unpassende oder ungeliebte Tätigkeit zu verlassen, braucht viel Mut. Zunächst einmal können bedrohliche Fragezeichen aufleuchten: Wie soll es danach weitergehen? Doch auch der

Gedanke an den Weg zurück in die alte Situation löst seelische Qualen aus. Innerlich brennen die Brücken dahin ab. Der Preis für Körper und Seele ist zu hoch, acht oder mehr Stunden am Tag einer Tätigkeit nachzugehen, in der man sich unglücklich fühlt. Wenn sich auch durch Änderung der Einstellung kein Wohlbefinden mehr einstellt, ist es vielleicht Zeit, eine Situation zu ändern oder hinter sich zu lassen. Die Unlust kann ein Wink unseres Lebens sein, welches bestrebt ist, uns weiter wachsen zu lassen. Jemand sagte mir einmal: »*Berufung findet nicht in dem Arbeitsfeld statt, in dem du am besten bist, sondern in dem Bereich, in dem du am meisten wachsen kannst.*«

Aber ich muss doch urteilen und bewerten ...

In Seminaren höre ich immer wieder den verzweifelten Aufschrei: »Aber ich muss doch ständig urteilen und bewerten.« »Nein – musst du nicht. Es ist nur eine übernommene Gewohnheit deiner Ahnen. Du brauchst stattdessen nur zu wählen.« Wählen ist ruhig und neutral – Urteilen hat negative emotionale Ladung und schafft Unordnung im Gehirn. Panikum reagiert auf die emotionale Ladung, die Bedrohung produziert. Statt zu verurteilen, und sich damit einen emotionalen Klotz ans Bein zu binden, ist es viel cooler, ruhig zu wählen und aus einem Problem einen kreativen Impuls zu machen. Dazu brauchen wir nur:

- *Verantwortung zu übernehmen* – will heißen: Ich kann hier antworten, ich kann ändern, ich kann neu gestalten. Dann richtet sich deine emotionale und körperliche Energie auf die Zuversicht, die Ideen und Möglichkeiten hervorbringt.
- *Eine Wahl zu treffen.* Ich kann und muss stets wählen, was mir gefällt, guttut, oder am besten erscheint. In jedem Moment unseres Lebens treffen wir eine Wahl. Während du das Buch liest, hast du eine Wahl getroffen, wo du es liest, ob du dabei sitzt, liegst oder herumwanderst. Eine Wahl bedeutet auch immer die Abwahl von vielen anderen Dingen. Wenn du heute gewählt hast, einen Tag mit ehrenamtlicher Arbeit zu verbringen, hast du vielleicht einen Arbeitstag oder andere Möglichkeiten abgewählt. Musst du deswegen all die Möglichkeiten verurteilen, die du nicht ge-

wählt hast? Nein, das wäre Unsinn. Eine Verurteilung ist emotional aufgeladen – eine Wahl nicht.

Wenn du einfach wählst, kommst du wundervoll durchs Leben – du brauchst nicht ein einziges Mal zu verurteilen. »Welche Erleichterung!« höre ich dich hoffentlich ausrufen. Wir brauchen also nur mit dem Trampolin der Verantwortung auf die Heurekum-Bahn zu springen. Ich hoffe, es ist mir gelungen, dir, liebe Leserin, lieber Leser, die Lust am Verurteilen zu versalzen und zumindest das Bewusstwerden oder Hinterfragen aller Verurteilungen, besonders der destruktiven Selbstverurteilungen, anzustoßen.

Ich und ich – Erbarmen für unser Nervensystem

Die Wespenplage in Sommer 2018 ist enorm. Nachdem Wespen mein junges Bienenvolk ausgeräubert haben, teste ich eine Wespenfalle. Die Insekten fliegen gierig hinein, obwohl auf der Falle in großen Lettern steht: »Wespenfalle«. Trotz der Dramatik muss ich lachen, als ich das beobachte. Tappe ich als Mensch vielleicht genauso in emotionale Fallen, obwohl ich schon lange weiß, was mir nicht guttut?

Ein wichtiger Schritt in die Selbstberuhigung ist, Selbstverurteilungen loszulassen und gnädig mit dir zu sein. Denn jede Selbstverurteilung muss Panikum in Panik versetzen. Du bedrohst dich dabei selbst – ein unlösbarer Konflikt. Was treibt Selbstverurteilungen in uns an?

Anlässlich der Verleihung des Friedenspreises des Deutschen Buchhandels, 1978 hielt die Kinderbuchautorin Astrid Lindgren eine einflussreiche Rede in der Frankfurter Paulskirche. Darin appellierte sie, damit aufzuhören, Kinder zu schlagen. Die Erkenntnis, welche Spätfolgen das für die unschuldigen, empfindsamen Seelen mit großen Augen haben kann, setzte sich langsam durch. Rund 35 Jahre später sehen wir tatsächlich einen Rückgang von Suiziden in Deutschland – von 1980 mit rund 18.500 bis 2015 mit knapp 10.000 Suiziden. Die Kriminalität bei Jugendlichen geht seit 1990 im Schnitt zurück. Dies ist nur eine Beobachtung – ob es einen ursächlichen Zusammenhang mit einer emotional stärkenden Elternschaft und Schule zu tun hat, kann ich nicht sagen. *Tatsache ist jedoch, dass ein entwürdigtes Selbst dazu neigt, diese Entwürdigung an andere weiterzugeben und/oder in Selbstbestrafungen umzuwandeln. Es neigt dazu, sich zeitlebens damit zu quälen, seinen Selbstwert zu beweisen.*

Bis zur Pubertät wurde ich von meinen Eltern wohlmeinend und kontrolliert geschlagen, um mir beizubringen, was richtig und was falsch ist. Oft verstand ich in meinem Kindergehirn den Sinn der Bestrafungen nicht und konnte deswegen auch keine Lehre daraus ziehen. Mit der emotionalen Verarbeitung der Bestrafung wurde ich als Kind alleingelassen. Obwohl sie nicht einfach ihren Stress an mir ausließen, sondern an diese Erziehungsmethode geglaubt haben, kann ich diesen Schlägen heute noch nachspüren. Sie fühlen sich an wie eine Irritation darüber, wer ich bin. Durch sie habe ich die tief eingegrabene Idee entwickelt, dass mit mir etwas nicht stimmen könnte. Wenn ich in meine Biografie schaue, habe ich jahrelang unbewusst gegen dieses Gefühl gekämpft – ein Kampf, der nicht gewonnen werden kann, *weil die Entwürdigung eine Lüge von vornherein ist. Welche kindliche* Seele *kann diese Entzweiung schon ertragen oder auflösen?* Das ist nur durch bewusste Arbeit an sich selbst möglich. Wohlgemerkt: Kindern Grenzen zu setzen ist sehr, sehr wichtig – Schläge braucht es dazu nicht. Schläge lassen das unwohle Bedrohungsgefühl als Schleifspur im Nervensystem hängen und können unsere emotionale Stressbereitschaft fördern.

Alles, was unseren Selbstwert auf gesunde Weise bestätigt, hilft dabei, diese Verwundungen zu heilen. *Vor allem sind unsere inneren Dialoge wichtig.* »Ich mag mich«, ist nach einem Tipp von Brian Tracy ein einfacher Satz, der uns in jedem Moment einfallen kann. Je mehr und je öfter wir ihn mit Gefühl zu uns sagen, desto wirkungsvoller ist er.

Warum neigen wir dazu, uns selbst zu verurteilen – selbst wenn wir gut behandelt werden? In einem Sommer spiele ich mit einem dreijährigen Jungen. Er liebt es, in meinem Garten mit Wasser herumzuplantschen. Ich habe eine große und eine kleine Gießkanne. Obwohl die volle große Gießkanne viel zu schwer für ihn ist, will er stets diese nutzen. Er schafft es jedoch nicht, sie in eine große Wanne auszugießen. Er wird wütend auf sich selbst und entlädt die Wut, indem er auf einige Blumen in seiner Nähe schlägt. Ich beobachte erstaunt, dass wir uns schon so früh im Leben verurteilen können. Haben wir diese unselige Gewohnheit schon mitgebracht oder mit der Muttermilch eingesogen? Die Dramatik in dieser Geschichte ist, dass er sich seine Ohnmachtserfahrung selbst geschaffen hat, indem er sich überfordert hat. Er verurteilt sich und dann die Blumen dafür, dass ihm etwas nicht gelingt.

Hast du schon einmal in Gesellschaft ein Gruppenfoto betrachtet, auf dem du abgebildet bist? Worauf hast du zuerst geschaut? Wie war dein Kommentar? Der Großteil der Menschen kritisiert sich selbst vorweg eilend: »Wie zerzaust mein Haar ist, wie komisch ich schaue, was für unpassende Klamotten ich trage, wie erschöpft ich aussehe, ...« Kommt dir das bekannt vor? Oder du wirst zu einem Essen eingeladen und lobst die Kochkünste der Dame des Hauses? Anstelle eines freudigen Lächelns und dankbaren Empfangens der Wertschätzung hast du vielleicht schon gehört: »Ja, aber die Salatsoße gelingt mir normalerweise besser« oder »Das Gemüse ist etwas versalzen.«, ...

Oft habe ich mich gewundert, woher die vorauseilende Selbstkritik kommt. *Unbewusst glauben wir vermutlich, dass es nicht so weh tut, wenn wir uns selbst kritisieren als wenn andere es tun.* Um der Bedrohung zu entgehen, für unser Umfeld nicht akzeptabel zu sein, werden wir durch Selbstverurteilung lieber zu unserer eigenen Bedrohung. Könnten wir die Zuwendung von anderen verlieren, wenn sie einen Makel an uns finden? Oder sind wir nicht gut genug, um geliebt zu werden? Könnten wir die Anerkennung von Vater oder Mutter verlieren, wenn wir ihre Erwartungen nicht erfüllen?

In meiner Jugend erlebte ich im Bekanntenkreis die Geschichte eines Mannes, der stets großzügig war und in Kneipen eine Runde nach der anderen ausgab. Dabei konnte er der Größte sein, er war geliebt und anerkannt. Aber er verdiente nicht so viel Geld, um das alles zu bezahlen. Also besorgte er es sich auf betrügerische Weise von seinem Arbeitgeber. Die Sache flog auf. Er verlor seinen Job, seine Ehre und das Geld, das er nicht hatte. Er musste seine Freunde anpumpen und es geschah das Gegenteil von dem, was er mit seinem Verhalten erreichen wollte. Wie groß muss seine innere Not um Zuwendung gewesen sein, dass er für Erleichterung alle roten Linien übertrat? Um geliebt und anerkannt zu werden, oder um dazuzugehören, opferte er seine Würde und seinen Wohlstand. Um Anerkennung und Liebe zu erhalten, sind viele Menschen nahezu zwanghaft bereit, sich bis zum Brechen zu verbiegen oder zu manipulieren. Es sei denn, wir wachen auf und sagen endlich »Stopp!«.

Welches Nervensystem kann den dauerhaften Alarmzustand von PANIKUM lange aushalten, ohne Schaden davon zu tragen? Würdest du ein Kind permanent kritisieren und verurteilen, bis sich sein empfindsames Gefühl zum Schutz in den letzten Winkel seines Seins zurückzieht? Vermutlich nicht. Unser Gefühl ist jedoch wie dieses Kind. Was muten wir ihm zu, wenn wir unfreundlich mit uns selbst sind? Die *permanente Bedrohung unseres Gefühls ist allenfalls im schlafwandlerischen Zustand zu überleben*. Sie führt dazu, dass wir bisweilen halbbewusst durchs Leben wandeln oder gar neben uns stehen. Erbarmen für unser Gefühl und unser Nervensystem!

Wie sich Elefanten verdünnisieren, Monstern die Puste ausgeht und Tunnel sich öffnen

Kannst du diese drei Kommunikations-Rätsel lösen?
1. Zwei Kinder streiten sich lautstark um einen Apfel. Die Mutter fühlt sich verpflichtet, den Kindern Kooperation und Teilen beizubringen. Sie schneidet den Apfel in der Mitte durch und gibt jedem Kind eine Hälfte. Doch zu ihrem Entsetzen schreien die Kinder jetzt noch mehr. Warum?
2. Eines Tages komme ich mit einem Ceylonesen ins Gespräch, als er mich nach der Jugendherberge in Frankfurt fragt. Ich gebe ihm Auskunft – doch er braucht noch mehr Hilfe und so fahre ich ihn dorthin. Ich organisiere die Formalitäten, da er Sprachprobleme hat. Dann erkläre ich ihm alles und zu meinem Erstaunen, schüttelt er jedes Mal den Kopf, wenn ich ihn frage, ob das jetzt so okay für ihn ist. Ich erkläre es ihm mehrfach anders herum und immer wieder schüttelt er den Kopf. Langsam werde ich wütend ob dieser Undankbarkeit. Ich investiere hier Zeit für ihn, einen

wildfremden Menschen, und er lehnt alle meine Vorschläge ab? Was ist das Problem?
3. Der Chef der Vorstandssekretärin Irene Zapaty geht in Urlaub. In dieser Zeit hat er ihr die operative Geschäftsführung übertragen. Er ist schon abgereist, als Frau Zapaty feststellt, dass er ihr nicht wie sonst den Schlüssel zum Aktenschrank der Geschäftsführung dagelassen hat. In ihr bahnt sich ein dunkles Gedankengewitter an: »Das ist mal wieder typisch – er vertraut mir nicht. Wie soll ich die Geschäfte führen ohne Zugang zu den Akten? Das gibt ein Desaster und hinterher bin ich wieder an allem schuld.« Aber vielleicht hat er ja den Schlüssel jemand anderem gegeben, dem er mehr vertraut? Sie telefoniert alle möglichen Kandidaten ab – nicht, ohne sich bitterlich über das Misstrauen ihres Chefs zu beklagen. Niemand hat den Schlüssel. »Soll sie ihn im Urlaub stören und danach fragen? Nein, das muss er schon selbst ausbaden, wenn er zurückkommt. Dann geht eben alles den Bach runter. Dann kann er mal sehen, wo sein Misstrauen hinführt!« Frau Zapaty kann nachts kaum noch schlafen. Sie ist völlig aufgebracht und formuliert im Geiste schon einmal ihre Kündigung. Für so einen Chef macht sie nur noch Dienst nach Vorschrift und kommt morgens eine Stunde später zur Arbeit. Eines Morgens trifft sie Frau Menges in Ihrem Zimmer. Sie fragt: »Frau Zapaty, wo waren Sie denn? Ihr Chef hat angerufen und gebeten, ihm eine Telefonnummer aus einer Akte herauszusuchen. Das habe ich gerade für Sie erledigt.« Frau Zapaty blickt erschrocken auf den Aktenschrank. Was sieht sie?

Allen drei Problemen gemeinsam ist:
- eine *Verschlimmerungsphase*,
- eine *Überhöhung des Problems* von der Mücke zum Elefanten,
- eine *potentielle Deeskalation durch Kommunikation*.

Welche Lösungen für die Situationen sind dir eingefallen?

- Die Mutter hatte vergessen zu *fragen*, warum die Kinder den Apfel haben wollten. Das eine Kind brauchte nämlich das Gehäuse des Apfels, um es im Zeichenunterricht malen zu können. Das andere Kind wollte den Apfel essen. Hätte die Mutter danach gefragt, hätte sie beide Kinder zufriedenstellen können.
- In der ceylonesischen und indischen Kultur wird für ein »Nein« zwar der Kopf geschüttelt – aber das »Ja« sieht ähnlich aus. Der Kopf wird beim »Ja« durch eine liegende Acht bewegt. Dieser Unterschied war mir weder bekannt noch aufgefallen. Ich habe, ohne meine Wahrnehmung infrage zu stellen, etwas verurteilt, was völlig in Ordnung war. Der Ceylonese hatte mir stets mit »Ja« geantwortet und sicher nicht verstanden, warum ich dabei so wütend wurde.
- Der Aktenschrank war offen und nie abgeschlossen. Der emotionale Schmerz, der schon vorher in der Sekretärin vorhanden war, hat sie blockiert für eine kreative, offene Lösungssuche. Sie war voreingenommen und übersah daher die Lösung vor ihrer Nase. Sie brauchte danach drei Tage, um ihr Adrenalin abzubauen und viele Telefonate, um richtig zu stellen, was geschehen war.

Hoher Stress hat das Zeug, unser Sichtfeld in einen Tunnelblick zu verwandeln. In diesem Tunnel sehen wir nur noch das Problem und verlieren den Blick für den Rest der Wirklichkeit darum herum. Dadurch erscheint das Problem übermäßig groß, sodass es uns zu überfordern droht. In der Psychologie kennen wir das Phänomen, das ein Problem immer belastender wird, je mehr wir vermeiden, es anzuschauen und je mehr wir vor ihm weglaufen. Es wird empfohlen, sich umzudrehen und das »Untier« anzusehen, welches einen scheinbar jagt. Wenn meine mutigen Klienten das tun, sehen sie meist nur eine Maus, vor der sie die ganze Zeit weggelaufen sind. Zum Beispiel hatte ein Klient sein Leben lang darunter gelitten und dagegen gekämpft, dass sein Vater ihn vermeintlich abgelehnt hat. In einer Familienaufstellung kam heraus, dass das Verhalten des Vaters ganz andere Gründe hatte und mit ihm gar nichts zu tun hatte.

Unser Geist hält ein Informationsvakuum kaum aus. Er füllt

es sogleich mit allerlei abenteuerlichen Fantasiegebilden aus seinem Erfahrungsschatz und glaubt erstaunlicherweise daran. Es ist der Nährboden für unzählige Missverständnisse. Vermutungen, die unser Wissensvakuum füllen, bilden die Wirklichkeit nicht ab und können ein gefährlicher Cocktail für Gedanken sein, die zu emotionalen Bedrohungen führen können. Es gibt nur eine Lösung aus dieser Falle: Sich ein Herz fassen und fragen, fragen, fragen nach Fakten, Absichten, Gründen.

Wie du ein klareres Sichtfeld gewinnst

Es liegt in der Architektur unserer Wahrnehmung, dass wir Erlebnisse im Sinne unserer bisherigen Erfahrungen und Emotionen verzerren. Ein großer Verzerrer ist Stress. Diese Zerr- oder gar Umkehrbrillen lassen sich nicht völlig vermeiden, aber sie können durch Informationserweiterung entzerrt werden.

Deshalb hier einige Tipps:

- Wenn du das Verhalten einer anderen Person nicht verstehst, verzichte auf Vermutungen. Frage sie interessiert, zeitnah und direkt nach ihren Motiven, Gefühlen, Absichten und Ausgangspunkten. Schließlich kannst du dabei sogar etwas lernen, was du vorher nicht wusstest. So kannst du deine empathischen Fähigkeiten schulen – ein wichtiger Aspekt der emotionalen Kompetenzen.
- Wenn du vor einem übergroßen »Elefanten« oder im Tunnel stehst oder dich ein Sorgenmonster jagt, kannst du die Bedrohung vermindern, wenn du:
  - das Problem genau formulierst und aufschreibst. Was genau macht dir Angst oder ärgert dich? Dazu musst du dich umdrehen und dir ansehen, was dich zu bedrohen scheint. Kommunikation ist sowohl nach innen als auch nach außen erforderlich, um Wahrnehmungsverzerrungen aufdecken.
  - andere nach ihren Motiven, Gründen und Haltungen für ihr Verhalten befragst. Vielleicht bist du einer Fehlinterpretation ihres Verhaltens aufgesessen – oder sie haben dein Verhalten missverstanden.

- das Problem neben deine sonstigen Lebensaspekte stellst und es im Verhältnis wahrnimmst. Verändert es dabei seine Größe? Wird es größer oder kleiner?
- dich an Dinge erinnerst, die dir bisher gelungen sind und wie du Herausforderungen gemeistert hast.
- Unbeteiligte befragst, wie die Sache aus ihrem Blickwinkel heraus aussieht. Du kannst auch Geschichten anderer Menschen mit ähnlichen Themen lesen oder betrachten. Das relativiert dein Thema und du siehst, dass du nicht allein damit bist.
- selbst neue Blickwinkel ausprobierst – beziehe auch Humor und die Intelligenz des Herzens mit ein – siehe Kapitel 10: »Das Herz als Stress-Transformator nutzen«.

Energieverschwendung ist out

Zusammenfassend gibt es neun Gründe, warum das Verurteilen eine sinnlose mentale und emotionale Energieverschwendung ist:

1. Verurteilen teilt die Welt in zwei Teile: den abgelehnten und den akzeptierten. Der abgelehnte Teil wird automatisch zur Bedrohung. Das ruft Panikum mit seinem Stressmodus auf den Plan.
2. Verurteilungen erzeugen Trennung von der Herzenergie. Diese benötigen wir jedoch, um kreative Lösungen zu finden und eine Situation positiv beeinflussen zu können. Verurteilen oder Beschuldigen entzieht sich der Verantwortung und delegiert die Lösung an andere.
3. Verurteilen erzeugt immer extrem schwächende Schuldgefühle – bei dem, der verurteilt wird – aber auch bei dem, der verurteilt.
4. Beschuldigungen von außen verleiten uns, unsere Unschuld zu beweisen. Das führt zu oft unbewussten und ungesunden Kompensationshandlungen, Manipulationen und Verbiegungen. Innerlich gepflegte Schuldgefühle führen zu Selbstbestrafungsmustern.

5. Verurteilen ist eine Anmaßung. Denn es ist unmöglich, alle Aspekte und Hintergründe einer Situation oder eines Menschen zu kennen.
6. Die Wahrnehmung unserer Umwelt spiegelt die eigenen Gedanken und Emotionen. Wenn wir etwas verurteilen, verurteilen wir uns in diesem Sinne selbst und landen ein Eigentor.
7. Selbstverurteilungen sind massive, unlösbare Bedrohungen. Panikum will uns schützen – doch der Angriff kommt von uns selbst. Dieses Problem kann Panikum nicht lösen und das Nervensystem fährt Achterbahn.
8. Die gute Nachricht ist: Verurteilen ist nicht erforderlich, um Problemlösungen zu finden – es bewirkt absolut nichts, was hilft. Stattdessen können wir immer eine souveräne Wahl treffen, was wir wollen und was nicht.

Feedback als Förderung

Feedback an sich ist neutral und einfach eine Rückmeldung. Leider wird es von vielen nur benutzt, wenn sie etwas kritisieren möchten. In Deutschland höre ich immer wieder: »Wenn ich nicht kritisiere, ist das ein Lob.« Nein, Menschen brauchen verbale Rückmeldungen. Verbales, ehrliches, positives Feedback ist wichtig, damit sie wissen, wo sie stehen und Energie erhalten. Nutze eine Rückmeldung zwischendurch ruhig öfter für positives Feedback – ohne Optimierungsvorschläge.

Warum ist eine gute Feedbackkultur so wichtig? Viele Menschen urteilen über andere lieber im Stillen, als dass sie auf die andere Person zugehen und mit ihr sprechen. Die verurteilte Person spürt dies meist unbewusst, kann es jedoch weder erfassen noch etwas Gutes daraus machen. Kennst du solche Erfahrungen? Eine stille Ablehnung, ein stilles Urteil schafft eine energetische Blockade zwischen zwei Menschen oder gar in einem ganzen Team. Der Betroffene greift jedoch ins Leere, wenn er es verstehen oder angehen will – es ist passiv aggressiv. Nur Kommunikation kann diesen eingefrorenen Zustand auflösen.

Feedback ist eine Dienstleistung. Nach einem Seminartag sah ich in den Spiegel und bemerkte einen schwarzen Strich eines Flipchartmarkers auf der Backe. Ich fragte die Gruppe, wie lange ich diese »Kriegsbemalung« schon trug. »Den halben Tag«, meinten sie. Warum hatte mich niemand darauf hingewiesen? »Wir wollten höflich sein und haben es einfach übersehen.« Ich wurde ein wenig sauer. Niemand hatte mich beiseitegenommen und mich auf diesen Strich aufmerksam gemacht. Ich wäre sehr dankbar dafür gewesen.

Diese Situation ist eher zum Schmunzeln. Aber *der Mut zu Rückmeldungen kann lebenswichtig sein.* Es sind schon Flugzeuge abgestürzt, weil der Co-Pilot sich nicht traute, einen Piloten auf ein Problem aufmerksam zu machen.

Habe den Mut, zu kommunizieren, wenn du etwas siehst, was optimiert werden kann. Kritik an sich ist eine sinnlose Aktion, weil sie keine positive Entwicklung aufzeigt. Der einzig sinnvolle Grund, jemandem eine Rückmeldung zu geben, ist, ihn zu fördern. Mit der Absicht, den anderen zu fördern, ist deine Herzenergie angeschaltet und du kannst offen sprechen.

Es gibt jedoch einige hilfreiche Regeln für eine optimale Rückmeldung:
- *Feedback ist ein Geschenk* und …
  - dient einzig dazu, andere und die Zusammenarbeit zu fördern,
  - wird angeboten – statt aufgezwungen,
  - stellt zuerst einen empathischen Kontakt zum Gesprächspartner her,
  - besteht aus zwei Aspekten: a) Was ist/war gut? b) Was kann verbessert werden?
  - beachtet möglichst die Sandwich-Regel: +++ -- +++ (positive Rückmeldung → verbesserungswürdiges Thema → positive Rückmeldung)
  - enthält Klärungsfragen, Wahrnehmungen, Gefühle und Wünsche – ohne Interpretationen.
  - enthält »Ich«-Botschaften – statt »Du«-Botschaften.
  - Es ist dabei uninteressant, wer Recht hat, der Feedbacknehmer hört zu, fragt nach, klärt – statt zu argumentieren, zu rechtfertigen oder zu verteidigen.

Das ist der Idealfall. *Jede Annäherung an diesen Idealfall ist ein Fortschritt.* Ideal ist außerdem, wenn wir uns darin trainieren, *Feedback anzunehmen.* Das will ebenfalls geübt sein. Zu oft haben wir sinnlose Kritik erfahren ohne einen heilenden Abschluss. Zu sehr haben alte Verletzungen eine Grundabwehrhaltung erzeugt, in der Panikum überreagiert. Deshalb fühlen sich viele Menschen selbst von gutem Feedback angegriffen. Sie attackieren sogar einen Feedbackgeber, der sich ehrlich Mühe gibt, sie zu unterstützen. Haben sie jedoch vorher dem Feedback zugestimmt, sind sie viel offener für Impulse.

- So nimmst du Feedback konstruktiv an und erkennst das Geschenk darin:
  - Wertschätze, dass sich jemand die Mühe macht, dir ehrliches Feedback zu geben und bedanke dich dafür. Vier Augen sehen mehr als zwei – es kann dich nur bereichern.
  - Halte innerlich Abstand. Nimm es erst einmal gelassen im Verstand und im Gefühl auf. Übe dich darin, nicht sofort darauf zu reagieren, sondern die Informationen setzen zu lassen. Vermeide die Falle der Verteidigung oder Rechtfertigung. Es reicht, wenn du nur zuhörst und allenfalls Verständnisfragen stellst.
  - Identifiziere dich nicht damit – es geht nur um ein bestimmtes Verhalten und eine Wahrnehmung – nicht um dich.
  - Gleiche deine innere Wahrnehmung mit der Wahrnehmung von außen ab und hinterfrage sie. Eine gute Frage an den Feedbackgeber ist: *Woran merkst du das?*
  - Achte auf deine Emotionen und Körpergefühle, die bei der Rückmeldung ausgelöst werden und heiße sie uneingeschränkt mit einem interessierten »Aha« willkommen.
  - Wenn unangenehme Gefühle ausgelöst werden, die du öfter in ähnlichen Situationen erlebt hast, gehören sie wahrscheinlich zu dir. Du kannst sie bei Bedarf mit emotionalen Transformationsmethoden klären, von denen ich einige hier im Buch erwähnt habe oder in meinen Trainings schule.

- Denke anschließend in Ruhe darüber nach, was du aus dem Feedback lernen und optimieren kannst.

Was du für dich tun kannst, um das Verurteilungssyndrom zu heilen, dein Nervensystem zu beruhigen und Heurekum wieder Luft zu verschaffen:

- *Ballast abwerfen.* Es gibt vermutlich Dinge oder Menschen in deinem Leben, die dich ärgern, frustrieren und/oder belasten? Mache einen kleinen Test: Schließe die Augen und denke an ein solches Ärgernis und dein Urteil darüber. Wie fühlt es sich an? Dann erlaube dir, für einige Momente, dein Urteil darüber aufzuheben. Wie fühlt es sich jetzt an? Fühlst du dich genauso oder weniger belastet? Du kannst dein Urteil danach wieder aktivieren. Falls es sich, mit dem Urteil nicht gut angefühlt hat, kannst du es bleiben lassen und dich mit weniger Ballast an die Lösung des Problems machen.
- *Revision:* Wenn du die Botschaft des letzten Kapitels nachvollzogen hast, wird es Zeit, deine Urteile in Revision zu schicken. Nimm einige Zettel zur Hand und teile jede Seite in zwei Spalten ein. Schreibe in die erste Spalte zu den folgenden Bereichen alle dir spontan einfallenden Urteile auf, die du bisher verhängt hast:
  - Stille Selbstverurteilungen in deinen Gedanken,
  - Selbstverurteilungen, die du gegenüber anderen ausgesprochen hast,
  - Urteile, die du still über andere gefällt hast,
  - Urteile über andere, die du ausgesprochen hast,
  - Vorverurteilungen von Ereignissen oder Umständen in deinem Leben.

  Sei ehrlich mit dir und beende die Übung nicht zu früh. Lege sie mehrfach weg und nimm sie wieder auf. Dir werden im Laufe des Alltags viele Urteile erst bewusst werden. Im zweiten Teil der Übung hast du die Gelegenheit, ein Urteil nach dem anderen bewusst zurückzunehmen. In der zweiten Spalte kannst du eine neue Wahl treffen. Was wählst du stattdessen? Was setzt du, anstelle eines Urteils? Es werden dir vermutlich so viele Urteile einfallen, dass es besser ist, sie über mehrere Tage nach und nach zu bearbeiten, damit sich das neue Verhalten in deinem Bewusstsein verankern kann. Wenn du diese Übung durchziehst, bewegst du Welten in dir. Meine Hochachtung vor jedem Menschen, der diese Leistung vollbringt!

10. Das Herz als Stress-Transformator nutzen

Wie unser Herz tickt

Wenn der Mensch in eine Welt der Dualität gesetzt wurde, dann muss es auch einen Ort geben, an dem sich die beiden Polaritäten wieder vereinigen können. Sonst könnte es den Menschen zerreißen. Dieser unbezahlbare Ort ist das Herz. Es muss eine vordringliche Bedeutung haben, denn im Fötus beginnt es bereits fünf Wochen nach der Befruchtung zu schlagen, bevor sich nach ca. sechs Wochen erste Gehirnstrukturen bilden.

Für die alten Ägypter war das Herz die Quelle menschlicher Weisheit, das Gefühlszentrum und der Sitz des Gedächtnisses. Tatsächlich berichtet der Forscher Rollin McCraty von der Florida Atlantic University in den 1980-er Jahren, dass das Herz ein hoch komplexes Nervensystem mit etwa 40.000 Neuronen besitzt, welches ein eigenständiges Netzwerk bildet, das vom Gehirn und unserem autonomen Nervensystem unabhängig wirkt. Der Neurocardiologe J. Andrew Armour hat 1991 dafür den Begriff »Herzgehirn« eingeführt. Darüber sendet das Herz laufend Informationen an das Kopf-Gehirn und beeinflusst dadurch unsere Wahrnehmungen, Gedanken und Gefühle.

Bei der Mumifizierung im alten Ägypten wurden alle Organe entnommen – bis auf das Herz. In ihrer Mythologie wurde das

Herz nach dem Tod gegen die Feder der ägyptischen Göttin Maat aufgewogen. War es schwerer, dann hatte die Seele ein schweres Schicksal. War es leichter, wurde sie in den Kreis der Götter aufgenommen. Die Aphorismen und Redewendungen, die das Herz hervorgebracht hat, sind bemerkenswert. Entmutigt oder frustriert sein, beschreibt die englische Sprache mit »disheartened« – also das Gegenteil von »beherzt«. Wir »fassen uns ein Herz«, investieren unser »Herzblut« in eine Aktivität – oder machen etwas »mit halbem Herzen«. »Herzen hüpfen vor Freude« oder »rutschen in die Hose«. Wir können das »Herz auf der Zunge haben« oder dem »Herzen Luft machen«. Uns kann ein »Stein vom Herzen fallen« – oder wir werden bezichtigt, ein »Herz aus Stein« haben. Bisweilen kann uns etwas »ans Herz wachsen« oder jemand kann uns etwas »ans Herz legen«. Das Herz kann uns »bis zum Halse schlagen«, es kann »brechen« oder »bluten«. Wir können unser Herz an etwas hängen, etwas auf dem Herzen haben oder etwas nicht übers Herz bringen. Antoine de Saint-Exupery meint im »Kleinen Prinzen«, dass man nur mit dem Herzen gut sieht, denn das Wesentliche sei für das Auge unsichtbar. Obwohl das Herz allein im Sprachgebrauch eine so zentrale Stellung hat, ist es umso erstaunlicher, dass wir kaum bewusst daran arbeiten, unsere Herzqualitäten zu fördern – als sei das Herz uns fremd wie ein Alien.

Das Herzorgan hat eine singuläre Stellung im Körper. Wir können ohne Beine oder Arme leben, wir können mit einer Niere leben und mit nur einem Drittel der Leber. Wir können sogar mit einem halben Gehirn leben oder ohne Gallenblase. Aber wir können nicht ohne Herz oder mit einem halben Herzen leben. In 70 Jahren schlägt es ca. 2,6 Milliarden Mal Es pumpt dabei ca. 18.028.080 Liter Blut und erzeugt ca. 6,5 Milliarden Watt Strom. Tag und Nacht verbindet es über den Blutkreislauf alle Zellen miteinander. Es versorgt sie mit Sauerstoff, Botenstoffen und Nährstoffen. Es transportiert Schlacken ab. Sein Rhythmus gibt den Ton an und lässt alle Körperteile in einem einheitlichen Takt miteinander schwingen. Es ist der stärkste Impulsgeber des Organismus. Allein das ist Symbolik genug, um zu vermuten, dass das Herz eine zentrale Schaltstelle in unserem Körper ist.

In den letzten Jahren wurde das Herz intensiv erforscht. Dabei hat sich besonders das HeartMath® Institute in Boulder CA mit Doc Childre einen Namen gemacht. Man weiß schon lange, dass das Herz ohne Nervenimpulse des Gehirns aus sich heraus schlagen kann. Der Sinusknoten und der Atrioventrikularknoten sind die natürlichen Herzschrittmacher. Sie koordinieren und ordnen die Kontraktionen zwischen den Vorhöfen und den Herzkammern. Jeder Herzschlag produziert ca. 2,5 Watt. Das Herz erzeugt 40 bis 60 Mal mehr elektrische Energie als das Gehirn.[29] Dabei erzeugt es ein starkes elektromagnetisches Feld – ca. 5000 Mal stärker als das des Gehirns.[30]

Wie das Institute of HeartMath® berichtet, beeinflusst das elektromagnetische Feld des Herzens im EEG nachweislich die Gehirnströme der Personen im Umfeld.[31] Andere Zellen und Herzen können das Feld des Herzens empfangen und damit in Resonanz gehen. Ein elektromagnetisches Feld übermittelt Informationen über den Sender. Das elektromagnetische Feld unserer Herzen ist dafür verantwortlich, dass wir instinktiv spüren, ob uns eine Person, eine Gruppe oder eine Situation, der wir begegnen, guttut oder nicht. Ob uns ein Team oder eine Arbeitsstelle angenehm ist oder nicht. Kommt jemand in einen Raum, der sehr erregt oder verärgert ist, steckt er die anderen über dieses Feld blitzschnell an. Kommt jemand in einer zufriedenen, ruhigen Stimmung in den Raum, steckt er die Menschen dort ebenfalls beruhigend an. Deshalb tut es so gut, in der Gegenwart mancher Menschen zu sein. Bei anderen findet man schnell einen Grund, warum man weiterziehen muss. Deshalb können Menschengruppen sich so leicht mit Hysterien oder Panik anstecken, wenn sie keine bewussten Steuerungskompetenzen einsetzen.

Wie gesund sind unsere Herzen?

Herz-Kreislauf-Erkrankungen sind in Deutschland die häufigste Todesursache und Kostentreiber Nummer Eins. Im Jahr 2015 verursachten sie laut Statistischem Bundesamt Kosten von 46,4 Milliarden Euro.

Ein chinesisches Sprichwort sagt: »Der Mensch bringt täglich sein Haar in Ordnung. Warum nicht auch sein Herz?« Was kann das bedeuten? Es gibt keinen Herzkrebs – aber Herzverstopfungen und Infarkte. Was kann unser Herz verstopfen? Auf der physischen Ebene ist das hinreichend bekannt. Doch was kann emotional eine Rolle spielen? Unsere Herzqualitäten möchten an unserem Leben teilnehmen. Sie möchten mitschwingen und unser Leben durchdringen. Was aber ist, wenn das Herz über längere Zeit nicht an unserem Leben teilnehmen darf? Wenn wir ihm den seelischen Sauerstoff abdrücken, indem wir ihm unbewusst verbieten, Freude zu empfinden, Verständnis für unsere Gefühle zu haben, mitfühlend zu sein, gütig, herzlich, freundlich, akzeptierend, dankbar, offen, ausstrahlend zu sein? Dann kann seine Energie nicht frei fließen. Verbitterung, Groll, Enttäuschung, Schocks können ihm Stoppschilder setzen, ohne dass es uns richtig bewusst wird. Für eine Person, auf die wir sauer sind, öffnen wir unser Herz, unser Wohlwollen, nicht mehr. Wir schauen sie kaum noch an, kommunizieren nicht mehr mit ihr, ignorieren sie oder verwickeln sie ständig in Konflikte. Sie hat es schließlich nicht verdient. Das scheint auf den ersten Blick logisch und folgerichtig. Im Sinne des Herzens ist es jedoch dramatisch. *Es entwickelt sich ein Herzens-Geiz, der das Fließen der Herzenergie blockieren kann.* In einer Verbitterung vergessen wir leicht, dass wir selbst die Leidtragenden sind, wenn wir unser Herz verstopfen. Ich habe immer bewundert, wenn KZ-Überlebende, die nun wirklich Grund genug dafür hätten, den Groll gegenüber ihren Peinigern bewusst überwunden haben, weil sie bemerkt haben, dass der Groll sie noch nachträglich umbringen könnte. Groll ist wie eine ungelöste Anspannung, die sich in unserem Körper festbeißt und ihren Tribut von uns fordert. Wir alle haben vielleicht eher kleinere Gröllchen – aber sie wirken ebenfalls auf unser Herz.

Verurteilungen jeder Art trennen uns ebenfalls von der Herz-Energie, wie wir schon wissen. *Das Herz selbst klagt nicht an – das kann es gar nicht.* Es hat nur ein gesundes »Ja« für Dinge, die seinem Träger guttun oder ein urteilsfreies, emotionsloses »Nein« für Dinge, die ihm nicht guttun und es verschließen. Wenn es diese Entscheidungen aus seiner Natur heraus nicht mehr frei treffen kann, fehlt ihm die seelische »Sauerstoffzufuhr«. Verurteilungen verpassen dem Herzen eine Zwangsjacke. Könnte er physische Infarkt die Folge eines lange vorausgehenden seelischen Infarktes im oben genannten Sinne sein?

Auf jeden Fall ist es eine wichtige Aufgabe im Leben, das Herz energetisch freizuschaufeln, damit sich seine Qualitäten in unserem Leben ausdehnen können. Damit wir beherzt, bewegt, begeistert leben und die Schönheit unseres Lebens wahrnehmen können. Denn *das Herz ist der charmanteste, magischste, effektivste Ort der Selbstberuhigung, den ich kenne. Sich von ihm, anstatt von einem auf Kampf gebürsteten Ego bewegen zu lassen, bedeutet, eine neue Welt zu betreten.* Das Ego versucht uns tagein tagaus weiszumachen, dass es uns schützt mit seinem Kämpfen und Schattenboxen. Doch aufgrund seiner begrenzten Sichtweise richtet es dabei meist Schaden an – versehentlich versteht sich! Das Ego ist als Schutzmaßnahme in unserer Evolution durch physische oder emotionale Schocks entstanden, die im Herzen gespeichert sind. Schock kann sich durch Schock wieder lösen, wenn kein bewussterer Weg beschritten wird. Wenn das Ego erschreckt, über das, was es angerichtet hat, kann eine Schocklösung stattfinden und das Herz davon befreien. *In der Welt des Herzens existiert viel mehr nachhaltiger Schutz, als wir ahnen.* In dieser Welt sind wir gut aufgehoben und können durch den guten Zugang zur Intuition bestens navigieren. Was immer es braucht, um dorthin zu gelangen – es lohnt sich. *Denn Ego in seiner Naivität wird immer wieder Schaden anrichten, bis uns nichts anderes mehr übrig bleibt, als das Herz in uns zu rehabilitieren.* »Welch' eine himmlische Empfindung ist es, seinem Herzen zu folgen«, fand auch J. W. von Goethe.

Die Herzfrequenzvariabilität als klinischer und emotionaler Fingerzeig

Wenn wir aufgeregt sind, rast das Herz – aber nicht nur das, es schlägt unregelmäßig. Einen bedeutsamen Beitrag zum Verständnis des Zusammenhangs von Emotionen, Stress und Herzfrequenz haben neuere Forschungen der letzten Jahrzehnte geleistet. Der Herzschlag und seine Frequenz werden vom unbewussten autonomen Nervensystem gesteuert. Darin findet ein Wechselspiel des Sympathikus und Parasympathikus statt. Der Sympathikus aktiviert den Herzschlag – der Parasympathikus verlangsamt ihn. Durch ihr dynamisches Zusammenspiel können wir uns fortwährend auf Veränderungen einstellen. Sie sind ein gesundes Zeichen für Anpassungsfähigkeit. Bei der Geburt ist diese Anpassungsfähigkeit am höchsten – im Laufe des Lebens nimmt sie ab.

Als Kind fühlte ich meinen Puls und bemerkte, dass das Herz in rhythmischen Abständen schneller und langsamer schlug. Ich bekam einen Schreck und dachte, das könnte eine Störung sein. Das Gegenteil ist der Fall – es ist sehr gesund. Denn wenn es diesen Wechsel des Herzschlags nicht mehr gibt, hat das Herz seine Regulationsfähigkeit weitgehend verloren. Dann sollte man schleunigst zum Kardiologen gehen. Die in der Pulsdiagnose bewanderten Chinesen kannten das Phänomen schon vor 1700 Jahren. Der chinesische Arzt Wang Shuhe beschrieb den ungesunden Zustand als einen Herzschlag, der »... so regelmäßig wie das Klopfen eines Spechts oder das Tröpfeln des Regens auf dem Dach« ist.[32]

Den Rhythmus des Wechsels von schnellem zu langsamem Puls nennt man Herzfrequenzvariabilität. Sie ändert sich je nachdem, wie wohl oder wie gestresst sich ein Individuum fühlt. Bei Wohlbefinden ist diese Kurve der Herzfrequenzvariabilität kohärent. Das heißt, dass der Wechsel zwischen langsamem und schnellem Puls relativ gleichmäßig stattfindet. In diesem Fall arbeiten die beiden Stränge des autonomen Nervensystems harmonisch miteinander. Ist die Person belastet und gestresst, konkurrieren Sympathikus und Parasympathikus miteinander um die Vorherrschaft.

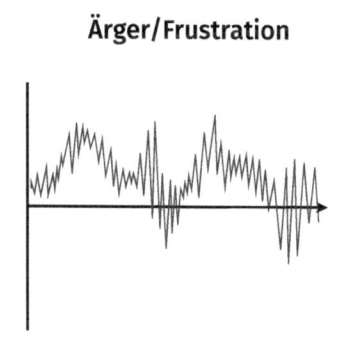

Ärger/Frustration

Wertschätzung

Inkohärenter Herzrythmus

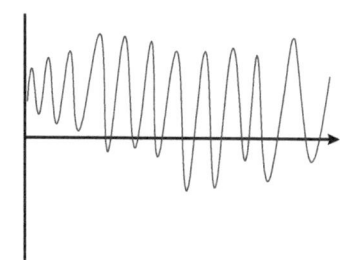

Kohärenter Herzrythmus

Die Kurve wird chaotisch – also inkohärent. Dieser chaotische Takt überträgt sich auf alle Zellen des Körpers. Die Erkenntnisse über die Herzfrequenzvariabilität sind mehr und mehr zum klinischen Indikator für Stress-Reaktionen geworden.

Das Spannende dabei ist, dass das *Herz das Gehirn über diese Frequenzen und seine elektromagnetischen Felder instruiert.* Das Gehirn wird informiert, ob es entspannt, offen und kreativ seine Denkleistungen vollbringen kann – oder ob es sich um eine Gefahr kümmern und in den Stressmodus wechseln muss. Nicht nur dadurch beauftragt das Herz das Gehirn, es fungiert auch als Drüse und kann Neurotransmitter, Stresshormone oder Zufriedenheitshormone in die Blutbahn ausgießen. Es hat mehr *zum Gehirn gehende* (afferente) Nervenverbindungen als *vom Gehirn kommende* und sendet eigene Botschaften an das Gehirn. Doc Childre fasst es so zusammen: »Das Herz hat einen komplexen Schaltkreis, mit dem es unabhängig handeln, lernen, sich erinnern und die sprichwörtlichen Gefühle des Herzens produzieren kann. Das »Gehirn im Herzen« spielt eine recht wichtige Rolle für Freud und Leid der Menschen.[33]

Bahnbrechende Experimente des HeartMath® Institute haben ergeben, dass das Herz offenbar auch ein *Einfallstor der Intuition* ist. Man hat Probanden in computergesteuerter zufälliger Abfolge Fotos gezeigt, die entweder Wohlbehagen oder Stress auslösen. Also beispielsweise ein lachendes Kind oder das aufgerissene Maul eines Krokodils. Weder die Probanden, noch die Tester wussten, in welcher Reihenfolge die Fotos gezeigt würden. Erstaunlicherweise reagierte das Herz schon Bruchteile von Sekunden *bevor* das Foto auf dem Bildschirm erschien, mit der passenden elektromagnetischen Botschaft. Mit hoher Wahrscheinlichkeit schließt man aus diesen Experimenten, dass das Herz mit einem intuitiven, wissenden Feld verbunden ist, welches nicht durch Zeit und Raum begrenzt ist.[34] Man hat auch festgestellt, dass die Kohärenz der Herzfrequenzvariabilität einen positiven Einfluss auf die Empfänglichkeit für intuitive Impulse im Lebensalltag hat. Der schöne englische Begriff für »auswendig lernen« ist »learn by heart« – mit dem Herzen lernen. Mit diesem Wissen bekommt er eine viel tiefere Bedeutung.

Der Intelligenz des Herzens lauschen

Es ist eine Sensation zur Freude der Wissenschaft, dass man Gefühlszustände und Stress über die Herzfrequenzvariabilität messen, darstellen und individuell trainieren kann. Das Institute of HeartMath® hat dafür ein Trainings-Werkzeug für den PC kreiert namens FreezeFramer®. Es ist für die Installation am eigenen PC erhältlich.

Ich sitze an meinem PC, den Finger in einem Pulsabnehmer. Vor mir ein Bildschirm mit der visualisierten Animation eines Ballons, der aufgerichtet ist, aber noch am Boden hängt. Ein siebenminütiges Messprogramm soll meine Herzfrequenzvariabilität messen und feststellen, wann mein Herz kohärent (gleichmäßiger Wechsels vom schnellen zum langsamen Puls) und wann es inkohärent taktet. Je kohärenter ich werde, desto höher steigt der Ballon – werde ich inkohärent, beginnt er zu sinken. Das wird begleitet durch drei Tonsignale von disharmonisch bei Inkohärenz über angenehm bei mittlerer Kohärenz bis sehr angenehm bei hoher Kohärenz. Es geht los. Ich starte kohärent und habe den Ehrgeiz, den Ballon am Steigen zu halten. Dabei verkrampfe ich mich, denn die Bedrohung für meinen Ehrgeiz, inkohärent zu werden, lockt Panikum hervor. Der Ballon sinkt und damit mein Selbstvertrauen. Nun muss ich einen Gedanken oder eine Vorstellung finden, die mich wieder kohärent werden lässt. Ich probiere einige positive Gedanken aus. »Ich bin kohärent ... ich schaffe das ... ich mag mich ... ich bin entspannt ...«. Aber hier zeigt sich die unbestechliche Wirklichkeit der emotionalen Mathematik. Ich denke meine positiven Gedanken nicht mit dem Herzen und erlaube mir gleichzeitig, daran zu zweifeln, dass es mir gelingt, den Ballon wieder zum Fliegen zu bringen. Die Bedrohung des Zweifelns überwiegt und ich klebe mit meinem Ballon am Boden fest. Es zeigt sich sofort, dass ich nicht gleichzeitig einen konstruktiven Gedanken und einen Zweifel unterhalten kann. Die Bedrohung wird in solchen Fällen gewinnen, denn sie ist mit unserem Überlebenstrieb verbunden. Ich probiere weiter. Dabei bemerke ich, dass Anstrengung wenig bringt. Meine Art von Anstrengung ist nicht frei und hat eher das Muster von Verkrampfung. Ich benötige eine gelassenere Konzentration auf einen positiven Inhalt. Ich denke an einen schönen Urlaub. Oh, ich höre schöne Töne aus dem PC und der Ballon steigt. Doch dann kommt der irrwitzige besorgte Gedanke, den ich wohl schon häufig in solchen Situationen gedacht habe: »Und was, wenn der Ballon wieder runter geht?« Bingo – mein emotional kohärenter Energiestrom reißt ab und ich sinke wieder. So geht es sieben Minuten lang auf und ab und ich lerne viel über meine Denkgewohnheiten. Ich lerne, was mich kohärent macht und was mich in die Inkohärenz absinken lässt. Viele Male habe ich das Programm durchlaufen und ein Gefühl dafür bekommen, wie sich Kohärenz anfühlt, wie ich sie erreiche und was sie unterbricht. Das Gefühl ist nur annähernd mit Worten zu beschreiben. Es ist kein emotionales Hochgefühl. Es ist eher ein neutraler, jedoch hoch konzentrierter, wacher Zustand, in dem mein Erleben mit dem Herzen verbunden ist. Es ist ein manipulationsfreier Zustand, in dem ich weder verstärke, was gerade ist, noch abschwäche. Es erinnert an den Flow-Zustand, in dem wir mit der Gegenwart verschmelzen und darin uns selbst vergessen. Es ist eine Fahrt auf der Heurekum-Autobahn, in einem still hochfrequenten Bewusst-Seins-Zustand.

Wege in die Kohärenz sind für jeden Menschen individuell. Das Praktische an dem PC-Monitoring ist, dass es eine direkte Rückmeldung gibt. Jeder kann austesten, wie er kohärent (stressfrei) wird und wie sich Kohärenz für ihn anfühlt. In meinem Beispiel wird deutlich, wie schnell sich Gedanken und Gefühle auf unsere Physiologie und unser Erleben auswirken und dass es Probieren und Testen braucht, um zu entdecken, wie wir in unser persönliches emotionales Gleichgewicht gelangen. Mit diesem Biofeedback kann man sein emotional kompetentes Denken erforschen und schulen. Viele Unternehmen nutzen es bereits als individuelles Stresslösungs-Training für ihre Mitarbeiter.

Eines dabei ist sicher: *Wer die Herzenergie aktiviert, indem er seine Aufmerksamkeit zum Herzzentrum lenkt, der wird in der Regel kohärent.* In der großen Übung im nächsten Kapitel findest du unter »Vorbereitung III« heraus, wie du deine Herzenergie aktivieren kannst. In den Übungen am Ende dieses Kapitels beschreibe ich zwei einfache Methoden, mit denen du Herzkohärenz fördern kannst.

Das US-amerikanische Forscherehepaar Lacey konnte in den 1970er Jahren beobachten, dass das Herz nicht automatisch gehorchte, wenn es Impulse vom Gehirn erhielt. Das Herz taktet in Absprache mit dem Gehirn – scheint jedoch eine eigene Meinung zu haben. Gleichzeitig gehorcht das Gehirn den Impulsen des Herzens. Das Herz scheint einen eigenen, unabhängigen Verstand zu besitzen.[35] Deswegen gibt es wohl die Idee: »Fühle mit dem Kopf und denke mit dem Herzen.« Wer sich für die Antworten des Herzens öffnet, macht sich eine souveräne, eigene Intelligenz zunutze.

Heilen ist Herzenssache

Angeschlossen an das physische Herz gibt es auch ein energetisches Herzzentrum. Es sitzt zentral dort, wo sich die Thymusdrüse unter dem Brustbein befindet. Es ist ein magisches *Zentrum mit eigener Heilkunst*. An diesem Ort rufen wir die Intelligenz des Herzens ab. Sie hat das Talent, emotionale Verletzungen zu transformieren – also zu enttraumatisieren. Fast alle emotionalen Heilmethoden, die ich kenne, nutzen die Eigenschaften des Herzens. Ich bezeichne das Herz auch gerne als *»Wurmloch zur Seele«*. Das Herz-Zentrum schafft als einzigartiges Regulativ der Seele die *Überwindung von Gegensätzen, Unterschiedlichkeit oder Konflikten*, die wir in unserer Welt erfahren. Es befreit uns aus dem Konflikt des scheinbar Richtigen und Falschen, des scheinbar Guten und Schlechten. Es ist unsere Rettung aus der stressgetriebenen Anspannung, dass wir falsch liegen könnten; dass wir nicht richtig sein, nicht wertvoll oder liebenswert genug sein, oder nicht dazu gehören könnten. Das Herz-Zentrum erfüllt für emotionale Spannungen, Traumen, Schocks und Schmerzen eine ausgleichende Funktion. Ohne das Herz-Zentrum würden wir in schmerzhaften Erlebnissen erstarren. Wir würden uns wie ein Computer »aufhängen« in mentalen und emotionalen Automatismen und Schleifen. *Das Herz kann gar nicht anders, als in Liebe aufzunehmen, wofür es sich öffnet – auch Gegensätze.*

Das Herz ist eine emotionslose Entscheidungsinstanz. Wenn es »Nein« sagt, sagt es »Nein« ohne irgendetwas zu beurteilen. Wir nehmen es durch eine Art zusammenziehen oder verschließen im Brustkorb-/Herzbereich wahr. Es passt einfach etwas nicht. Wenn ich ein Kleid kaufen möchte und es ist zu weit, dann passt es einfach nicht – aber es ist deswegen kein schlechtes Kleid. Es passt eben zu einer anderen Person. Wenn das Herz emotionslos »Ja« sagt, dann passt es einfach – ohne, dass es erklärt werden muss. Wir spüren seine Zustimmung durch ein Gefühl des Weitens im Brustkorb-/Herzbereich. Da jeder Mensch dieses Zentrum besitzt, ist er unendlich reich. *Die Weisheit des Herzens übertrifft in seiner Einfachheit und Schönheit alles, was wir sonst noch über uns lernen könnten.*

Das Herz ist in der Lage, alle Aspekte von uns wie mit ausgebreiteten Armen anzunehmen. Passend dazu findet die Geste des Ausbreitens der Arme am Körper direkt in der Höhe des Herz-Zentrums statt. Zufall? Allein diese Bewegung löst im Gegenüber das Geborgenheits-Hormon Oxytocin aus. Ein Kind läuft instinktiv in ausgebreitete Arme. Erwachsene können sich bei dieser Geste vielleicht mental ausbremsen und sich zurückhalten – aber sie empfinden dennoch Wohlbehagen dabei. Mit dieser Bewegung lässt sich notfalls sogar ein Angriff abwehren. Der Instinkt müsste schon zutiefst ausgeschaltet sein, um gewaltsam in geöffnete Arme hineinzuschlagen.

Die Herzenergie hat den Charakter bedingungsloser Liebe. Sie beinhaltet beispielsweise bedingungsloses Willkommen, Annahme, Mitgefühl, Verständnis, Umarmen. Sie kann das Unbeholfene, das Dunkle, die Ecken und Kanten erlauben. Sie hat die Weisheit, alles zu integrieren, was um Aufnahme bittet. Es ist jedoch keineswegs ein willenloser »Ja«- Sager. Sein »Nein« will ebenfalls wahrgenommen und respektiert werden. Es will und braucht sich nicht für alles im Leben zu öffnen.

Wenn wir unseren Alltag erfolgreich meistern wollen, können wir störende Emotionen kaum gebrauchen. Üblicherweise werden sie so gut es geht verdrängt, unterdrückt oder anderweitig abgewehrt – aber nicht geheilt. *Die Unterdrückung von schmerzhaften Emotionen und Konflikten bindet jedoch Lebensenergie.* Eine Transformation und Lösung über die Intelligenz des Herzens setzt diese Lebensenergie wieder frei. Sie steht dann erfreulicherweise für unsere Gesunderhaltung wieder zur Verfügung.

Wie du alte emotionale Konflikte lösen kannst

Bist du experimentierfreudig? Im Folgenden findest du eine Selbstcoaching-Methode, mit der du alte ungelöste emotionale Konflikte energetisch in einen Heurekum-Zustand zurückverwandeln kannst.

Der gemeinsame Ausgangspunkt hinter Methoden dieser Art ist: *Eine alte emotional schmerzhafte Erfahrung wie zum Beispiel eine erlebte Ausgrenzung wird über den Körper aktiviert und gefühlt. Sie wird dann mit der Herzenergie verbunden und darin transformiert.*

Unser unterbewusstes emotionales Gedächtnis hat alle erlebten Verwundungen, die keine Heilung gefunden haben, mit dem Etikett »Noch ungelöst« aufbewahrt. Im Kapitel 8: »Verbinde dich mit den energiespendenden Emotionen im Bauch« im Abschnitt »Echos aus der Vergangenheit – den emotionalen Schmerzspeicher leeren« sind die Hintergründe erläutert. Diese weggesperrten schmerzhaften Erfahrungen können sich heilen, wenn sie *gefühlt werden und wieder zu uns gehören dürfen. Das Märchen* des Froschkönigs ist eine Metapher dafür: Die Königstochter bekommt die verlorene goldene Kugel (die Einheit mit sich selbst) nur zurück, wenn sie den hässlichen Frosch (die abgelehnte Emotion) an ihrem Leben wieder teilnehmen lässt. Dann verwandelt er sich sogar zurück in einen Prinzen (Heurekum-Zustand).

Abgelehnten emotionalen Schmerz und unterdrückte Ängste, zum Beispiel vor Einsamkeit oder vor Versagen, verschiebt das Unterbewusste meist irgendwo im Körper in Quarantäne. Dort ruht das Ungelöste still, bis es aktiviert wird. Daher arbeiten wir bei dieser Übung mit Körperstellen, an denen sich eine Reaktion zeigt. Irgendwann im Lebensverlauf können sie sogar zu körperlichen Symptomen führen, wenn sie sich nicht anders ablösen können. Anhand von aktuellen Konflikten, Gefühlen oder Symptomen, können wir das Bewusste mit einem früheren Konflikt in den Dateien des Unterbewussten verbinden. Konflikte, Symptome und Emotionen des Alltags können Hilferufe aus den weggesperrten Anteilen von uns sein. Deshalb ist es so wichtig, aufgetretene Alltags-Konflikte nicht nur im Außen klären zu wollen, sondern möglichst zuerst auf den Hilferuf im Innen zu hören. *Die Schlüssel zur Selbstheilung sind Bewusstheit und die Intelligenz des Herzens.* Emotionale Konflikte heilen sich von selbst auf ihre Weise, wenn wir sie durch den Prozess der folgenden Übung ins Bewusstsein lassen und annehmen. Die Angst, durch die sie entstanden sind, verwandelt sich wie in einer chemischen Gleichung zurück in die Liebe.

Du arbeitest in der folgenden Übung mit einem abgelehnten, verbannten oder verdrängten emotionalen Anteil von dir, der irgendwo in deinem Körper gespeichert ist. Wenn du von einem körperlichen Symptom ausgehst, veränderst du mit dieser Übung nur die emotional-energetische Komponente davon – nicht eine Krankheit. Der Körper kann damit jedoch seine Selbstheilungskräfte aktivieren.

- *Vorbereitung I: Das Thema definieren*
  Notiere dir, welches Problem, welcher Stress, welche unangenehme Emotion, welche gesundheitliche Störung oder welche Körperwahrnehmung dich aktuell bewegt oder stört. Das könnte beispielsweise eine unangenehme Auseinandersetzung mit einem Partner oder einem Kollegen gewesen sein. Das könnte eine Aussage von jemandem gewesen sein, die dich tief getroffen hat. Das könnte ein Druck im Magen sein oder ein Kloß im Hals; eine schmerzende, entzündete oder geschwächte Körperstelle. Beachte: Eins nach dem anderen – nimm dir jeweils nur Thema vor. Wenn dir mehrere Themen einfallen, schreibe sie untereinander auf und frage dein Unterbewusstes, was gerade Priorität für dich hat. Kleiner Trick dazu: Lasse deinen Blick weich und absichtslos auf das Blatt fallen und schaue, welches Thema dir »ins Auge springt.« Das ist ein Hinweis deines Unterbewussten. Beginne für die erste Übung nicht gleich mit deinem emotional am stärksten geladenen Konflikt, sondern mit einem leichteren Thema.
- *Vorbereitung II: Öffnungscodes*
  Damit sich dein Herz für einen emotionalen Schmerz öffnen kann, braucht es manchmal nur die Einladung an das Herz, dies zu tun. Du spürst dann, wie oben beschrieben, eine Weitung oder Wärme des Herzens. Wenn sich jedoch nichts tut, benötigst du einen Öffnungscode. Es gibt ver-

schiedene Codes, die alle aus *Qualitäten des Annehmens* bestehen. Auch bei Familienaufstellungen erreichen wir durch einige dieser Codes positive Veränderungen. Probiere sie später in der praktischen Übung jeweils nacheinander aus, bis du bei einem von ihnen einem gefühlsmäßig bemerkst, dass sich das Herzzentrum öffnet/weitet. Teste später in der Übung, ob sich dein Herz für den abgelehnten Anteil bei einem dieser neun *Codes* öffnet:
– mit der visualisierten Farbe rosa oder grün (Farben sind Frequenzen, die Informationen enthalten. Rosa und grün symbolisieren Herzfrequenzen.)
– durch ihn annehmen
– durch ihn beachten
– durch Mitgefühl mit ihm haben
– durch ihn anerkennen
– durch ihn willkommen heißen
– durch ihn verstehen
– durch sich seiner erbarmen
– durch ihn zulassen/erlauben

Tut sich bei keinem dieser Codes etwas, frage den abgelehnten Anteil, was er vom Herzen braucht. Du kannst aber auch dein Herz fragen, was es braucht, um sich für das gefühlte Thema zu öffnen. Sei offen, für das, was dir die Intuition zeigt. Manche meiner Klienten möchten in systemischen Familienaufstellungen oder bei diesem Prozess mit »Vergeben« als Code arbeiten. Doch dieser Code funktioniert nicht, weil er immer eine Schuldvermutung beinhaltet. Schuld setzt eine Verurteilung voraus – das passt nicht zur Herzfrequenz und ihren Lösungen. In der Herzenergie geht es nicht um kognitive Lösungsprozesse, sondern immer nur um das Integrieren, das Annehmen in seinem großen Feld der Liebe.

- *Vorbereitung III: Aktivierung deines Herz-Energie-Zentrums*
Energie folgt der Aufmerksamkeit. Daher gib als Vorübung deinem Herz-Energie-Zentrum auf die folgenden drei Weisen gleichzeitig Aufmerksamkeit.

- Lege deine Hand mit dem flachen Handteller auf die Mitte deines Brustbeins. Wo immer du deine Hand am Körper auflegst, aktivierst du die Durchblutung und führst diesem Körperteil dadurch Energie zu.
- Lasse deine Aufmerksamkeit sanft dorthin fließen. Wenn sie wandern mag, führe sie sanft zurück.
- Lenke deinen Atem durch das Herz-Zentrum.
- Spüre dieses Zentrum still und ruhe dich dort eine Weile aus. Heiße alles willkommen, was du dort fühlst. Auch wenn du zuerst nichts oder sogar Spannungen fühlst, heiße sie willkommen und lasse deine Aufmerksamkeit dort ruhen. Durch deine Aufmerksamkeit erhält dein Herz-Zentrum Energie und kann sich neu organisieren.
- Du kannst dein Gefühl intensivieren, indem du eine der Herzqualitäten aktivierst. Zum Beispiel Mitgefühl: Erinnere dich an eine Situation, in der du Mitgefühl für einen Menschen, ein Kind, ein Tier, die Erde oder eine Pflanze gespürt hast. Visualisiere dir diese Situation – dann kommt etwas von dem Gefühl zurück. Dann spürst du eine Öffnung deines Herzens.
- Die Öffnung des Herzens nehmen wir wahr wie eine angenehme Weitung oder Ausdehnung im zentralen Brustbereich oder wie Wärme an dieser Stelle.

Nun trainiere, dein Herz-Zentrum zu entdecken und zu aktivieren. Die meisten Menschen sind darin nicht geübt. Es kann sein, dass du zunächst gar nichts oder sogar Druck und Schmerz fühlst. Unsere Herz-Zentren können durch Schockerfahrungen oder Emotionen wie beispielsweise Bitterkeit blockiert und verschlossen sein. Sei dabei geduldig und sanft mit dir. Nimm dir Zeit. Je häufiger du geübt hast, dein Herz-Zentrum zu aktivieren, desto schneller und einfacher wirst du damit in Kontakt kommen. Mache dies gerne wenigstens einmal am Tag – auf jeden Fall als Vorübung zu dem jetzt folgenden Prozess.

Das war die Vorbereitung – nun folgt der praktische Prozess

Zum Überblick – hier zuerst in Kurzform:
1. Ungestörter Rückzug ca. eine Stunde
2. Problem/Emotion/gesundheitliches Problem/Konflikt/Situation als Thema identifizieren und Aufmerksamkeit darauf lenken
3. Körperwahrnehmung identifizieren und Energie dorthin lenken.
4. Wahrnehmen – neutral beobachten – willkommen heißen
5. Herz aktivieren und mit einem Code für das Wahrgenommene öffnen
6. Empfundenes wie Schmerz, Spannung, Emotion ins Herz fließen lassen zur Transformation
7. Veränderung im ganzen Körper spüren und genießen

Sei zuversichtlich, wenn du in den Prozess gehen möchtest, auch wenn du darin nicht geübt bist. Wenn es dir nicht auf Anhieb gelingt, den Prozess erfolgreich zu vollenden, dann ist das Teil eines normalen Lernprozesses. Bewerte dies nicht und bleibe sanft mit dir. Übe einfach und du wirst immer ein Stück weiterkommen, bis du dir den Ablauf erarbeitet hast. Es gibt auch Themen, auf denen du einige Male herumkauen wirst, bis du in die Tiefe dringst. Setze dich dann einfach mehrfach daran und gehe so weit, wie es gerade möglich ist.

Jeder dieser Prozesse wird völlig anders ablaufen. Daher braucht er deine immer wieder neue Offenheit. Wenn du das Gefühl hast, du kommst auch nach mehreren Anläufen an ein Thema nicht richtig heran, hole dir professionelle Hilfe. Wenn du dich unsicher fühlst, kannst du bei den ersten Malen oder bei schwierigen Themen professionelle Begleitung in Anspruch nehmen. Gerne stehe ich dir zu einem Coaching persönlich oder telefonisch zur Verfügung, wenn du irgendwo hängst, Fragen dazu hast oder bei den ersten praktischen Erfahrungen Begleitung wünschst.

Bist du bereit? Dann geht es los:

- Nimm dir eine *Auszeit* von ca. einer Stunde an einem ungestörten Ort. Was ist schon eine Stunde gegen jahrelange Belastungen? Mache es dir bequem. Schließe deine Augen.

Sende deinen kommentierenden Verstand in einen Kurzurlaub, denn ab jetzt ist nur Wahrnehmen und Spüren angesagt.
- *Denke an das Thema*, für das du dich vorher im Abschnitt »Vorbereitung I: Das Thema definieren« entschieden hast. Wenn du mit einem emotionalen Konflikt arbeiten möchtest, stelle dir die Situation vor, die diesen Konflikt in dir auslöst oder einmal ausgelöst hat. Das aktiviert deine zugehörige Emotion. Gehe in das Fühlen der Emotion hinein und spüre, wo du sie im Körper am deutlichsten wahrnimmst. Lege deine Hand auf diese Körperstelle und gehe in die absichtslose Wahrnehmung.
Wenn du mit einem Lebensproblem arbeiten möchtest, stelle dir die dazugehörige Lebenssituation so lebendig wie möglich vor. Spüre, welche Empfindungen und Emotionen sie in deinem Körper auslöst, lege deine Hand dorthin, wo du sie am meisten im Körper spürst – gehe in die absichtslose Wahrnehmung. Wenn du mit einem körperlichen Problem, einer Krankheit, unangenehmen Körperreaktionen oder Schmerzen arbeiten möchtest, legst du direkt eine Hand auf die betroffene Körperstelle. Dort, wo du deine Hand auf den Körper legst, intensiviert sich die Durchblutung. Bereits dadurch kann der Körper in seiner Intelligenz dort Selbstheilungskräfte mobilisieren. Hinter physischen Störungen vermutest du vielleicht nicht direkt eine Emotion. Doch hinter körperlichen Beschwerden stecken meistens ungelöste und unerkannte emotionale Konflikte. Das Maß der Energie, die der Körperteil, der sich bei deinem Thema gemeldet hat, nun erhält, ergibt sich aus der Berührung, der Aufmerksamkeit und der Zeit, die du dafür investierst. Gib dieser Körperstelle auf diese Weise eine gute Zeit lang absichtslose Aufmerksamkeit (= Energie).
- Erinnere dich während des ganzen Prozesses: *Jetzt geht es um das Wahrnehmen, Spüren und Fühlen.* Wenn du abgelenkt bist, gehe einfach wieder sanft zum Fühlen über. Lenke deine Aufmerksamkeits-Energie in diese Körperstelle und lenke deinen Atem dorthin. Das bringt zusätzliche Energie. Dein gerichteter Atem hilft dir, dich zu konzent-

rieren und wirkt wie ein Vergrößerungsglas für deine Aufmerksamkeit. Nimm die Haltung eines Beobachters ein. Lasse die Empfindungen und die Emotionen zu, die sich melden. Nimm sie bewusst wahr. Heiße sie willkommen – ohne dich damit zu identifizieren. Stelle wertungsfrei, etwas distanziert und neugierig fest: »Interessant – das fühle ich also, so fühlt es sich also an.«

- Oft spürst du nach einer Weile einen *Puls an der Körperstelle*, auf der deine Hand liegt. Er hat einen anderen Rhythmus als dein Herzschlag. Das ist schon ein Hinweis, dass Energie an dieser Stelle arbeitet. Bleibe eine gute Weile in dieser absichtslosen Aufmerksamkeit. Manchmal kommen dir Lebenssituationen oder Ereignisse in den Sinn, die mit diesen Reaktionen zu tun haben. Lass sie einfach wie einen Film aufsteigen und nimm sie nur interessiert wahr. Es ist nicht wichtig, dass dir die Zusammenhänge jedes Mal bewusst werden. Über das Fühlen bist du mit dem Thema verbunden – das reicht für das Unterbewusste. Bleibe beim Fühlen!

- Du kannst sogar *mit der betroffenen Körperstelle sprechen und sie befragen*. Wie es ihr geht, was sie fühlt, was mit ihr los ist, was sie weiß, was sie braucht, was ihre Botschaft an dich ist ... Warte geduldig, bis sich eine Information formt. Selbst wenn du keine bekommst, kannst du dem Körperteil sagen, dass es die Information in deinem Unterbewussten abliefern soll, damit sie dir später bewusst werden kann. Was immer du dort fühlst, lasse es zu. Lasse dir Zeit.

- Wenn du lange genug bereit bist, ausgiebig zu fühlen, was es dort zu fühlen gibt, kannst du *dein Herz einschalten*. Lege deine freie Hand mit der Handinnenfläche auf das Herz-Energie-Zentrum in der Mitte des Brustbeins. Lasse deinen Atem hindurchfließen und deine Aufmerksamkeit sanft dorthin gleiten. Frage dein Herz, ob es bereit ist, sich für den weggeschobenen Anteil von dir mit allem, das damit verbunden ist, zu öffnen. Falls es nicht reagiert, probiere die Öffnungscodes aus der obenstehenden Aufzählung nacheinander aus. Frage es beispielsweise: »Hast du Mitgefühl für xy (die Emotion, Körperreaktion)?« Oder

»Möchtest du xy annehmen?« Alternativ kannst du auch die Emotion, die Körperwahrnehmung nach dem passenden Code fragen, den sie vom Herzen braucht, damit sie sich entspannen kann. Spüre, ob dein Herz sich weitet. Wenn nicht, probiere einen anderen Code aus. Bei einem wird es sich in der Regel öffnen.

- Wenn sich das Herz geöffnet hat, stelle dir vor, dass die Emotion/Reaktion/der Schmerz/das Symptom und alles, was dazu gehört, *aus dieser Körperstelle in das Herz fließt*. Lass es so lange fließen, bis alles darin ist. Da du eine Hand auf der Körperstelle und die andere auf dem Herz-Zentrum hast, kannst du dir auch vorstellen, dass die Energie aus dem Symptom über deine Arme in dein Herz fließt. Das Herz hat seine eigene Intelligenz, und es weiß, wie der abgelehnte Teil zu transformieren ist. Überlasse es vollkommen dem Herzen. Der Rest ist nicht mehr dein Job – mit dem begrenzten Verstand kannst du dabei nicht helfen. Lasse dir Zeit und warte, bis du das Gefühl hast, dass das Herz alles aufgenommen hat.
- Zum Abschluss kannst du dein Unterbewusstes fragen, was diesem Körperteil, der den Stress so lange gespeichert hatte, *helfen kann, sich zu neu zu ordnen*. Es kann eine Farbe sein, eine Pflanze, ein Tier, ein Ton, eine Flüssigkeit, ein Pulver, eine Salbe, ein Ort – der Fantasie deines Unterbewussten sind keine Grenzen gesetzt. Bringe dann dieses virtuelle Ausgleichsmittel über deine Vorstellungskraft an die Körperstelle. Du spürst vielleicht, wie dieses »Heilmittel« dort wirkt und Erleichterung schafft.
- *Bedanke dich* bei der Intelligenz und der genialen Unterstützung deines Herzens. Bedanke dich auch bei dir selbst für deine verantwortungsvolle Initiative der Selbstliebe.

Herzlichen Glückwunsch! Jedes Mal, wenn du diesen Prozess vollzogen hast, hast du dich ein wenig mehr aufgerichtet. Damit erleichterst du Stück für Stück den Rucksack ungelöster Konflikte, den du unsichtbar dein Leben lang mit dir herumgeschleppt hast. Ich ehre deinen Mut und deine Aufrichtigkeit!

Jeder körperliche Heilimpuls braucht eine Zeit des Nachwirkens und der Integration. So ist es auch auf der emotional-seelischen Ebene. Die Gefühle aus deinem Übungsprozess tauchen vielleicht in den nächsten Tagen kurz wie ein Reflex wieder auf – doch nur, um sich zu verabschieden. Jetzt hast du innerlich andere Voraussetzungen geschaffen und kannst konstruktiv mit ihnen umgehen. Dadurch integriert und programmiert sich die Veränderung in deinem Unterbewussten.

Normalerweise fühlst du sofort nach dem Prozess Erleichterung. Falls du auch nach drei Tagen noch keine völlige Lösung verspürst, wiederhole den Vorgang in einem weiteren Zyklus. Bei manchen abgelehnten Anteilen oder Störungen liegen Schichten von ungelösten emotionalen Konflikten und körperlichen Anspannungen aufeinander. Deshalb kann es sein, dass du noch einmal auf einer anderen Ebene hineinmusst.

Mit unserer Umwelt können wir uns erst dann richtig versöhnen, wenn wir mit unseren Anteilen versöhnt sind. *Frieden ist ein innerer Zustand mit Substanz.* Er ist keine Gefühlsduselei. Er entsteht nicht durch Beteuerungen, nicht durch Demonstrationen gegen den Krieg, nicht durch philosophische Gedankenspiele oder Willenskraft. Er ist das Ergebnis einer reifen Arbeit mit dir selbst. Wenn du eine Körper-Herz-Transformations-Übung vollständig durchgeführt hast, wirst du in dem Gefühl landen, welches vor all den schmerzvollen Verstrickungen existiert hat: dein Einssein und Einverstandensein mit dir selbst. Du spürst es körperlich – genieße es und atme es als Ressource in dich hinein. *Der innere Zustand erst wird sich im Außen spiegeln. Wir Menschen brauchen Frieden mit uns selbst, bevor wir ihn im Außen dauerhaft etablieren können.* Ja, da kommen wir nicht drumherum!

Als praktisches *Fallbeispiel* für einen solchen Verlauf, gewähre ich dir nun Einblick in einen meiner Prozesse:

Ich arbeite mit einer Lebenssituation, die mir gerade Sorgen macht. Ich denke intensiv daran und spüre, wo sich in meinem Körper eine Reaktion zeigt. Ich spüre etwas oberhalb meines Nabels auf der linken Körperseite. Mit diesem spannungsgeladenen Teil arbeite ich jetzt und lege meine Hand darauf. Ich gebe dem Körpergefühl und der damit verbundenen Emotion Raum, indem ich meine Aufmerksamkeit dorthin sende und durch diesen Körperteil hindurch atme. Ich lasse mich nun ganz auf das Fühlen ein und sende meinen Verstand in einen Kurzurlaub. Die Emotion kann ich nicht klar definieren. Es ist der Impuls, die Luft anzuhalten, mich zusammenzuziehen, wegzurennen. Man könnte es als eine Angstreaktion bezeichnen. Nachdem ich dieser Wahrnehmung eine Weile Raum und Aufmerksamkeit gegeben habe, fehlt mir immer noch das Verstehen dieses Konflikts. Er erschließt sich mir nicht im bewussten Verstehen. Es ist, als wolle er seine Identität in der letzten Ecke meines Unterbewusstseins verbergen. Ich akzeptiere das und aktiviere nach einer Weile mein Herzzentrum. Ich atme hindurch, lege eine Hand darauf und spüre seine Wärme. Anschließend frage ich das Herz-Zentrum, ob es sich für diesen abgelehnten Teil mit allem, was dazu gehört, öffnen möchte. Es gibt keinen Mucks von sich. Ich probiere die Öffnungscodes in einer intuitiven Reihenfolge. Schon beim dritten öffnet sich mein Herz. Es ist »anerkennen«. Ich frage auch die Körperstelle, was sie vom Herzen braucht. Es ist ebenfalls »anerkennen«. Das Herz weitet sich beim dem Gefühl »anerkennen« und ich spüre, wie es meinem Thema guttut. Doch immer wieder bin ich abgelenkt und steige aus dem Gefühl aus. Es ist als gäbe es einen Anteil in mir, der sich dagegen wehrt, das Thema zu integrieren. Es ist mir noch nicht wirklich willkommen – etwas daran stört mich. Das kann die Intensität der Ablehnung des dahintersteckenden Traumas sein. Ich schaffe es nur, indem ich den energetischen Druck erhöhe und die Anerkennung mit intensivem Atmen zu der Körperstelle leite. Bald spüre ich Erleichterung und ziehe alle Energie von dort mit meinem Atem in mein Herz. Doch dann beginnt mein Körper an der betroffenen Stelle regelrecht zu schmerzen. Ich spüre, wie meine linke Körperseite in Aufruhr gerät. Und dann wird mir klar, dass ich gerade einen energetisch abgespaltenen Aspekt integriere. Ich ziehe ihn mit meinem Atem in meinen Körper hinein und heiße ihn willkommen. In meinem ganzen Körper breitet sich das Gefühl von Freude aus über die Rückverbindung mit diesem energetisch verlorenen Anteil. Ich kann diesen Anteil nicht benennen. Ich spüre nur eine Kräftigung in mir. Ich spüre auch, dass dieser Anteil noch einige Tage braucht, bis er sich selbst geheilt und wieder mit mir verbunden ist. Als Unterstützung bitte ich mein Unterbewusstes, mir ein heilendes Element zu zeigen, die diesem Anteil bei seiner Integration hilft. Ich sehe eine glänzende, dickflüssige Flüssigkeit, die violett schimmert. Ich visualisiere sie in dem betroffenen Körperbereich. Sie tut gut. Mein Körper ist noch eine Weile in Aufruhr. Ich danke meinem Herzen für seine Intelligenz. Ich danke auch mir für meine Bereitschaft, den Prozess durchzuziehen und nicht wieder wegzulaufen.

Man kann solche gefühlten, intuitiven Prozesse kaum wissenschaftlich oder medizinisch nachvollziehen. Hier überlässt man es der Intelligenz des Körpers und den Bildern des Unterbewussten, uns durch einen individuellen Prozess der energetischen Veränderung zu führen. Verstehen nicht nötig – erfahren und Veränderung spüren reicht.

Vielleicht findest du es ungewöhnlich, abenteuerlich oder gar gespenstisch, dass ich von energetisch abgespaltenen Anteilen spreche. Doch der Traumapsychologie sind diese Dinge längst bekannt. Die Schamanen dieser Welt arbeiten schon lange mit der Integration von verlorenen Anteilen. Wenn man traumatische menschliche Erfahrungen betrachtet, ist die Abspaltung oder Ablehnung des schmerzhaften Teils sogar eine intelligente und logische Überlebensstrategie. Die Geschichte hat uns schließlich genügend Bilder dafür geliefert, was Menschen angetan werden kann und immer noch angetan wird.

Was du außer den beschriebenen intensiven Übungen für dich tun kannst, um dich von der Intelligenz deines Herzens beruhigen und auf die Heurekum-Autobahn führen zu lassen :

- *Ein Reset nach Paul Dennison:* Dies ist für mich die Königsübung im akuten Stressfall. Wenn ein Computer überfordert ist, stürzt er ab. Dann benötigt er ein Reset. Wenn dein Gehirn durch Zeitdruck, Störungen, Frustrationen, Verlust der Prioritäten, oder … überlastet ist und du nicht mehr klar denken kannst, dann hilft dir ein physiologisches Reset und eine Rückkehr zur Herz-Kohärenz. Anschließend kannst du deine Situation leichter neu ordnen. Diese Übung verbindet ein »Durchlüften« des Gehirns durch körperliche Unterbrecher mit dem Herz-Energiefeld. Sie ordnet dein Denken neu und erhöht die so gesunde Herzkohärenz.

- Lasse deine Aufgaben stehen – du bist jetzt ohnehin nicht effektiv. Nimm dir eine kurze Auszeit. Wenn du kannst, ziehe dich allein irgendwohin zurück. Lehne dich im Stehen stabil an eine Wand an. Denn du wirst gleich deine Augen schließen und dann ist es vielleicht schwieriger, das Gleichgewicht zu halten. Falls du das mit geschlossenen Augen problemlos halten kannst, kannst du auf die Wand verzichten. Aber mache es dir lieber gemütlich, es ist kein Gleichgewichtstraining!
- Stelle die Füße überkreuz. Falte die Hände überkreuz und drehe sie zum Körper hin nach oben, sodass die überkreuz verschränkten Hände vor dem Brustbein – deinem Herz-Energie-Zentrum – liegen. Das sieht ziemlich verknotet aus. Doch lasse deine Schultern so gut wie möglich fallen. Dann müsste es einigermassen gemütlich sein. Nimm die Zunge an den Gaumen und schließe die Augen.
- Richte deine Aufmerksamkeit auf das Herz-Energie-Zentrum, auf dem die Hände liegen. Nimm deinen Atem wahr, lass ihn in seinem Rhythmus fließen und sei einfach einige Minuten absichtslos mit dir selbst. Es gibt nichts zu tun – nur die Aufmerksamkeit zu richten. Wenn die Aufmerksamkeit wandert, bringe sie sanft zurück. Vielleicht bemerkst du, wie es nach einer Weile ruhiger oder friedlicher in dir wird. Genieße das Gefühl!
- Wenn du magst, kannst du dir nun bewusst einige konstruktive Gedanken gönnen, die dich beruhigen und dich auf die Heurekum-Autobahn katapultieren können. Welcher Gedanke, welche Ermutigung würde dir in dieser Situation guttun?
- Wenn du dich gut fühlst, atme das angenehme Gefühl noch einmal durch dein Herz-Zentrum in deinen ganzen Körper hinein, damit alle Zellen davon erfahren.

Nun kommt der zweite Teil der Übung.
- Bringe deine Beine und Hände wieder in eine normale Stellung. Lege die Fingerspitzen aufeinander wie bei der typischen »Merkelraute«. Halte die Augen geschlossen.

Bleibe eine Weile in dieser Haltung. Du erlaubst damit deinem Körper über die Fingerspitzen elektrische Spannung zwischen seinen Körperseiten auszugleichen.
- Irgendwann spürst du, dass nichts mehr zwischen den Fingerspitzen fließt. Dann nimm noch einen tiefen Atemzug und beende die Übung. Wenn du diese Übung einige Male durchgeführt hast, kannst du sie erinnern und jederzeit überall ohne Beschreibung anwenden.
- Eine weitere Übung mit dem Ziel, deine Herz-Kohärenz zu erhöhen und durch eine neue Sichtweise ein Problem effizienter anzugehen zu können, ist die *Herzintelligenz®- Methode des Institute for HeartMath®, CA.*
- Die Erinnerung an positive Gefühle ist in dieser Übung wichtig. Zur Vorbereitung mache dir zunächst eine Liste mit positiven Ankern, die dir bisher ein positives Gefühl vermittelt haben. Solchen positiven, emotionalen Stimuli (PES) können Urlaubserlebnisse gewesen sein, Begegnungen, Erfolgserlebnisse; ein Produkt, das du geschaffen hast; Naturerlebnisse, deine Entspannungsorte in der Natur, Tiere, Kinder, schöne Momente in deinem Leben.
- Welche Erinnerung fällt dir ein?
- Welches positive Gefühl ist damit verbunden?
- Damit du schnell erkennen kannst, wenn du in einer Stressreaktion bist, gehe zur Vorbereitung die Liste im Anhang mit möglichen Stressreaktionen durch. Je schneller du sie bemerkst, desto schneller kannst du Panikums neurophysiologische Kettenreaktionen unterbinden. Dann bist du bereit für diese Übung, wann immer du sie brauchst:

Schritt 1 – Stress wahrnehmen und erkennen: Sobald du wahrnimmst, dass du dich in einem intensiven Stressmodus befindest und entsprechende Verhaltensmuster zeigst, nimm dir eine Auszeit. Tritt zurück und betrachte die Situation aus der Distanz.

Schritt 2 – Aufmerksamkeit auf das Herz lenken: Lenke deine Aufmerksamkeit zum Herz-Energie-Zentrum. Damit wendest du sie von den kreisenden Konfliktgedanken ab und aktivierst die Herz-Kohärenz. Lenke deinen Atem hindurch und transportiere so Energie in diesen Bereich. Zur Verstärkung kannst du deine Hand darauf legen.

Schritt 3 – ein positives Gefühl aktivieren: Erinnere dich an ein positives Gefühl, welches du auf deiner Liste der positiven, emotionalen Stimuli stehen hast. Gehe noch einmal in das gefühlte Erleben der Situation und des positiven Gefühls hinein. Wenn dir das einmal nicht gelingt, denke einfach an das Gefühl von Wertschätzung oder Mitgefühl, welches du für irgendetwas empfindest – vielleicht ein Tier oder ein Kind. Dies unterstützt das hormonelle Gleichgewicht und unterbricht die Panikum-Reaktion.

Schritt 4 – nach einer neuen Sichtweise fragen: Frage aufrichtig dein Herz, welche Reaktion in dieser Situation angebrachter wäre und deinen Stress zukünftig verringert. Lasse dir Zeit, die Antworten des Herzens zu hören. Achte dabei auch auf Körperreaktionen. Bleibe mit deiner Aufmerksamkeit in der Herzgegend. Bald beginnen dein Herz und Hirn kohärent im Einklang miteinander zu takten. Dein Gehirn kann kreativer arbeiten und die Wahrnehmung öffnen. Jetzt kannst du wieder mit klarem Kopf denken und konstruktive, proaktive Reaktionen und Lösungen angehen.

Gute Herz-Gewohnheiten für den Alltag

Möchtest du eine magische Formel erfahren? Sie ist eine Entscheidung, die mich schnell auf die Heurekum-Autobahn bringt und mit der Herzenergie verbindet: »*Ich vertraue dem Wohlwollen/ der Liebe in meinem Leben.*« Durch das Prinzip der Resonanz hat das Wohlwollen oder die Liebe keine andere Wahl, als in irgendeiner Form in mein Leben zu treten. Probiere diese Formel einmal aus. Nicht lapidar, sondern als Entscheidung. Du kannst sie auch gleich am Morgen »frühstücken«. Sprich sie dreimal aus. Achte auf dein Gefühl, wie es dir darauf antwortet. *Zuversicht ist eine der wichtigsten Ressourcen der Selbstberuhigung.* Hier sind noch

weitere herzintelligente Haltungen, die du dir zu eigen machen kannst, wenn du sie nicht schon längst praktizierst:
- Geize niemals mit echter Liebe und höre auf, zu verurteilen!
- Erlaube dir stets Verständnis für deine Gefühle.
- Nimm dir Momente, Freude an dir, deinem Leben und der Natur zu fühlen.
- Liebe dich selbst und deinen Körper, so wie er ist. Mit allen Falten, Pickeln, grauen Haaren und Fettpolstern! Dann kann dir auch die Liebe zu anderen gelingen.
- Nimm zuerst an, was das Leben dir zuspielt und suche nach der Erfahrung und Botschaft darin.
- Mache dir gleich morgens einige ehrliche Komplimente.
- »Alles ist gut« ist ein emotional intelligentes Selbstgespräch und beruhigt dich sofort – egal, was ist.
- Atme öfter am Tag einige Atemzüge bewusst durch dein Herz-Zentrum. Lege dabei die Hand darauf. Du kannst die Herz-Energie dorthin atmen, wo du sie aktivieren möchtest. Vielleicht in einen schmerzenden Körperteil, oder in deine Arbeit, zu einem Menschen oder in eine Situation.

11. Die Herausforderung Selbstheilung meistern

Kann zu viel Panikum krank machen?

Was ist der Sinn eines körperlichen Symptoms? Viele meinen, es sei einfach Schicksal. Doch ist es kaum nachzuvollziehen, dass das Schicksal wahllos in unseren Leben interveniert. Der Körper ist ein homöostatisches Regelwerk, in dem Gegenspieler ständig am Ausgleich von Störungen arbeiten. »Gesundheit ist ununterbrochene Selbstheilung«, meint der Naturwissenschaftler Harald Zycha. Doch wenn diese ununterbrochene Selbstheilung durch

Dauerstress oder ungelöste emotionale Konflikte gestört wird, meldet sich der Körper über Symptome.

Der Körper ist ein physischer Ausdruck des Unterbewussten. Über ihn erhalten wir ständig nonverbale Botschaften und Rückmeldungen aus unserer intuitiven, emotionalen und seelischen Seinswelt. Sind wir aufmerksam, nehmen wir diese Botschaften wahr und setzen sie im Leben um. Hören wir die Botschaft nicht, macht der Körper genau das, was wir tun, wenn uns jemand nicht hört: Wir sprechen lauter. Wenn wir trotzdem nicht gehört werden, werden wir noch lauter und rütteln schließlich den Empfänger der Information. So können wir das Symptom als ein lautstarkes Überbringen einer Botschaft interpretieren.

Was hat Panikum mit diesen Botschaften zu tun? Im Kapitel 2: »Zwei Lebensprinzipien – ein toller Einfall der Evolution« haben wir uns schon damit befasst, wie Panikum sich physiologisch ausdrückt und dass Stress Krankheiten auslösen kann. Schauen wir uns die Kaskade einer Stressreaktion noch einmal im Kurz-Überblick an:

- *Alarmreaktion – Flucht-Kampf-Phase:* Der Körper mobilisiert alle Reserven.
  - Das sympathische Nervensystem wird aktiviert.
  - Adrenalin & Noradrenalin werden ausgeschüttet (Blutdruckerhöhung).
  - Die Blutzufuhr der Muskeln wird gesteigert, dafür werden andere Bereiche weniger durchblutet wie das Verdauungssystem (Appetitlosigkeit) und die Hautoberfläche (frieren).
  - Endorphine werden zur Schmerzstillung ausgeschüttet.
  - Kortisol wird gegen allergische Reaktionen und zur Entzündungshemmung ausgeschüttet.
  - Die Blutgefäße verengen und das Blut verdickt sich.
  - Der Blutzucker steigt.

Ergebnis: Die physiologische Bereitschaft zu kämpfen oder zu fliehen ist jetzt da. Diese Anspannung kann bei emotionalem Stress meist nicht abreagiert werden. Sie bleibt im Körper in Muskeln, Faszien und Geweben hängen, wenn sie kein Ventil findet.

- *Anpassungs- und Widerstandsphase:* Wenn keine Lösung für die Bedrohung/Gefahr gefunden wird, bleibt die Anspannung im Körper bestehen:
  - Der Organismus befindet sich in dauernder Kampfbereitschaft.
  - Die anhaltende Kortikoidproduktion baut Muskeln, Lymph- und Thymusgewebe ab, was zur Schwächung des Immunsystems führt.
  - Funktionelle Störungen zeigen sich wie beispielsweise Herzbeschwerden, Verdauungsstörungen, Kopfschmerzen, Atembeschwerden.
  - Muskelverspannungen verhärten.
  - Die Entzündungsneigung wächst.
- *Erschöpfungsphase:*
  - Der Widerstand des Organismus gegen die Dauerbelastung sinkt.
  - Als Folge der körperlichen Schwächung können sich organische Erkrankungen entwickeln.

Da chronischer Stress allgemein betrachtet, Ungleichgewichte im ganzen Körper manifestiert, können wir vermuten, *dass hinter allen physischen Störungen eine Form von Stress steht.* Wenn eine Körperstelle aufgrund einer Anspannung dauerhaft schlecht durchblutet wird, werden weder ausreichend Sauerstoff noch Nährstoffe dorthin transportiert noch werden Stoffwechselprodukte und Toxine abtransportiert. Kein Wunder, wenn ein Organ oder Körperbereich irgendwann schlappmacht und nicht mehr genügend Energie für seine Gesunderhaltung findet.

Krankheiten, die offiziell mit Stress in Verbindung gebracht werden, sind: Allergien, Angststörungen, Arteriosklerose, Bluthochdruck (Hypertonie), Darmentzündung (Colitis), Depression, Herzinfarkt, koronare Herzerkrankungen, Magen-Darm-Geschwüre, Migräne, Kopfschmerzen, Rückenschmerzen, Tinnitus.

Krankheit als Meister der Persönlichkeitsentwicklung
Es gibt Diagnosen, mit denen viele Menschen gleich ein Todesurteil verbinden. Die Diagnosen selbst verstärken die Dramatik und die Belastung. Nehmen wir zunächst eine andere Perspektive ein. Wir wissen, dass Kinder nach überwundenen Kinderkrankheiten einen Entwicklungsschub machen. Die Überwindung einer Krankheit erzeugt eine körperliche Kräftigung und damit verbunden einen persönlich-seelischen Reifeprozess des Kindes. Fatal, dass wir den Kindern heutzutage diese Chance nehmen, wenn wir sie mit Antibiotika und Impfungen vollstopfen. Diese blockieren den natürlichen Heil- und Kräftigungsprozess des Körpers. Die Seele erfährt nicht, dass sie die Kraft hat, Probleme selbst zu überwinden. Der Körper kann den Kreis der Heilung nicht vollenden und kann in einer Schwäche steckenbleiben. Das Kind schleift unbemerkt einen blockierten Heilprozess durchs Leben. Bei Lebensgefahr brauchen wir Antibiotika, aber in den meisten anderen Fällen ist es besser, dem Körper Energie zur Verfügung zu stellen, damit er sich selbst heilen kann. Antibiotika greifen als Nebeneffekt unser lebenswichtiges gesundes Mikrobiom an, welches danach über sieben Jahre braucht, um sich zu regenerieren. Das kann Folgeerkrankungen nach sich ziehen. Energie kann als physische Unterstützung auch durch immunmodulierende Transferfaktoren zugeführt werden. Sie sind in der Lage, die Wirksamkeit des Immunsystems auf intelligente und natürliche Weise zu erhöhen.

Es gibt Früchte, die erst nach Frosteinwirkung genießbar werden wie Schlehen oder Preiselbeeren. Sogar der Same des riesigen Mammutbaums geht erst nach einem Frost auf. Von der Trauma-Expertin Luise Reddemann stammt das Zitat: »Es gibt Samen, die gehen erst auf, wenn sie zweimal Frost hatten.«[36] Auf unsere Emotionalität übertragen bedeutet das: Es gibt Weiterentwicklungen, die sich erst nach dem Durchschreiten eines Tals vollziehen. *Warum soll Krankheit nicht auch für uns Erwachsene einen Kräftigungs- und Entwicklungsschub bedeuten?*

Die Homöopathie-Forscherin Antonie Peppler geht in ihrer Reihe: »Kreative Homöopathie« davon aus, dass sich eine Krankheit überhaupt erst bei der seelischen Bereitschaft zeigt, eine Entwicklung machen zu wollen. Gerald Hüther schreibt: »Wir haben die Stressreaktion nicht deshalb, damit wir krank werden, sondern damit wir uns ändern können.«[37] Nach einer sehr physischen Anstrengung durch eine Wanderung auf dem spanischen Jakobsweg im Jahr 2012, habe ich unerwartet eine neue seelische Erfahrung gemacht. Ich habe erlebt, dass der Körper in der Lage ist, durch seine Prozesse die Seele mitreifen zu lassen. In meinem Buch »BeWEGt vom Atem der Erde bis mitten ins Herz«[38] habe ich darüber geschrieben.

Deshalb nutze neben der medizinischen Versorgung diese Heurekum-Regeln, wenn du ein Symptom hast oder eine Diagnose erhältst:

1. Mache kein Drama daraus! Definiere das vermeintliche Drama und die Angst um in einen möglichen Gewinn. Betrachte die Reaktion deines Körpers als etwas, das deine seelische Entwicklung fördern möchte.
2. Das Symptom ist ein Schrei des Körpers, gehört zu werden. Das Symptom drückt einen Teil von dir aus, den du unbewusst in eine energetische Verbannung geschickt hast. Danke der Krankheit oder dem Symptom für seine Botschaft, auch wenn du sie noch nicht verstehst.
3. Beschließe, die Botschaft des Körpers zu hören und anzunehmen. Wenn es dir nicht allein gelingt, kannst du professionelle Hilfe finden. Kinesiologen können wunderbar helfen, das Unbewusste aufzudecken.
4. Freue dich auf den Prozess deines Körpers, seine Selbstheilungsmechanismen zu aktivieren und die Störung zu überwinden. Freue dich auf den Reifesprung, der dadurch vielleicht auf dich wartet.
5. Wenn du das Wort »unheilbar« hörst, glaube es einfach nicht. Das heißt nur, dass eine Krankheit bisher unheilbar erschien.
6. Mache dich an die Arbeit, dem Symptom durch die vorher beschriebene Herz-Transformations-Arbeit Heilimpulse zuzuführen.
7. Lasse dich von deinem Arzt mit seiner Expertise unterstützen. Lasse die Verantwortung für deine Heilung jedoch immer bei dir. Achte darauf, dass natürliche Heilprozesse möglichst nicht unterdrückt werden.

Wenn das Bein »weint«

Mein Lieblingsworkout ist das Joggen, weil es unkompliziert ist und keine langen Vorbereitungen benötigt. Die Muskeln in den Oberschenkeln meines rechten Beins schmerzen dabei seit einiger Zeit so, dass mir das Laufen schwerfällt. Ich lege meine Hand darauf und gebe dem ersten Muskel still und absichtslos Aufmerksamkeits-Energie. Ich verstärke die Energie, indem ich dorthin atme. Ich frage den Muskelbereich, was mit ihm los ist und warte. Irgendwann habe ich das Gefühl, dass das Bein weint. Es zuckt und auch meinem emotionalen System ist zum Weinen zumute. Ich lasse es zu. Es fühlt sich an, als hätte ich einen Teil meines Stresses dort in die Verbannung geschickt. Über den Öffnungscode »annehmen«, der das Herz für diese Disharmonie geöffnet hat, lasse ich die gestaute Energie aus meinem Oberschenkel ins Herz fließen. Ich überlasse sie der Intelligenz des Herzens, die es zu transformieren weiß. Dieser Muskel verhält sich beim nächsten Joggen ruhig. Doch es gibt andere, die noch schmerzen und ich hole diesen Prozess für sie später nach.

Einmal hatte ich in meiner rechten Wade einen so starken Schmerz, als würde mir jemand mit krallenden Fingern hineingreifen. Dieser Schmerz hatte sich über die Jahre in Zyklen verstärkt. Ich habe ihn nicht erhört. Schließlich wird er so dauerhaft und stark, dass ich nachts vor Schmerzen nicht mehr schlafen kann. Ich gehe zu einer Orthopädin. Sie meint, da die Wade nicht fest sei, sei es keine Thrombose und sie könne da nichts machen. Sie schickt mich wieder nach Hause und gibt mir den Rat, dass ich damit leben müsse. Doch solche Ratschläge stoßen bei mir auf Unglauben. Ich begreife endlich, dass ich mich selbst darum kümmern muss. Als ich in der nächsten Nacht wieder nicht schlafen kann, nehme ich mir Zeit für die beschriebene Übung. Lange gebe ich der Stelle meine Aufmerksamkeit – doch es bewegt sich nichts. Ich habe keine Wahl und bleibe dran. Es dauert sehr lange, bis sich etwas tut – vielleicht 30 Minuten. Schließlich zieht sich ein Schleier weg und mir wird plötzlich klar, dass der Schmerz etwas mit einer sehr strengen, aber unbewussten Anforderung an mich selbst zu tun hat. Ich frage mein Herz, ob es sich dafür öffnen kann. Erbarmen – das ist diesmal der Öffnungscode. Ich gebe diese strenge Anforderung an mich auf und lasse sie ins Herz fließen. Dann geschieht etwas Erstaunliches. Es ist, als würde dieser zusammengezogene Schmerz explodieren. Die Explosion verteilt sich über den ganzen Körper wie eine auslaufende Welle. Danach ist der Schmerz weg und ist bis heute – dreizehn Jahre danach – nie mehr wieder aufgetaucht.

Ja, selbst auferlegte Strenge ist für uns Deutsche keine Überraschung. Entschlossenheit, Disziplin, Willenskraft, Fleiß sind sicher Tugenden. Ohne die Beteiligung des Herzens können sie jedoch das innere Kind zerbrechen.

Im Hessenpark im Taunus befindet sich ein großes Bild mit Kindern einer Schule des ausgehenden 19. Jahrhunderts. Da sitzen viele Knirpse und schauen schon im Kindesalter mit sehr ernsten und strengen Mienen drein. Ein einziger Junge lacht frech in die Kamera. Wenn ich Fotos meiner Vorfahren sehe, sind die Frauen streng gekleidet, haben strenge Frisuren und versteinerte Gesichter. Das ist sicher den harten Zeiten geschuldet, in denen selbst schwangere Frauen bis zum Umfallen arbeiten mussten. Zeiten, in denen sie ein Kind nach dem anderen bekamen und ihre Körper keine Zeit für Regeneration hatten. Doch es spiegelt auch die Strenge ihrer Gedanken. Es ist kein Wunder, dass wir das von unseren Vorfahren zumindest unbewusst übernommen haben. Wie schön, dass wir es nachträglich ändern können. Im letzten Kapitel 10: »Das Herz als Stress-Transformator nutzen« hast du eine praktische Übung erhalten, wie du ebenso mit der Intelligenz deines Herzens für emotionalen Stress, Schmerzen, Symptome, psychosomatische Körperreaktionen und Krankheiten Heilimpulse aktivieren kannst. Das bedeutet, auf der emotionalen Ebene Verantwortung für seine Gesundheit zu übernehmen. Es ist eine spannende Reise, auf der wir lernen können, uns selbst und unseren Körper besser zu verstehen. Ich bin sehr glücklich über diese Möglichkeiten, denn dadurch konnte ich bisher die meisten meiner Beschwerden dauerhaft klären. Sogar eine Gürtelrose heilte nach der emotionalen Arbeit schnell ab.

Wer ist der Heiler?
Nach einem gesundheitlichen Check-up vor einigen Jahren blickte ich in das enttäuschte Gesicht einer Ärztin. Sie war traurig,

dass sich daraus nichts Behandlungsbedürftiges ergeben hatte. Ich hätte mich gefreut, wenn sie mir gratuliert hätte. Einige »Glückshormone« hätte sie dadurch in mir ausgelöst und damit meine Gesundheit gefördert. Dann wäre sie in der Tat heilerisch tätig gewesen.

Der Körper heilt sich oft selbst, wenn wir von der Stressbremse gehen und stattdessen positive Gefühlserfahrungen erzeugen. In einem Vortrag des Epigenetikers Bruce Lipton hörte ich einmal, dass es für die Gesundheit nicht nur Stressabwesenheit, braucht, sondern die Anwesenheit der positiven Energie von Freude.

Körperreaktionen sind genial. Was will beispielsweise ein Schmerz? Vielleicht schmerzt dein kleiner Zeh, an den du schon lange nicht mehr gedacht hast. Aber durch diesen Schmerz schickst du nun unwillkürlich Gewahrsein dorthin. Das war seine Absicht, denn du gibst ihm nun Aufmerksamkeitsenergie. Das fördert seine Durchblutung – damit kann er seine Selbstheilung aktivieren. Wenn du diesen Prozess bewusst zelebrierst, kannst du sehr viel erreichen.

Für Selbstheilungsprozesse gibt es die Heringsche Regel: Krankheiten heilen von innen nach außen, von oben nach unten, rückwärts durch die Zeit. Dadurch sind kurzzeitige Aktivierungen von Symptomen möglich und neue Krankheitsbilder können auftauchen. Genauso müssen bei der emotionalen Heilung die Emotionen aktiviert sein – also gefühlt werden, um sich verwandeln zu können.

Für deine Selbst-Heilung kannst allein du Verantwortung übernehmen. Denn ob bewusst oder unbewusst – du warst in der Lage, ein Symptom zu produzieren. Wer das kann, der ist auch dafür zuständig, es zu ändern. Die vielen Lösungsmöglichkeiten, die bekannt sind, würden den Rahmen dieses Buches sprengen. Mir ist wichtig, *eine Perspektive-Änderung vom Krankheits-Schicksal zur proaktiven persönlichen Entwicklung vorzuschlagen und mich auf den Wert des* Heurekum-Zustands *für die Gesundheit zu konzentrieren.* Das ist nicht einmal neu. Demokrit (460 v. Chr.) wird dieses Zitat nachgesagt: »Da flehen die Menschen die Götter um Gesundheit an und wissen nicht, dass sie selbst die Macht darüber besitzen.«

12. Sich trauen, zu vertrauen

Der Sorgenreflex

Ein Großteil aller Sorgen, die wir uns machen, sind unbegründet angeblich sind es 95 Prozent. Sie sind nur eine destruktive Anwendung unserer Vorstellungskraft. Reflektiere das einmal für dein Leben. Wie viele deiner Sorgen haben sich bisher als sinnvoll herausgestellt? Für manche ist es sogar ein Sport oder ein Reflex, sich zu sorgen. Sie finden einfach immer eine Sorge und überraschen mit ihrer negativen Kreativität. Mit einer dieser Personen besichtigte ich ein neues, futuristisches Einkaufszentrum auf der Frankfurter Zeil. Anstatt zu staunen, sagte diese Person zuallererst: »Hoffentlich stürzt das nicht einmal ein.« Na ja, am nächsten Tag stürzte in Köln die Bibliothek ein. Ich hoffe, die Bibliothek ist nicht durch diese Sorge inspiriert worden …! Wenn wir uns also nur um fünf Prozent aller Sorgen, die wir uns machen, sorgen müssen, könnten wir jetzt aufatmen und uns richtig entspannen. Am besten schreibst du schnell einmal alle deine Sorgen auf – und dann streichst du ca. 95 Prozent einfach durch. Ich hoffe, es bringt dir Lachen und Erleichterung! Sorgen helfen in der Regel nicht, ein Problem zu lösen. Sie wimmeln auf der Panikum-Autobahn. Sorgen sind das Vibrieren eines vor Stress hyperaktiven Nervensystems, das jeden Moment reflexartig überschießen kann.

Natürlich kann in jedem Moment unseres Lebens etwas geschehen, das wir als Störung empfinden. Doch was bringt es, sich darauf zu fokussieren? Der Fokus verändert die Wahrnehmung und sogar die Ereignisse. Störungen, die unseren Weg kreuzen, tragen eh eine Botschaft, die uns dienen soll. *Wenn du jedoch alles, was zu dir kommt, einfach als wohlwollende Botschaft definierst, die dir dienen will, kannst du vielleicht völlig gelassen durchs Leben gehen?* Wie fühlt sich dieser Gedanke für dich an? Erstaunlicherweise wirst du bei dieser Definition die wohlwollenden Botschaften immer mehr erkennen.

Vertrauen ist gut – doch woher nehmen?
Es gibt eine Qualität, die sich nie auf der Panikum-Autobahn bewegt. Sie ist jedoch ein Sprungbrett zur Heurekum-Autobahn. Dort ist sie gewissermaßen der Straßenbelag. Es ist das Vertrauen – oder besser gesagt – das Urvertrauen. In einer Welt, in der wir vieles nicht im Voraus wissen können und es viele Unwägbarkeiten gibt, ist es ein äußerst beruhigender Faktor.

Woraus können wir Urvertrauen schöpfen? Vielleicht aus der Geborgenheit im Mutterleib? Vielleicht aus der gesunden Bindung an die Mutter in den ersten Lebensjahren? Vielleicht aus der Rückendeckung eines Vaters, der uns ermutigt, Neues auszuprobieren? Vielleicht aus allem, was uns gelingt? Vermutlich ist es ein Instinkt, den wir schon in das Leben mitbringen. Ganz sicher jedoch sind unsere Eltern die ersten Säulen im Leben, in denen sich unser Urvertrauen spiegelt und bestätigt. Was geschieht, wenn Eltern unser Vertrauen nicht bestätigen, uns nicht den Rücken stärken, die Elternschaft vernachlässigen oder sogar missbräuchlich mit dem Kind umgehen? Das erzeugt ein Trauma tief an unserer Wurzel – am Kern unsers Wesens.

Ebenso dramatisch für unser Urvertrauen ist es, wenn wir eines oder beide Elternteile ablehnen. Lange war auch ich davon überzeugt, dass ich mir das leisten könnte. Denn natürlich haben unsere Eltern Fehler, Ecken und Kanten. Doch das *Annehmen der Eltern mit allen Schwächen und Stärken ermöglicht auch den Kindern ihre Selbstannahme.* Schließlich sind wir zu 100 Prozent aus ihrer Blaupause hervorgegangen. Die Eltern spiegeln uns in einem seelischen Sinne unsere Stärken und Schwächen, die wir auszubauen oder zu überwinden suchen – das ist der Sinn ihrer Unzulänglichkeiten. Wenn wir Elternteile ablehnen, kann ihre Energie nicht zu uns fließen und uns energetisch nähren. Deshalb rate ich jedem, einen Weg zu suchen, durch den er seine Eltern bedingungslos annehmen und ihrer Natur zustimmen kann. Das bedeutet, gegenüber den Eltern in der empfangenden Position zu bleiben – auch wenn wir längst Erwachsene sind. Wenn wir uns durch Urteile über sie erheben, können wir leider nichts von ihnen empfangen.

Eltern geben ihren Kindern alles, was sie an Energie haben. Doch viele Eltern, besonders die der Nachkriegsgenerationen, hatten ihren Kindern nicht viel emotionalen Rückhalt zu geben, weil ihre Energie in Verstrickungen der Vergangenheit, in Traumen und Kriegen blockiert war. *Was uns unsere Eltern nicht geben konnten, gilt es zu akzeptieren, damit wir erwachsen werden können und nicht der Energie, der Liebe, der Zuwendung, der Anerkennung der Eltern unser Leben lang hinterherlaufen.*

Eine ältere Frau erzählte mir einmal die traurige Geschichte, dass ihre Mutter sie in ihrer Kindheit und Jugend ausgegrenzt, erniedrigt, entwürdigt, beschimpft und wie Aschenbrödel behandelt hat. Sie durfte nicht einmal mit am Tisch essen. Ich konnte nicht glauben, dass so etwas möglich ist. Ich fragte sie, welche Beziehung sie heute zu ihrer schon sehr alten Mutter habe. Sie sagt, dass sie sich um ihre Mutter kümmert, ihr stets Blumen mitbringt und ihr hilft. Das alles mache sie in der Hoffnung, endlich einmal von ihrer Mutter anerkannt zu werden. Diese Sehnsucht bindet sie so ungesund an ihre Mutter, dass sie sich nicht davon lösen und erwachsen werden kann.

Das ist ein extremes Beispiel – aber in Nuancen und Schattierungen findet es millionenfach statt – die Hoffnung, von den Eltern endlich den Durst der Seele nach vollkommener Bejahung gestillt zu bekommen. Wenn Eltern dies nicht oder nur teilweise geben konnten, braucht es als Erwachsene das nüchterne Anerkennen »So ist es«, damit wir uns aus der von einem Mangel getriebenen Bindung an die Eltern befreien und erwachsen werden können. Wer das akzeptierende »So ist es«, nicht sagen kann, wird unbewusst immer weiter versuchen, das Defizit an emotionaler Zuwendung auszugleichen, selbst wenn die Eltern schon verstorben sind. Er wird die Suche unbewusst weiterführen in stellvertretenden Personen wie Chefs und anderen Autoritätspersonen, in Partnern oder Freunden. Diese können uns den Mangel nicht ausgleichen – weitere bittere Enttäuschungen sind vorprogrammiert.

Wenn der Verlust der Zuwendung akzeptiert wird, mag sich die Trauer darüber melden, dass wir eine so wichtige Seelennahrung nicht bekommen konnten. Diese Trauer möchte gefühlt werden und Tränen dürfen endlich fließen. Die Trauer ist heilsam und verbindet uns mit innerer Schönheit. Anschließend braucht es die heilsame Haltung, sich die ersehnte Bejahung über die Herzenergie selbst zu geben und sie aus dem Leben zu schöpfen. Wenn wir unsere Eltern annehmen wie sie sind oder waren, dann wird ihre Energie zu uns fließen können mit allem, was sie uns zu geben haben oder hatten – selbst wenn es nicht viel war. Dann wird es uns gelingen, uns selbst anzunehmen, so wie wir sind. Dann kehrt Beruhigung in uns ein. Familienaufstellungen sind ein gutes Werkzeug dafür.

Du wirst erstaunt sein, wenn du dir einmal bewusst machst, wie viel Ur-Vertrauen du schon zeigst. *Wusstest du, dass du die Qualität des Vertrauens in hohem Maße schon besitzt?* Du stehst tatsächlich jeden Morgen vertrauensvoll auf, und begibst dich in einen zumindest teilweise ungewissen Tag. Du weißt nicht, was heute geschieht, du weißt nicht, wem du begegnest, du weißt nicht, was dir gelingt und was dir misslingt. Trotzdem riskierst du diese Ungewissheit und bleibst nicht im Bett liegen. Wer im Bett bleibt, der kann schließlich auch keine Fehler machen – außer dem Fehler, im Bett zu bleiben und nichts zu erleben. Du hältst das vielleicht für selbstverständlich, weil es so üblich ist. Doch mache dir klar, wie viel Mut und Vertrauen das erfordert.

Wenn wir die Nachrichten hören, scheint es im Leben mehr Gründe zu geben, nicht zu vertrauen, als zu vertrauen. Persönlich hast du sicher genügend Erfahrungen gemacht, die dich vorsichtig sein lassen. Es gibt Länder, in denen Menschen so viel Negatives erleben und erlebt haben, dass ihre Fähigkeit, zu vertrauen, längst gestorben sein müsste. Ich bewundere die vielen Migranten, die aus grausamen Kriegserlebnissen geflüchtet sind, eine traumatische Flucht erlebt haben und bei uns inzwischen von so vielen ablehnt werden, dass sie trotzdem jeden Morgen aufstehen und ihrer Hoffnung folgen. Oder die Weißhelme in Syrien, die trotz aussichtloser Lage und gefährlichen Bombardements ihr Leben riskieren, um Menschen aus den Trümmern zu ziehen. Das sind nur wenige Beispiele von vielen weltweit, die ein Chapeau! verdient haben. Selbst in qualvollen KZ-Erfahrungen haben Menschen die Hoffnung nicht verloren. Das Zwitschern eines Vogels konnte ihnen Hoffnung geben, die Beobachtung einer Ameise konnte ihnen Mut machen, das Wehen des Windes konnte sie trösten. Das ist rein logisch wirklich nicht zu fassen. Auch wenn oft versucht wurde, Menschen von Hoffnung, Zuversicht und Vertrauen abzuschneiden: *Tief im Menschen scheint ein Wissen zu existieren, dass er letztlich vertrauen kann, dass es Hoffnung für ihn gibt und dass es Sinn macht zu vertrauen.*

Hast du dir schon einmal bewusst gemacht, was alles im inneren Kosmos deines Körpers und im äußeren Kosmos der Erde und der Himmelkörper geschehen musste, damit du in einem so zerbrechlichen Körper schon so viele Jahre leben konntest wie bisher? Würde man alle Bedingungen auflisten, müsste man rein logisch sagen, dass dies gar nicht möglich ist. Und doch existierst du schon eine ganze Weile. Du brauchst dich um die vielen notwendigen Voraussetzungen nicht einmal zu kümmern. Du kannst getrost deinen Ideen, Wünschen und Zielen nachgehen. *Das Leben vertraut dir vollkommen.* Es vertraut dir, dass du damit etwas Sinnvolles anfängst, dass du etwas über dich und das Lebens lernst. Es vertraut dir einfach – sogar egal, was du damit machst – Punkt. *Es stellt dir keine Bedingungen, was du damit anfangen sollst.* Da die Sonne schon so oft aufgegangen ist, vertraust du, dass sie auch am nächsten Tag wieder aufgeht. Der Gärtner, der Bauer, der Imker, die Bienen – sie alle vertrauen, dass der Frühling wiederkommt, und es Kräuter, Blüten, Düfte, Nektar und Früchte gibt. Man könnte Bände mit solchen Beispielen füllen. Es zeigt nur, wie viel Vertrauen uns täglich umgibt und in uns ist. Es scheint uns allerdings so selbstverständlich, dass wir es gar nicht bewusst registrieren. In der Wüste mag ein Tropfen Wasser für uns den Himmel bedeuten – wenn es regnet, wissen wir ihn kaum zu schätzen.

Von Abraham Lincoln soll die Aussage stammen: »Lieber vertraue ich jedem und werde manchmal enttäuscht, als dass ich jedem misstraue.« Das sagte ein Mann, der Grund hatte, vielen Menschen in seinem Umfeld zu misstrauen. Er war klug genug, sich mit dieser Einstellung eine gute Fahrt auf der Heurekum-Autobahn zu sichern. Wenn ich jedem und allem misstraue, fühle ich mich stets in einer »Hab-Acht-Haltung« und Panikum ist nur einen Atemzug entfernt. Vertraue ich jedem und kalkuliere ein, dass nicht jeder das Vertrauen verdient hat, geht es mir die meiste Zeit gut und Heurekum kann sich ausbreiten. *Dabei ist Vertrauen kein Blindflug, sondern es segelt auf achtsamer Gelassenheit.* Achtsamkeit bedeutet, mit dem Steuer in der Hand alle Strömungen wertungsfrei einzubeziehen und die Richtung an Wind und Wellen anzupassen. Den Satz von Lincoln kann man weiter entwickeln: »Lieber vertraue ich jedem Moment in meinem Leben, und erfahre manchmal etwas, das dieses Vertrauen infrage stellt, als dass ich mein Leben in besorgtem Misstrauen verbringe.«

Vertrauen zu haben, ist einfach eine bewusste Entscheidung. Entweder, wir haben in einer Situation gelernt, dass Vertrauen berechtigt ist, oder wir investieren das Vertrauen bewusst als Vorschuss. So können wir uns auch grundsätzlich entscheiden, Vertrauen in das Leben und in alles, was uns begegnet, zu haben. Diese Entscheidung ist nicht blauäugig, wenn wir uns bewusst machen, dass uns das Leben schon zeitlebens bedingungslos vertraut. Sie ist sehr fundiert, wenn wir uns bewusst machen, dass uns das Leben in all unserer Komplexität erhält – selbst ohne etwas dafür zu verlangen. Unserem Verstand wäre es eine schier unlösbare Aufgabe, die unzähligen dafür erforderlichen Systeme des Körpers, der Erde und des Sonnensystems stets im Gleichgewicht zu halten. Wenn du dich angesichts dieser überwältigenden Tatsachen grundsätzlich für Vertrauen im Leben entscheidest, dann *investiere das Vertrauen auch in dich – bedingungslos.*

Wenn du zu denen gehörst, die mit Panikum-Energie von Misstrauen und Ängsten bisher leichtfertig dein Nervensystem aufgerieben hast, frage dich, wie oft das wirklich angebracht war. Vermutlich hast du damit übermäßig viel Energie verschwendet. Oft schießen wir mit Kanonen auf Spatzen und stecken mit unserer Hysterie sogar andere an. Finde deine Wege, diese Sucht nach dem Drama zu beenden, damit sich dein Nervensystem regenerieren kann.

Vertrauen ist in der Lage, dein Nervensystem zu entspannen. Dabei kannst du nicht gleichzeitig Zweifel bedienen und glauben, du könntest dir leisten, parallel auf der Panikum-Autobahn *zu fahren.* Viele tun das und wundern sich, wenn ihr Vertrauen nicht bestätigt wird. Denn dann wird das wirken, was die stärkste emotionale Ladung hat – Panikum oder Heurekum.

Natürlich ist es in jeder Lebenssituation erforderlich, für größtmögliche Sicherheit zu sorgen. Natürlich ist es wichtig, in wachsamer Gelassenheit seine Umwelt zu beobachten. Natürlich ist es wichtig, Hindernisse und Probleme im Voraus zu bedenken. Doch nicht alles lässt sich voraussehen und absichern. Für den Rest benötigen wir Vertrauen. Bei aller Wachsamkeit benötigen wir es als dominante Grundschwingung, als guten Begleiter für ein Leben mit Heurekum und ein frei atmendes Nervensystem.

Lieferungen aus dem Quantenfeld

Vertrauen hat noch eine andere Komponente. Es ist unserem Bewusstsein kaum möglich, sich auf mehr als eine Sache gleichzeitig zu konzentrieren. Wenn du ein Gespräch führst, einen Vortrag hältst, einen Text schreibst, ein Ziel verfolgst, hast du vorher keine Ahnung, wie es genau verlaufen wird. Du bereitest dich vielleicht vor – aber du musst im Verlauf spontan auf neue Situationen reagieren können. Was sorgt dafür, dass dir im richtigen Moment gute Beispiele, Zitate, Möglichkeiten oder Zusammenhänge einfallen? Was sorgt dafür, dass du nichts Wichtiges vergisst? *Was sorgt dafür, dass du im richtigen Moment die benötigten Informationen in deinen Geist geliefert bekommst,* nach denen du nicht suchen konntest, weil du sie noch nicht kanntest?

Während ich einen Teil des Buches schreibe, sitze ich an einem schönen Stausee. Jeden Tag drehe ich hier meine Jogging-Runden. Dabei entdecke ich eine süße Entenfamilie mit sechs Küken. Am nächsten Tag nehme ich meine Kamera mit, um sie zu fotografieren. Doch sie sind verschwunden. Auch in den nächsten Tagen bleiben sie spurlos der offenen Wasserfläche fern. Okay – ich akzeptiere und vergesse es. Am letzten Tag bei meiner letzten Runde schlage ich mich plötzlich, ohne nachzudenken, in ein gelichtetes Uferschilf. Oh, da am Ufer sind sie ja! Sie liefern mir einige schöne Fotos. Ich hatte mein Ziel längst aufgegeben – aber das Unterbewusste hatte es nicht vergessen. Selbst bei solch unwichtigen Dingen verfolgt das Unterbewusste unbeirrt das Ziel, das wir ihm einmal vorgegeben haben. Woher wusste *es,* dass sich die Enten gerade dort an dem großen See aufhalten?

Lasse uns einen kleinen Sprung in die Theorien der Quantenphysik machen. Demnach ist alles, was einmal in Verbindung war, miteinander verschränkt. Da wir ja alle aus dem Urknall hervorgegangen sein sollen, ist alles, was wir kennen, über Quantenfelder miteinander verbunden. Unser Unterbewusstes, welches ein schier unvorstellbarer Speicher von Informationen ist, hat auch Antennen zu Informationen, die außerhalb unserer bewussten Erfahrungen liegen. Durch ein Ziel, eine Aufgabe, einen mentalen Auftrag, ein Bedürfnis, eine Emotion bekommt das Unterbewusste eine Richtung im Quantenfeld, in der es suchen kann. Über die Intuition werden die Informationen in unser Bewusstsein transportiert. *Das bedeutet, dass unser Geist im entspannten Zustand in der Lage ist, sich die benötigten Informationen zu beschaffen. Und zwar genau zu dem Zeitpunkt, an dem wir sie brauchen oder es passt – nicht früher – nicht später.* Der entspannte neuronale Zustand ist sehr wichtig, da wir sonst nicht offen genug sind und durch unsere Hyperaktivität die Einfallstore der Intuition verschließen können. Das ist der Grund, warum viele Menschen gute Einfälle haben, wenn sie unter der Dusche stehen oder auf der Toilette sitzen. In diesen Momenten vergessen wir einmal kurz, die Türen zur Intuition zuzuhalten. Und schwupps ... kann sie uns ein kleines Paket an Informationen und Ideen rüberschieben. Wie erreichen wir Entspannung? Einfach, indem wir erst einmal alles annehmen, was uns über den Weg läuft, und es nur beobachten.

Größtmögliche Offenheit ist wichtig, weil die Intuition auch durch Metaphern und Ereignisse des täglichen Lebens zu uns spricht. An manchen Tagen erscheint mir jedes Erlebnis eine stille Botschaft zu enthalten. Lasse ich mich darauf ein, entsteht eine Magie, die mich nur staunen lässt.

Es braucht Vertrauen und Mut, sich dem Nichtwissen auszusetzen, um im rechten Moment die richtigen Worte und Impulse geliefert zu bekommen. In meiner Tätigkeit – Beratungen, Training, Vorträge, Schreiben – bin ich trotz aller Vorbereitungen auf diese »Lieferungen« angewiesen. Je mehr ich in der Energie des Vertrauens lebe, desto mehr bin ich im Fluss mit den Dingen. Desto mehr kann ich mich dem Leben einfach hingeben und es dadurch immer neu erleben. Es würde ein Buch füllen, die Erlebnisse zu dokumentieren, die ich bisher damit hatte. Und du? Ich bin mir sicher, du hattest reichliche Erlebnisse dieser Art. Wenn du magst, sende mir ein E-Mail und berichte darüber – vielleicht wird es zu einem neuen Buch?

Was du für dich tun kannst, um Heurekum durch Vertrauen in dich selbst und dein Leben zu aktivieren:

- *Sich für Vertrauen entscheiden:* Wenn du dich für Vertrauen in deinem Leben entscheidest, wirst du nach dem Prinzip der Resonanz und durch die Natur des Wahrnehmungsfilters für dein Vertrauen Bestätigungen finden. Wir reden hier nicht von naivem, blindem Vertrauen in alles, was deines Weges kommt. Sondern davon, deine gefühlte Wirklichkeit zu schaffen, in der Heurekum viel Raum einnehmen kann. »Ich vertraue dem Wohlwollen in meinem Leben.« Eine Entscheidung, die du immer wieder bestätigen kannst. Experimentiere und entdecke, wie sich dein Leben dann gestaltet.

- *Das Intuitionsreservoir anzapfen:* Intuition ist eine eigendynamische Quelle von Informationen und Ideen. Sie spricht zu uns spielerisch durch Bilder, Symbole, Metaphern, Körpergefühle, Ereignisse, Erlebnisse, andere Menschen, Kinder, plötzliche Einfälle. Sie kann uns am besten erreichen, wenn wir entspannt sind.

Merkmale intuitiver Impulse: Sie kommen plötzlich und im rechten Moment; sie fühlen sich richtig und ruhig an – auch wenn wir die Botschaften zuerst nicht verstehen; sie sind mit einem positiven Gefühl verbunden.

Wie kannst du dieses Reservoir möglichst optimal anzapfen?
- Sorge für Entspannung – auch wenn eine Situation brenzlig ist. Der Satz von Laotse: »Wenn du es eilig hast, gehe langsam.« drückt diese Haltung trefflich aus.
- Lasse los von fixen Überzeugungen und Bewertungen. Sei offen für neue Sichtweisen.
- Lade deine Intuition bewusst ein, möglichst viel mit dir zu kommunizieren – ja sogar, spielerisch deinen Tag zu begleiten.
- Erwarte stets vertrauensvoll Botschaften deiner Intuition und sei offen für die Botschaften der Ereignisse um dich herum.
- Verbinde dich gleich morgens und immer wieder über den Tag mit deinem Körpergefühl, damit du seine Botschaften mitbekommst. Dein Körper ist ein wichtiger Kanal für intuitive Impulse.
- Bedanke dich stets für jede Botschaft, die du intuitiv empfangen hast.

13. Die Zeit dehnen – statt Zeitdruck

Zeit ist relativ

Als Kinder, erlebten wir so viele Wunder an einem Tag, sodass er uns unendlich lange vorkam. Was uns als Erwachsene gewöhnlich erscheint, war in unserer Kindheit ein Wunder. Alles war eine aufregende Entdeckung, die biologische Belohnungen in unserem Gehirn freisetzte. Je älter wir wurden, desto mehr schien uns die Zeit davonzulaufen. Wir kannten schon so vieles, hatten das Meiste in unserem Gehirn gebahnt und die Tage waren weniger voll des Lernens als voll des Wiederholens. *Innerlich jung bleiben die Menschen, die sich auch in reifen Jahren das Staunen und das Wundern bewahrt haben. Jedes Mal, wenn dies geschieht, dehnt sich ihre Zeit etwas aus.* »Das Höchste, wozu ein Mensch gelangen kann, ist das Erstaunen«, schrieb Goethe einmal.

Als eine der häufigsten Stressursachen geben Menschen Zeitdruck an. Laut Stressreport der Techniker-Krankenkasse 2016 sorgt sich ein Fünftel der Berufstätigen, dass es das Arbeitstempo nicht mehr mithalten kann. Nach einer Bertelsmann-Studie von 2015 machen 23 Prozent keine Pausen. Deshalb ist dem Umgang und der Vermeidung von Zeitdruck in diesem Buch ein eigenes Kapitel gewidmet. Die Uhr ist unser Taktgeber geworden. Sie ist eine wichtige gesellschaftliche Vereinbarung, die unser Miteinander koordiniert. Unsere inneren Uhren ticken jedoch unterschiedlich und so kann die Uhr zu einem Korsett werden. Wir können uns besonders in der Berufswelt kaum leisten, nach einem eigenen inneren Rhythmus zu ticken – obwohl es ihn gibt. Es gibt Menschen, die einen von Natur aus dominanten inneren Eigentakt haben. Das sind die Menschen, die selten Termine einhalten. Sie tauchen zwar auf – aber in ihrer eigenen Zeit.

Vielleicht geht es dir ähnlich: Wenn ich mich im Tunnel eines starken Zeitdrucks befinde, tauche ich ab. Immer weniger bekomme ich mit, was um mich herum geschieht. Immer weniger fühle ich mich selbst. Ich zwinge mir einen Takt auf, der mir nicht entspricht. Gleich mehrere Bedrohungen jagen mich: die Bedrohung, etwas nicht rechtzeitig zu schaffen, etwas zu verpassen, meinen natürlichen Rhythmus nicht leben zu dürfen, mich verbiegen zu müssen, soziale Anerkennung zu verlieren – denn wer zu spät kommt, der erntet kollektive Strafblicke oder Schlimmeres.

Haben wir die Bedrohung erst einmal identifiziert, können wir mentale Ausgleichsstrategien entwickeln. Ich hatte einmal einen Kollegen, der gebetsmühlenartig wiederholte: »In der Ruhe liegt die Kraft« – während ich manchmal wie ein Frettchen herumgesprungen bin. Er hat mich oft genervt damit, denn wer will schon in seinem Wahn durch gute Ratschläge gebremst werden? Genau das ist der Punkt: Wir auferlegen uns den Zeitdruck meist selbst. Es ist eine Frage des Fokus: Fokussiere ich mich auf das Beenden einer Aufgabe – oder auf das Erleben des Weges dorthin? Lasse ich mich emotional von meinen Zeitvorgaben herumkommandieren oder habe ich genügend Selbstliebe, um dem Druck nicht meinen Heurekum-Zustand zu opfern? *Der Fokus auf den Druck verengt die Zeit in unserer Wahrnehmung – der Fokus auf das Erleben, weitet sie.*

Lange war ich eine notorische Zuspätkommerin. Ich führe es darauf zurück, dass ich eine Spätgeburt war. Angeblich kommen Spätgeburten statistisch öfter zu spät als andere. Spaß beiseite – in Wirklichkeit finde ich es unangenehm, zu früh irgendwo zu sein und mich zu langweilen. Also packe ich schnell noch alle möglichen Aktivitäten vor einen Termin. Ich schaffe künstlichen Druck. Dann geschieht etwas nicht Eingeplantes wie ein Stau oder ein leerer Tank. Schon habe ich es wieder geschafft, aufzufallen – wenn auch unangenehm. Selbst wenn ich mich bemühe, pünktlich zu sein, geschehen die seltsamsten Dinge. Einmal war ich wirklich gut in der Zeit und stolz auf mich, endlich pünktlich zu kommen. Da war das Schloss meiner Fahrer-Autotür plötzlich kaputt. Die Tür flog in jeder Kurve auf. Ich musste schnurstracks in die Werkstatt fahren und kam sehr, sehr viel zu spät!

Wenn sich trotz aller Bemühungen das alte Muster immer wieder nach vorne drängt, muss das Unterbewusste damit noch einen anderen Gewinn verbinden. Vielleicht will ich unbewusst Aufmerksamkeit bekommen – denn wer zu spät kommt, der fällt auf? Es ist sogar ein altes Machtspiel von höhergestellten Personen, dass sie gerne auf sich warten lassen, um ihre Bedeutung zu unterstreichen. Da hilft alles nichts – den unbewussten Gewinn muss ich mir anders verschaffen. Ich brauche ein neues mentales Muster, um nicht immer wieder in die gleiche Falle zu laufen. Ich definiere einige Dinge um. Um mir Pünktlichkeit zu erlauben, bringe ich meinem Bewussten und Unterbewussten Gedanken bei wie z.B.:

- Es ist okay, wenn ich etwas warten muss. Wenn ich zu früh bin, kann ich mich besser vorbereiten oder Kontakte pflegen.
- Ich beachte mich selbst, dann brauche ich nicht mehr zwanghaft aufzufallen.
- Ich bin stolz auf mich, wenn ich pünktlich bin. Es ist mir wichtiger, als viel erledigt zu haben.

Pünktliche Menschen amüsieren sich vielleicht, wenn sie das lesen. Doch wer zur Unpünktlichkeit neigt, der weiß, wovon ich spreche.

Im Zeitdruck benötigen wir dringend Selbstberuhigungen. Eine wichtige ist, den Stress-Umkehr-Code anzuwenden und von vornherein zu akzeptieren, wenn es in der vorgegebenen Zeit nicht geschafft wird. Dann braucht Panikum nicht dauernd gegen diese Bedrohung anzukämpfen.

Hier ein Beispiel für eine tiefergehende Arbeit mit diesem Thema: Wenn ich in Zeitdruck geraten bin, konnte ich mich oft nicht daraus lösen. Ich wurde hyperaktiv, was meine Umwelt manchmal vor den Kopf gestoßen hat. Erst nach Jahrzehnten dämmerte mir, dass ich das Thema einmal mit der Herz-Transformations-Übung bearbeiten sollte. Der Konflikt reichte zurück bis zu meiner Geburt, bei der ich lange im Geburtskanal stecken geblieben bin. Unbewusst habe ich das Steckenbleiben und Nichtweiter-Kommen als Drama und gefährlichen Konflikt abgespeichert. Im weiteren Prozess öffnete sich das Herz mit dem Code „es erlauben". Diesen Zustand zu erlauben/zuzulassen und nachträglich nicht mehr als Drama zu definieren, brachte mir enorme emotionale Erleichterung. Die ganze Anspannung ließ ich ins Herzzentrum fließen zu seiner intelligenten Transformation.

Hast du schon einmal festgestellt, dass du für Aufgaben meist so viel Zeit brauchst, wie du dafür hast? Wenn ich ein neues Seminar ausgearbeitet habe, was länger dauerte als geplant und realistisch vor dem Seminartermin nicht mehr zu schaffen war, habe ich immer wieder diese Erfahrung gemacht. Seltsamerweise schaffte ich es – hochkonzentriert bis auf die letzte Minute, nicht vorher. Unsere Zeitwahrnehmung ist relativ. Unser Zeiterleben hängt von unseren mentalen Entscheidungen und Einstellungen ab. Wandle also jeden destruktiven Gedanken, wie »Das schaffe ich nicht«, »Ich habe zu wenig Zeit und zu viel zu tun«, erst einmal in einen zuversichtlichen Gedanken um. Statt die Zeit mental zu verengen, können wir sie mental dehnen. Vielleicht helfen dir dabei diese Gedanken:

- Ich habe für alles genau so viel Zeit, wie ich brauche.
- Ich schaffe es in der Zeit, die ich habe.

Eine wunderbare Technik, Zeitdruck abzumildern und das Unbewusste zu beruhigen, ist die *Kinotechnik*. Vor langer Zeit hatte ich einmal eine internationale Veranstaltung in Brüssel mit vorzubereiten und war mit für die Unterbringung von tausenden Teilnehmern aus aller Welt verantwortlich. Leider haben wir im Heraufdämmern des PC-Zeitalters noch kein passendes Computerprogramm zur Verfügung. Daher organisieren wir das händisch mit Listen und Charts – aus heutiger Sicht ein absurdes Unterfangen. Es ist ein derartiges Chaos und eine Überforderung unserer Ressourcen, sodass ich irgendwann keine Ahnung mehr habe, ob und wie das alles funktionieren könnte. Die Kinotechnik kenne ich nicht, aber in meiner Not beruhige ich mich so: Ich stelle ich mir immer wieder den Tag nach der Veranstaltung vor, an dem die Aufgabe erfolgreich erfüllt ist und ich genau wissen würde, wie es funktioniert hat. Ich werde ganz neugierig auf diesen Tag und wie es wohl funktioniert hat. Also arbeite ich viel gelassener weiter und gebe mein Bestes. Wenn etwas schief gehen würde, wäre es ja auch Sache des Auftraggebers, der mich mit den unzureichenden Ressourcen in diese Herausforderung gestellt hat. Erstaunlicherweise funktioniert bis auf einige Kleinigkeiten alles wunderbar. Doch ehrlich gesagt, weiß ich bis heute nicht, wie es funktioniert hat. Das war dann schließlich egal. Job done! Am Ende dieses Kapitels findest du die Übung zur Kinotechnik.

Natürlich gibt es unrealistische Zeitvorgaben. Die kann man

auch durch konstruktive Gedanken nicht einhalten. Ein Bewohner eines Pflegeheims kann eben nicht in zwei Minuten gefüttert werden. Ein Meeting mit einer Lösungssuche braucht mehr als fünf Minuten. Der Weg zum Flughafen benötigt eine bestimmte Zeit. Frau Müller kann nicht noch einen zweiten Stapel Akten an einem Tag bearbeiten, wenn sie für den ersten Stapel schon Überstunden machen musste. Doch geht es nicht darum, Unmögliches möglich zu machen. Es geht darum, emotionale Bedrohungsszenarien durch Zeitdruck aufzulösen und eine gelassenere Heurekum-Strategie zu entwickeln.

Dabei helfen drei Dinge:
1. ein konstruktives gedankliches Begleitprogramm zu aktivieren (positive Selbstgespräche, die Kinotechnik);
2. klare Ziele und Prioritäten zu haben, realistisch zu planen;
3. die Bereitschaft, einmal alle Fünfe gerade sein zu lassen und nicht das letzte Quäntchen Perfektion aus sich herauszuquetschen.

Gut geplant ist Zeit gewonnen

Von Brian Tracy habe ich die Einschätzung gehört, dass uns zehn Minuten Planung am Tag zwei Stunden Zeitersparnis bringen. Wenn der Kopf uns unterstützen soll, unsere Ziele zu erreichen, braucht er eine Landkarte. Er möchte wissen, wohin die Reise geht und was die Prioritäten sind. Ohne diese Landkarte fahren wir einmal hierhin, einmal dorthin, haben etwas vergessen und müssen zurückfahren, verfranzen uns oder wir landen in einer Sackgasse. Ehe wir uns versehen, ist der Tag zu Ende und wir sind frustriert, dass wir zu wenig erreicht haben. Dafür haben wir jedoch Unmengen Energie ineffizient verbraten. Ja, wir können unseren Erfolg nicht einmal messen, weil wir die Meilensteine vorher nicht klar und schriftlich definiert haben. Dabei lag doch Heurekum die ganze Zeit auf der Lauer und wollte uns jedes Erfolgserlebnis mit einem Endorphin-Festival belohnen. Planungslosigkeit wird zum Stressfaktor, zur Bedrohung, weil unser Gehirn etwas Sinnvolles leisten möchte. Panikum ist alarmiert. Fürs Verzetteln wird das Gehirn uns kaum eine Bestätigung senden, denn es möchte das beruhigende Gefühl von Kontrolle. *Ziele schaffen*

Kontrolle. *Setze dir klare Ziele und definiere die Prioritäten – dann plane.*

Störungen gehören natürlich zum Alltag. Allzu leicht können wir darüber unsere Prioritäten aus den Augen verlieren. Von Brian Tracy habe ich für solche Fälle diese einfache und wirksame Frage erhalten: »*Wie kann ich jetzt meine Zeit am besten nutzen?*« Diese Frage setzt uns schnell wieder auf das Gleis unserer Prioritäten.

Wir Menschen haben verschiedene Planungsgewohnheiten. Planung muss nicht für jeden nach dem gleichen festen Konzept erfolgen. Doch eine Regel gilt immer: *Plane schriftlich.* Schreibe dir für jeden Tag – am besten am Vorabend – deine Ziele für den nächsten Tag auf. Definiere die Prioritäten und plane auch 20 Prozent Pufferzeiten für Unvorhergesehenes, sowie 20 Prozent für soziale Aktivitäten, Zeit für dich und Entspannung ein. Wie hast du bisher geplant? Hat es gut funktioniert?

Hier weitere Tipps für gute Planung, die du ausprobieren kannst, falls du sie nicht schon anwendest:

- Plane am Vorabend des Tages, oder am Sonntagabend für die Woche auf Papier. Dadurch kann das Unterbewusste es in der Nacht schon innerlich organisieren. Du hast eine übergeordnete Lebensvision, der deine Ziele dienen? Dann schreibe sie immer wieder über deine Ziele. Du schreibst deine Ziele und Unterziele für den Tag/die Woche konkret und so auf, als hättest du sie schon erreicht (d.h. im Präsens) – wie z.B.: »Ich habe eine leicht verständliche Präsentation über mein Projekt«. Das Unterbewusste ist gemäß seiner Natur bestrebt, deine Zielbehauptungen wahr werden zu lassen. Wenn deine Ziele stehen, definierst du aus der aktuellen Sicht deine Prioritäten. Dann planst du die Verwirklichung mit den Zeiten dafür.
- Willst du noch einen Gang höher schalten? Dann nimm dir für deine Lebensvisionen und größeren Ziele regelmäßig Zeit. Schaffe deinem Gehirn eine visuelle Landkarte, indem du ein *Mindmap* von deinen Zielen und Unterzielen erstellst oder Collagen (bebilderte Zusammenstellung deiner Zielbilder) entwirfst. Du verstärkst deine Zielaufträge

an das Unterbewusste, indem du visualisierst: Du schließt die Augen und visualisierst entspannt und spielerisch, wie du auf dem Weg zum einem Ziel bist und wie es aussehen kann, wenn du es erreichst. Du visualisierst, wie es dir gelingt, dein Ziel zu erreichen. Dabei begegnen dir vielleicht Hindernisse. In der virtuellen Welt deiner Visualisation kannst du sie schon einmal erfolgreich meistern. Dies sortiert deine innere Landschaft und die äußere Verwirklichung ist dann nur noch eine Folge der Wirkung des inneren Bildes.

Hast du nun genügend Ideen, welche Art der Planung zu dir passt oder was du ausprobieren möchtest?

In die Gänge kommen und das Zögern überwinden

Jeder kennt das unangenehme Gefühl, wenn er weiß, dass noch viel unerledigte Arbeit vor ihm liegt. Wissenschaftler haben das Phänomen untersucht. Stress kann man durch Veränderung des Hautwiderstands registrieren. Sie ließen Probanden beobachten, wie jemand eine Tasse Kaffee zum Trinken ansetzte – die Handlung aber nicht vollendete, sondern die Tasse wieder absetzte. So konnten sie feststellen, dass die Probanden dabei mit Stress reagierten – wenn auch so unterschwellig, dass es ihnen gar nicht bewusst war. Die gezeigte Szene war für die Probanden nicht wirklich bedrohlich oder eine intensive Stresssituation. Doch der Versuch zeigte, *dass unvollendete Handlungen Stress in uns auslösen – selbst, wenn sie weniger relevant in unserem Leben sind.* Was bedeutet das für zielorientiertes Zeitmanagement? Ein größeres Ziel, beispielsweise einen Hausbau, kann man nicht schnell erledigen. Man teilt es daher in viele kleine Teilziele auf. Das vermindert Druck und Stress, indem die *kleinen Zieleinheiten uns immer wieder Handlungsvollendungen verschaffen und darüber hinaus ein endorphingeladenes Erfolgserlebnis.*

Warum kommen wir manchmal nicht in die Gänge, obwohl wir großartige Ziele haben? Wovor scheuen wir uns? Was ist die Bedrohung? Wie überwinden wir das Zögern? Bei Schriftstellern gibt es die berühmte Schreibblockade. Sie sitzen manchmal tagelang vor dem Computer und es fällt ihnen einfach nichts ein oder sie löschen unzufrieden einen Satz nach dem anderen – Widerstand auf der ganzen Linie. Von einem habe ich einmal gehört, dass er an solchen Tagen lediglich sein Manuskript in die Hand nimmt und damit dreimal durch den Raum läuft, um es dann wieder abzulegen. Damit suggeriert er seinem Unterbewussten, dass er ein wenig daran gearbeitet hat und sich nach vorne bewegt. So bewahrt er sein gutes Gefühl und überlistet die bedrohliche Erfahrung von Stillstand. Ein toller Tipp für solche Momente!

Die Neigung, neue oder unangenehme Aufgaben vor sich herzuschieben, kennt wohl jede/r. Unser Geist vergisst seine Zielgerichtetheit und tüddelt herum. Es ist nicht der innere Schw... hund – nein, Panikum ist am Werk! Es produziert *Verzögerungstaktiken aus einem Überlebensreflex heraus*. Wie du dem erfolgreich begegnen kannst, steht im Kapitel 22: »Ich war es nicht – es war der »Innere Schw...hund««. Nimm aus diesem Abschnitt den folgenden Tipp mit. Wenn dich die »Aufschieberitis« erwischt hat, nutze diesen *wirkungsvollen Befehl für dein Unterbewusstes* und sage mehrfach zu dir: »Mache es jetzt!«. Stelle dir vor, du hast eine wichtige Aufgabe in deinem Arbeitszimmer zu erledigen. Du sitzt in deinem Garten und genießt das Zwitschern der Vögel, eine warme Sommerbrise umweht dich, die Blätter rauschen sanft im Wind. Du willst dort sitzen bleiben – nur noch eine Weile und etwas lesen. Die Aufgabe ist jedoch wichtig und dringlich. Du sagst zu dir: »Mache es jetzt!« – es geschieht nichts. Du wirst nur etwas unruhig auf deinem Stuhl. Wieder: »Mache es jetzt!« – deine Muskulatur spannt sich etwas an, als ob du aufspringen möchtest. Aber nein, du sinkst zurück in den Stuhl. »Mache es jetzt!« – du kannst dich nicht mehr halten und springst auf. *Dein Unterbewusstes hat die Aufgabe, deinen Befehlen zu gehorchen und dir die Energie dafür zur Verfügung zu stellen*. Probiere es aus.

Manchmal zögern wir, weil wir die Anstrengung und Disziplin scheuen, die eine Aufgabe erfordert. Ich dachte früher immer, ein Buch wird dann zum Bestseller, wenn es gut ist. Mitnichten. Es gibt viele gute Bücher, die niemand kennt. Was muss geschehen, damit ein Buch zum Bestseller wird? Verstanden habe ich das erst, als ich Lothar Seiwert zugehört habe. Er hat sich für die ausländischen Veröffentlichungen seiner Bücher die Hacken abgelaufen und ist hartnäckig drangeblieben. Lothar hat in seinem Leben bisher viele Bestseller gelandet. Ich dachte immer, die Verlage laufen hinter ihm her. Aber was er alles dafür getan hat, das sah ich nicht. Erfolg ist kein Zufall. Er erfolgt, wenn man weiß, was man will und warum, sich ein Herz fasst und zielgerichtet darauf losgeht. Auch auf die Gefahr hin, dass eine Initiative einmal nicht sofort zum Erfolg führt.

Schmetterlinge können nicht fliegen, wenn sie sich nicht vorher aus ihrem Kokon herausgearbeitet haben. Samenzellen reifen erst auf dem Weg durch widrige Hindernisse auf dem Weg zum Ei. *Jede Geburt ist ein Prozess des Überwindens* – eines Geburtskanals bei Säugetieren, einer Eischale bei Vögeln, eines Wachsdeckels bei Bienen. *Hindernisse lassen uns reifen für unser Ziel.* Oder ist jemand eines Erfolges würdig, wenn er gleich vor der ersten Hürde ins Koma fällt und aufgibt? Wenn Hindernisse auftauchen, ist das ein gutes Zeichen, und wir können gelassen bleiben. Denn, *gäbe es keine Hindernisse, wären wir nicht auf neuen Pfaden unterwegs.* Jedes Hindernis, das wir erfolgreich überwinden, erhöht unsere Selbstwirksamkeit. Sogar wenn wir hinfallen, landen wir beim Aufstehen stets ein Stück weiter vorne.

Auf diesem Weg gibt es eine weitere scheinbare Bedrohung, die manchen vielleicht zögern lässt, ein neues, sinnvolles Ziel zu verfolgen: »Und was, wenn mein Einsatz nichts bringt?« Hey, das ist egal. Denn jede Bemühung führt zu Erfahrungen. Erfahrungen führen zu neuen Entscheidungen. *Ziele verfolgen heißt, Liebe in Bewegung setzen.* Brian Tracy beschrieb einmal dieses Bild vom Zielkorridor: Wenn du ein Ziel hast, begibst du dich wie in einen geistigen Korridor, an dessen Ende du das angestrebte Ziel siehst. Unterwegs siehst du, wie sich an der Seite des Korridors von Zeit zu Zeit Türen öffnen. Durch sie siehst du andere Möglichkeiten als bisher. Manche sind sogar attraktiver als dein bisheriges Ziel. Du entscheidest dich daher, durch eine dieser Türen zu gehen und stehst in einem neuen Zielkorridor. Das geht immer so weiter mit dem Ergebnis, dass sich dein Ziel weiterentwickelt und deinen Erfahrungen anpasst. Nur wer losgeht, kann die Türen sehen, die sich im Korridor öffnen. *Deshalb ist es weniger wichtig, als Erstes das genau richtige Ziel zu finden, als einfach loszugehen auf das nächstbeste Ziel.*

Was du für dich tun kannst, um deine Heurekum-Zeiten zu erhöhen

- *Plane großzügig:* Eine häufige Ursache für Zeitdruck sind zu eng gesteckte Pläne. Plane – aber denke daran, Puffer einzubauen für Unvorhergesehenes, für soziale Kontakte, für die Familie, für dich selbst und für kleine Rekreationen zwischendurch. Sitze auch einfach mal da und tue nichts. Wohin rennen wir? Am Ende des Lebens bedauern wir nicht, dass wir zu langsam waren, sondern dass wir uns Dinge versagt haben, die wir gerne gemacht oder erfahren hätten.
- *Arbeite an Prioritäten und stecke dir Teilziele:* Es zeichnet die erfolgreichsten Menschen aus, dass sie bewusst zuerst die Prioritäten erledigen. Diszipliniere dich, zuerst zu erledigen, was wichtig und dringlich ist. Woher weißt du, was wichtig ist? Es ist das, was dich deinen Zielen am nächsten bringt. Wenn du keine klaren Ziele hast, setze sie dir zuerst. Ohne Ziele – keine Prioritäten – kein Zeitmanagement! Ziele bringen Kontrolle in dein Leben. Kontrollverlust ist eine starke emotionale Bedrohung und damit ein großer Stressfaktor im Leben.
  Wenn du deine großen Ziele mit der Salamitaktik in viele kleine Teilzeile zerlegst, kannst du in kurzer Zeit immer wieder Aufgaben abschließen. Dafür belohnt dich Heurekum jedes Mal mit positiven Emotionen.
- *Dehne die Zeit:* Dies ist eine kleine Visualisation, die ein beruhigendes Bild in dein Unterbewusstes einpflanzt: Stelle dir vor, die Zeit, die du zur Verfügung hast, befindet sich in einem leeren Luftballon. Gib dem Luftballon eine Farbe. Blase ihn im Geiste auf und sieh, wie er sich dehnt. In der Wahrnehmung hast du so deine Zeit ausgedehnt und der ganze »Zeit-Raum« darin steht dir nun zur Verfügung. Stelle dir vor, dass du nun in diesem Raum entspannt erreichen kannst, was du dir wünschst. Wie fühlt sich das an?

- *Erledige Unangenehmes und wichtige Kurz-Aufgaben zuerst*: Mark Twain soll gesagt haben: »Wenn du schon einen Frosch verschlucken musst, dann schaue ihn dir nicht so lange an.« Wenn du Unangenehmes gleich zu Beginn des Tages erledigst, ist dein Rücken frei und Panikum beruhigt. Wenn es wichtige Aufgaben gibt, die du in zwei Minuten erledigen kannst, lege sie dir an den Anfang des Tages. Dann begleitet dich das gute Gefühl, schon viel erledigt zu haben, den ganzen Tag über.
- *Aktiviere ein konstruktives mentales Begleitprogramm*: Erinnere dich, wie wichtig es für die Beruhigung der Emotionen ist, dass der Geist ihnen klare, ermutigende Gedanken sendet. Finde heraus, welche dich bei Zeitdruck am meisten entspannen. Hier sind einige Vorschläge:
  - Ich erledige eine Aufgabe nach der anderen.
  - Ich komme Schritt für Schritt ans Ziel.
  - Ich erziele jeden Moment Fortschritte.
  - Dieser Aufgabe bin ich gewachsen.
  - Wenn ich es eilig habe, mache ich die Dinge langsam.
  - Diese Herausforderung erledige ich mit kühlem Kopf.
  - Ich arbeite ruhig und konzentriert.
  - Ich habe Ruhepausen verdient.
- *Aufschieberitis – Unlust – Widerstand meistern*: Wenn du Unlust oder Widerstände gegen eine Aufgabe wahrnimmst, nimm diese Gefühle ernst und übergehe sie nicht einfach. Dann wird es Zeit, dass das Gefühl etwas Coaching vom Verstand erhält. Frage dich:
  - Was erscheint mir als Bedrohung in dieser Aktivität?
  - Wie kann ich mein Denken so ändern, dass ich keine Bedrohung mehr wahrnehme?
  - Was ist der kleinste Schritt nach vorne, bei dem sich der Widerstand in dieser Situation noch nicht meldet?
  - Nutze mehrfach den Selbstbefehl: »Mache es jetzt!«
  - Wenn du nicht gerade in einer aktuellen Aufschieberitis-Situation bist, untersuche das Thema generell für dich: Schreibe alle Dinge auf, bei denen du in dir bisher einen Drang zum Aufschieben beobachtet hast. Frage dich, welche Bedrohung die Sache für dein emotionales

System wohl darstellen könnte? Die Bedrohung ist in der Regel hausgemacht. Wenn du sie entdeckst, ändere deine Gedanken dazu. Statt dich vielleicht für etwas zu kritisieren, was du nicht hinbekommst, fange nun an, dich für jeden kleinen Schritt anzuerkennen. Mache dir Komplimente dafür. Du wirst sehen, dass der von Panikum gut gemeinte Widerstand sich mehr und mehr beruhigt.

- *Die Kinotechnik:* Stelle dir vor, du gehst in ein Kino in dem der Film deines Projektes/deiner Aufgabe gezeigt wird. Du bist schon etwas früher dort und schaust dir die letzten zehn Minuten des Films an. Du siehst die Auflösung aller Probleme und Schritte, die zum Ziel geführt haben und den endgültigen Erfolg. Du weißt dann, dass das Ziel erreicht wird und das Projekt erfolgreich ist. Anschließend kannst du dir den Film von vorne anschauen. Du sitzt dabei gelassen in deinem Kinostuhl, denn du kennst ja schon das Ende. Oder du arbeitest einfach weiter an deinem Ziel – Schritt für Schritt – in der Gelassenheit des Kinostuhls. Wiederhole diese Visualisation mehrfach. Sie prägt deinem Geist ein zuversichtliches Zielbild ein. Sogleich setzt das Unterbewusste alles daran, dieses Bild Wirklichkeit werden zu lassen.

TEIL III

Leben, um zu arbeiten – oder arbeiten, um erfüllt zu leben?

14. Sich auf der Spielwiese der Berufswelt entfalten

Energiemanagement ist Emotionsmanagement

Markus ist meist gerne zur Arbeit gegangen. Es wurde viel gelacht und man hat sich gegenseitig schon mal Arbeit abgenommen. Kollegen waren meist bereit, ihm Tipps zu geben und auch er war froh, wenn er anderen weiterhelfen konnte. Er fühlte sich als anerkannter Teil seines Teams. Von seinem Chef fühlte er Rückenwind. Regelmäßig führte er mit ihm Feedback-Gespräche. Dabei einigten sie sich auf klar definierte Aufgaben und Ziele, an denen er wachsen und seine Fähigkeiten einbringen konnte. Er kannte seinen Kompetenzbereich und Verantwortungsspielraum. Er wusste, dass er immer zu seinem Chef kommen und Problemlösungen diskutieren konnte. Allerdings hat er das nur in Ausnahmefällen gemacht. Die Entscheidungen nahm ihm sein Chef jedoch nicht ab. Seinem Chef ist sogar aufgefallen, wenn er Aufgaben mit besonderem Engagement erfüllt hat. Neulich hat er einen Verbesserungsvorschlag gemacht. Sein Chef ist nach einiger Überlegung darauf eingegangen und hat das Thema in einer Teamberatung zur Diskussion gestellt. Mit seinen Kollegen konnte er stets offen über Probleme sprechen und sie haben versucht, gemeinsam eine Lösung zu finden. In diesem positiven emotionalen Milieu gewann er tagsüber Energie und ging abends meist zufrieden und energiegeladen nach Hause.

Seit einem Monat aber ist etwas anderes. Ihm fällt auf, dass viel mehr getuschelt wird als vorher. Es gab Umstrukturierungsmaßnahmen. Im Zuge dessen hatte er einen neuen Chef bekommen. Es ist eine junge, unerfahrene Führungskraft, die schnurstracks nach ihrem Uniabschluss seiner Abteilung vorgesetzt wurde. Der junge Mann will alles ändern und vergisst, das Alte und die anzuerkennen, die schon vor ihm diese Aufgaben gemeistert haben. Mitarbeitergespräche mit ihm sind selten und bringen wenig. Auch ein Teil seiner Kollegen/innen ist nun in einer anderen Abteilung gelandet. Die alte Gemeinschaft hat sich aufgelöst. Einige Kollegen sind in Altersteilzeit gegangen. Sie wurden nicht durch neue Mitarbeiter ersetzt. Die Arbeit muss trotzdem erledigt werden von den verbliebenen Mitarbeitern. Trotzdem hat die Führung nicht durch effizientere Neuorganisation der Arbeitsprozesse für eine Entlastung gesorgt. Die Stimmung ist gesunken. Es wird weniger gelacht und immer mehr schriftlich kommuniziert. Es wird weniger zugehört und oft entstehen seltsame Missverständnisse. Worte werden verdreht, kommen in den falschen Hals. Es ist, als würde Kommunikation durch einen Zerrspiegel laufen und beim Empfänger verdreht ankommen. Die Kollegen sind zwar höflich freundlich – aber es fühlt sich an wie eine Fassade ohne die Wärme, die er vorher gespürt hat. Probleme werden nicht angesprochen – besonders vor der Führung. Statt miteinander wird jetzt mehr übereinander geredet. Dabei werden Kollegen unter vorgehaltener Hand herabgesetzt – vor ihnen wird eisig geschwiegen. Die unterschwellig schwelenden Konflikte kosten Markus Kraft. Er hat immer weniger Energie. Zum Fühlen benötigt der Mensch fast dreimal so viel Energie wie zum Denken. Da er weniger Energie hat, reicht sie gerade noch zu kreisenden Gedanken ohne Ausweg. Aufgrund der verminderten Echtzeit-Wahrnehmung erlebt sogar er jetzt Missverständnisse, Fehleinschätzungen und Fehlwahrnehmungen. Bei dem Gedanken an die Arbeit morgens huscht nicht mehr dieser erwartungsvolle, neugierige Blick über sein Gesicht. Er spürt Widerstand und fragt sich immer öfter, wie er den Tag überstehen wird. Abends kommt er erschöpft nach Hause. Er hat kaum noch Energie für seine Familie. Seine Kinder haben sehnlichst darauf gewartet, mit ihm zu spielen. Jetzt schafft er es gerade noch, vor dem Fernseher etwas zu Abend zu essen. Er will nur noch seine Ruhe ...

Diese Situation ist in Aspekten beispielhaft für das, was viele Menschen im Laufe ihres Berufslebens zeitweise erleben. Das emotionale Milieu am Ende der Geschichte bedeutet »Alarmstufe Rot«. Zuerst kränkt es, dann macht es Mitarbeiter krank. Es führt zu Fehlern, mindert die Leistungsfähigkeit und den Erfolg des Unternehmens. *In Konflikten stecken aber auch Chancen für Verbesserungen des Miteinanders und optimierte Prozesse.* Je eher sich darum gekümmert wird, desto weniger kann sich diese Situation als Grauschleier in den Arbeitsplatz und die Gefühle der Mitarbeiter hineinfressen. Häufig wird der Zustand jedoch ausgesessen, weil niemand so richtig weiß, wie die Wärme wieder aktiviert werden kann, die das Eis bricht. Emotionale Stress- und Konfliktkompetenz beim Mitarbeiter und bei der Führung ist jetzt die kritische Fähigkeit, die das energetische Milieu verändern kann.

Energie ist unsere größte Ressource. Emotionen sind unsere Energieträger. Sie reißen uns vom Hocker, um etwas zu tun, das uns motiviert. Sie drücken uns vor Angst in den Hocker, damit wir nicht aufstehen können, um uns ihr zu stellen. Druck, Reglementierung und Sanktionen, womit immer wieder verzweifelt versucht wird, die Leistung zu verbessern und das Steuer herumzureißen, sind veraltete Reflexe – aber keine probaten Mittel, das energetische Milieu zu verbessern und die Menschen zu entwickeln.

Deshalb braucht ein energiegeladener Arbeitsplatz positive Emotionen, die uns nach vorne bewegen und offene Kommunikation ermöglichen. Für das emotionale Milieu, für die energiegeladene Unternehmenskultur sind sowohl der einzelne Mitarbeiter als auch die Führung gemeinsam verantwortlich. Das emotionale Energiebarometer darf zwar im positiven Bereich schwanken – es gehört jedoch zu den Prioritäten eines Arbeitsplatzes für Menschen, es grundsätzlich in der positiven Richtung zu halten oder es immer wieder dorthin zu führen.

Was unternimmt ein Unternehmen?

Etwa ein Drittel ihres Tages verbringen Berufstätige in der Regel am Arbeitsplatz. Die althergebrachte besonders deutsche Idee ist, dass Arbeit schweißtreibendes Bemühen ist und Freizeit die erstrebenswerte Erlösung davon. Viele Witze und Sprüche an Bürowänden zeugen von der Sehnsucht nach Freizeit und dem Wochenende. Das soll witzig sein – finde ich ausnahmsweise nicht zum Lachen. Denn diese tiefsitzende Idee braucht dringend eine Renovierung, wenn wir eine gesunde Unternehmenskultur etablieren wollen.

Als Ausgangspunkt vergegenwärtigen wir uns zuerst, wozu ein Unternehmen dient. Darauf gibt es vier grundlegende Antworten:

1. Ein Unternehmen ist dazu da, um Produkte herzustellen oder Dienstleistungen anzubieten, die einem bestimmten Kundenkreis als Bedarfslösung oder Verbesserung des Lebensstandards dienen.
2. Ein Unternehmen ist dazu da, um Gewinne zu erzielen und zu maximieren.
3. Ein Unternehmen ist dazu da, dass Menschen als Gegenleistung für ihre Arbeit mit den finanziellen Ressourcen ausgestattet werden, die sie für ihr Leben benötigen.
4. Ein Unternehmen ist dazu da, damit Menschen sich sinnvoll einbringen, entwickeln und wachsen können, indem sie ihre Talente, Fähigkeiten und Kreativität einbringen und an Herausforderungen reifen können.

Ein Unternehmen ist ein Trainings-Raum für Kooperation, durch die die Unternehmens-Ergebnisse als Gemeinschaftswerk erzielt werden. Oder wie der Unternehmensberater Rudolf Mann es anschaulich beschreibt: »Unternehmen sind selbstgebastelte Abenteuer-Spielplätze.« Jürgen H. Lietz betrachtet ein Unternehmen als einer Vision verbundene Sinngemeinschaft statt einer Zweckgemeinschaft.[39]

Keiner dieser vier Aspekte allein beschreibt ein Unternehmen. Aber die Gewichtung dieser Elemente macht den Charakter eines Unternehmens aus. Bestenfalls befinden sich diese Dimensionen im Gleichgewicht. Doch was wir häufig beobachten können ist, dass selbst in Unternehmen, die den vierten Aspekt fördern, dieser als erstes in den Hintergrund gedrängt wird, wenn Druck entsteht. Besonders in Zeiten des globalen Handels entsteht leicht ein Marktdruck, der das Überleben eines Unternehmens gefährden kann. Es hat sich eine regelrechte Billigkultur entwickelt. Für Ertrag werden Tiere in ausbeuterische Massentierhaltungen gepresst – Pestizide tonnenweise versprüht – mit Hormonen biologische Vorgänge manipuliert. Preisdruck wird an die Mitarbeiter weitergegeben. Personal wird entlassen, kein neues dafür eingestellt bei gleichem Arbeitsaufwand. Durch Umstrukturierungen und Aufteilungen von Unternehmen müssen Menschen für weniger Geld mehr arbeiten.

Ein Unternehmen hat den fatalen Glaubenssatz erfolgreich in die Gehirne der Menschen gehämmert: »Geiz ist geil.« Ich höre schon die Herzen der Menschen bei diesem Satz gequält aufschreien. Denn Herzen haben ganz andere Ziele. Doch auf welchem Arbeitsplatz darf das Herz überhaupt mitspielen?

Ein großes deutsches Logistikunternehmen setzt seine Mitarbeiter neuerdings unter emotionalen Druck, indem sie Arbeitsverträge nur dann entfristet, wenn Mitarbeiter in zwei Jahren nicht häufiger als sechsmal krank gewesen waren oder nicht mehr als 20 Krankheitstage angehäuft haben. Trotz hohen Arbeitsaufkommens dürfen sie in drei Monaten für ihre Lieferungstouren nicht mehr als 30 Stunden länger gebraucht haben als normiert. Die Gesundheit und Konzentration von Mitarbeitern ist ein hohes Gut. Aber erreicht man das durch Überforderung und mehr Stress?

Inzwischen gibt es tragbare Sensoren, »Wearables«, die unsere körperlichen Aktivitäten bis hin zu Gehirnströmen messen und aufzeichnen können. Sie verstecken sich in angeblich intelligenten Brillen, Uhren oder Kleidung. Vermeintlich dienen sie dem guten Zweck der gesundheitlichen Fitnessüberwachung. Doch sie eröffnen gleichzeitig die Möglichkeit, Mitarbeiter am Arbeitsplatz der totalen Kontrolle zu unterwerfen. Ein großes Versandunternehmen beobachtet seine Mitarbeiter bereits auf Schritt und Tritt – bisher noch mit einem Strichcode, der für jede Aktion eingesetzt werden muss und natürlich mit Überwachungskameras. Auch hier soll dies offiziell der Effizienz der Versandlogistik dienen. Doch die Mitarbeiter nennen diesen Code »Georgy« nach George Orwell mit seinem Überwachungsroman »1984«. Sie wissen, dass der Datensammlungskrake damit kaum eine ihrer Aktivitäten entgehen kann. Worüber im Unternehmen gesprochen wird und wie – das ist Bestandteil einer Unternehmenskultur. »Georgy« ist kein besonders erfreuliches Abbild der Unternehmenskultur in dem betroffenen Unternehmen. Extensive Überwachung setzt Menschen mehrfach unter Stress:

- Sie fühlen sich permanent bedroht durch Reglementierung. Vielleicht kann ein Mitarbeiter diese Bedrohung im Bewussten eine Weile ausblenden. Doch unterschwellig wirkt sie weiter als Dauerbedrohung, die das Nervensystem in Erregung hält, was bei dem kleinsten Reiz zu einer starken Stressreaktion führen kann.
- Die Basis der Zusammenarbeit ist nicht Vertrauen, sondern Misstrauen. Das ist eine negative Erwartung an sie, die ihre Identifikation mit dem Unternehmen und ihren Stolz, dort mitarbeiten zu können, trübt. Das Unternehmen wird eher zum Gegenspieler als zu einem Ort der persönlichen Entfaltung. Ein Gegner erfordert Widerstand – Widerstand erzeugt Stress.
- Mitarbeiter werden nicht zur erwachsenen Reife und Verantwortung ermutigt, sondern zu abhängigen Kindern gemacht, deren Spielraum erheblich eingeschränkt wird. Freude an der Arbeit erfordert jedoch Freiheit. Wo die neuronale Autobahn der Freude kaum benutzt wird, sinkt die Energie und stattdessen ist viel Betrieb auf der Panikum-Autobahn.

Unternehmen, die solche Strategien anwenden, setzen Mitarbeiter einerseits durch Unsicherheit permanent unter Stress – andererseits erwarten sie Höchstleistungen von ihnen. In welcher Managerschmiede lernt man das denn?

Diese Unternehmen sollten sich fragen, ob ihre Mitarbeiter nicht gesünder, leistungsfähiger und weniger ausgebrannt wären, wenn sie auch einmal einen weniger effektiven Moment ihrer Mitarbeiter akzeptieren würden. Wenn sie die individuellen Rhythmen der Mitarbeiter zulassen würden und kleine Momente der Entspannung und der Sammlung zulassen würden. Wenn sie ihnen Sicherheit und Vertrauen vermitteln und sie damit emotional mehr mit dem Unternehmen verbinden statt zwangsweise anketten? *Effizient ist bei Menschen nicht, wie ein Uhrwerk zu ticken, sondern alle Qualitäten des Menschseins einzubeziehen.* Nur so kann der Mensch sich weiterentwickeln und die Bandbreite seiner Fähigkeiten in den Dienst des Unternehmens stellen.

Die Tendenz zur Überwachung steigt leider weltweit. Das dadurch gezeigte Misstrauen gegenüber den Arbeitnehmern wird noch mehr Misstrauen fördern. Es wird die so wichtige Identifikation des Mitarbeiters mit einem Unternehmen infrage stellen. Sie ist eher ein Rückfall in eine Robotisierung der Arbeitskraft, anstatt den leistungsfähigen, motivierten, kreativen, emotional kompetenten Mitarbeiter zu fördern. Denn genau dieser ist es, der die Digitalisierung mit fliegenden Fahnen überstehen wird.

Der vierte Aspekt eines Unternehmens ist in der digitalen Zukunft nahezu der einzige, der für den Menschen übrig bleibt. Denn die Aspekte 1 bis 3 können weitgehend von der Technologie übernommen werden. Technologie kann mit minimalem Einsatz von Arbeitskräften produzieren und Gewinne erwirtschaften. Zum Ausgleich könnten aus diesen Gewinnen als eine Art Maschinensteuer Einkommen an Menschen ausgezahlt werden.

Der Fokus auf den Menschen, seine Entfaltung und seine einzigartigen Qualitäten wurde vom operativen Geschäft, im Rationalisierungswahn und dem Gewinndruck, besonders in Aktiengesellschaften, immer wieder zurückgedrängt. Weiterbildung für den Menschen wurde und wird von manchen Führungskräften und Mitarbeitern eher als Luxusangebot belächelt. Selbst zwei Steuerberatern aus Münster ist dieses Defizit bei ihren Steuerberatungen aufgefallen. Sie sattelten um auf »Menschlichkeitsberatung« und veröffentlichten 2016 ein Buch dazu.[40]

Die Digitalisierung birgt zwar Arbeitsplatzrisiken – aber auch die Chance, sich dem vierten Aspekt, dem Feld der menschlichen Entwicklung im Unternehmen, mit voller Aufmerksamkeit zuzuwenden. Damit der Mensch in Zukunft seine Stärken ausbaut und neben der digitalisierten Welt seinen einzigartigen Beitrag leisten kann. Damit die vernachlässigte innere Entwicklung nachgeholt wird als Gegengewicht zur rasanten technischen Entwicklung. Damit er in neue, zu ihm passende Arbeitsfelder hineinwachsen und dort produktiv sein kann.

Was eine gesunde Unternehmens- und Führungskultur mit emotionalen Kompetenzen zu tun hat

Die Unternehmenskultur ist nach einer kalifornischen Studie von Korn Ferry Futurestep (2017) der Hauptgrund, warum sich Fach- und Führungskräfte für ein Unternehmen entscheiden. Laut einer Umfrage der deutschen Jobbörse »Stepstone« aus dem Jahr 2017 halten 97 Prozent von 25.000 Fach- und Führungskräften die Kultur bei einem Arbeitgeber für wichtig.

Gibt es die gesunde, stressarme, energiegeladene Unternehmenskultur? Wie sieht sie aus – besonders in der Morgendämmerung der Digitalisierung? »Das Arbeiten 4.0 erfordert den Menschen 4.0«, schreibt Gerlinde Manz-Christ in der Frankfurter Rundschau vom 28. 10. 2016. Doch was muss der Mensch im Zeitalter von 4.0 können? Ein neuer Trend versteht darunter den agilen Mitarbeiter. Was er genau können soll wird unterschiedlich beschrieben. Auf jeden Fall soll er sehr eigeninitiativ, querdenkend, innovativ, über den Tellerrand hinausblickend, menschlich reif und veränderungsfähig sein. Viele Personaler glauben, dass sie diesen Mitarbeiter nur durch Neueinstellungen finden und nicht aus dem bestehenden Personal rekrutieren können. Sie glauben nicht, dass man Mitarbeiter darin schulen kann. Das ist erstaunlich. Denn aus welcher Persönlichkeitsschmiede auf dem Stellenmarkt sollen diese neuen Menschen plötzlich zur Verfügung stehen, wenn wir in der Bildungs- und Weiterbildungswelt bisher so wenig dafür getan haben? Wollen wir sie so lange suchen, bis sie auf wundersame Weise vom Himmel fallen?

Der Managementberater Reinhard Sprenger ist der Meinung,

dass die Digitalisierung in ihrer zweiten Phase eine Neu- und Höherbewertung einzigartiger menschlicher Fähigkeiten erfordert. Er spricht provokativ von der Wiedereinführung des Kunden, der Kooperation und der Kreativität. Letztlich spricht er von der Wiedereinführung des Menschen im Unternehmen.[41] Ich möchte da noch eines draufsetzen: In Zukunft brauchen wir die Wiedereinführung des Herzens. Emotional gesunde Selbstregulation, Selbstverantwortung und Kooperation braucht die Kompetenzen des Herzens. Kreativität und Intuition werden wichtige Faktoren, in denen der Mensch einzigartig ist. Ein Einfallstor der Intuition ist das Herz. Dieser Mensch, den ich als Zukunftsvision Mensch 9.0 nennen will, kann sich entwickeln, wenn wir uns aus den Wiederholungsschleifen des animalischen Stress-Gehirns lösen und höhere Zentren unseres Gehirns aktivieren können. Diese Entwicklung erfordert bewusste Arbeit an sich selbst, was sich bisher erst wenig herumgesprochen hat. Zum anderen kämpfen sehr viele Menschen auf diesem Planeten noch auf den ersten vier Stufen der Maslowschen Bedürfnispyramide, deren weitgehende Erfüllung die Voraussetzung für die Motivation zur Selbstverwirklichung ist. *Den Menschen 9.0, der sich von der Intelligenz des Herzens bewegen lässt, betrachte ich als langfristige Zukunft der menschlichen Entwicklung.*

Kommen wir zurück in die Gegenwart. Was spielt sich heute auf dem Arbeitsmarkt für Fachkräfte ab? Wer und was wird gesucht? Stellenangebote und Firmenpräsentationen spiegeln, welche Qualitäten sie von Mitarbeitern brauchen – aber auch, was sie glauben, das ihr Unternehmen für Fachkräfte attraktiv macht. Sie preisen sich in Glanzbroschüren an mit verlockenden Aussagen wie z.B. diesen: »Wir vereinen hohe Leistungsorientierung und gelebte menschliche Werte; bei uns bekommen Sie die Vorteile eines Großkonzerns und den Unternehmergeist eines Start-ups; unsere Belegschaft zeichnet sich durch Freundlichkeit, Flexibilität, Hilfsbereitschaft und hohe Motivation aus; bei uns sind die Hierarchien flach; bei uns gibt es ein abwechslungsreiches, kreatives Arbeitsumfeld, in dem in interdisziplinären Teams an vielfältigen und spannenden Projekten zusammen gearbeitet wird; wir bieten Ihnen ein gutes Betriebsklima in einem teamorientierten Arbeitsumfeld sowie einen zukunftsorientierten und modernen Arbeitsplatz; spannende Herausforderungen und verantwortungsvolle Aufgaben; wir setzen Ideen keine Grenzen, lassen unsere Mitarbeiter mit Erfindergeist voran gehen und in unterschiedliche Richtungen denken.« Hört sich gut an!

In Stellenanzeigen werden perfekte Mitarbeiter gesucht wie beispielsweise: »Mit Ihrer ausgeprägten Führungskompetenz bringen Sie neue Impulse und kreative Ideen ein, die Sie selbständig, strukturiert und effizient umsetzen; ausgeprägte Kommunikationsfähigkeit; kreatives, eigeninitiatives Handeln; Engagement, Einsatzbereitschaft, Begeisterungsfähigkeit; konzeptionelles Denken sowie eine systematische, eigenverantwortliche und lösungsorientierte Arbeitsweise; organisatorische Fähigkeiten gepaart mit einem Blick aufs Wesentliche.«

Von großen mittelständigen Betrieben und großen Unternehmen habe ich 2018 vierzehn Stellenangebotsprofile für Hochschulabgänger ausgewertet. Elf davon bewerten soziale Kompetenz mit 100 Prozent Wichtigkeit in der Entscheidung für einen Bewerber – zwei davon immerhin noch mit 90 Prozent. Erwünschte Attribute werden mit verschiedenen Worten ausgedrückt – überschneiden sich jedoch in ihrer Bedeutung. Die genannten Attribute mit Zahl der Nennungen sind:

- Teamfähigkeit (10)
- Flexibilität (5)
- Engagement (4)
- Verantwortungsbereitschaft (3)
- Interkulturalität (3)
- Begeisterung/Faszination (3)
- Kreativität (2)
- Entdeckergeist, Innovationsfähigkeit, Querdenken, Neugier (je 1)
- Motivation, Leidenschaft, Eigenständigkeit (je 1)
- Kommunikationsfähigkeit, Integrationsfähigkeit, Offenheit, Proaktivität (je 1)
- Zielorientierung (1)
- Dienstleistungsorientierung (1)

Diese Auswertung ist nicht repräsentativ – aber sie zeigt Tendenzen auf. Wie viel davon ist Anspruch und PR – wie viel Wirklichkeit? Wo haben diese gesuchten Mitarbeiter alle diese Qualitäten gelernt? Wo in unseren Bildungssystemen bis hin zum Elternhaus findet darin eine fokussierte Schulung statt? Erstaunlich finde ich immer wieder, dass zwar Großes von Mitarbeitern erwartet wird, aber dass vergleichsweise wenig dafür getan wird, dass Führungskräfte und Mitarbeiter diese Kompetenzen entwickeln und weiterentwickeln. Denn nur solche Mitarbeiter können eine energiegeladene, dynamische Unternehmenskultur schaffen, in der Menschen, statt ungesunden Stress zu erleben, ihre höheren Fähigkeiten einbringen. Interessant ist, dass bei den gewünschten Qualitäten die Attribute Stresskompetenz oder Konfliktkompetenz völlig fehlen. Klar, daraus würde ein Bewerber schließen, dass er in dem Unternehmen mit Stress und Konflikten konfrontiert wird. Trotzdem sind diese Qualitäten enorm wichtig für eine gesunde Unternehmenskultur. Letztlich sind sie in positiven Attributen versteckt wie beispielsweise in dem Schrei nach sozialen Fähigkeiten, Teamfähigkeit, Flexibilität und anderen. Erstaunlich ist darüber hinaus, dass im Weiterbildungsbereich trotz der erwünschten positiven Attribute, den emotionalen Kompetenzen immer noch unterbelichtete Aufmerksamkeit gewidmet wird. Warum? Wovor haben wir Angst? Wovor scheuen wir uns? Emotionen sind etwas sehr Persönliches und mit unserem inneren Kern verbunden. Viele glauben, wenn man sich darin weiterbildet, müsse man sich emotional outen. Andere glauben, sie seien zu irrational und daher nicht begreifbar. Das sind Mythen. In meiner Erfahrung mit diesem Thema *gibt es eine Mathematik und Logik der Emotionen, die man verstehen kann.* Emotion und Fühlen haben eine eigene Sprache – sie ist nicht minder logisch als die unseres logischen Gehirns. Diese Sprache ist sogar so beeindruckend, dass unser ganzer Körper sie erfassen kann. Nur wenn man eine Dynamik versteht, kann man sie bewusst nutzen. Das gilt auch für die Kooperation mit unserer machtvollen emotionalen Seite. Sie hat den Code zur Freisetzung unserer Handlungsenergie. Entweder ist sie rückwärtsgerichtet und bremst uns aus, oder sie ist nach vorne gerichtet und gibt uns Leistungsfreude. Wirklich erstaunlich, dass wir der Energie so wenig Aufmerksamkeit widmen!

Die Unternehmenskultur ist ein Abbild davon, wie und was im Unternehmen kommuniziert wird, worüber geredet und gewitzelt wird, wie geführt wird, wie Entscheidungsprozesse laufen, wie Anerkennung ausgedrückt wird, wie die Umgangsformen sind. Eine gesunde Unternehmenskultur leistet ihren Beitrag zur physischen und emotionalen Gesundheit, Leistungsfähigkeit und Arbeitsfreude der Mitarbeiter. Sie leistet ihren Dienst sowohl an den Menschen im Unternehmen als auch an das Unternehmen selbst. Was ist es, das am Arbeitsplatz so viel Spaß machen kann? Außer der persönlichen Weiterentwicklung gibt es noch andere Faktoren. Bemerkenswert finde ich Forschungsergebnisse von 2002 an der Emory Universität in Atlanta von einem Forscherteam um *James K. Rilling*.[42] In einem ausgeklügelten Versuch fanden sie heraus, dass Kooperation den Nucleus accumbens, das zentrale Belohnungssystem in unserem Gehirn, besonders stark aktiviert. Viel stärker als wenn einer der Probanden einen persönlichen Gewinn einstrich. *Kooperation ist offenbar ein stark motivierender Faktor.* Gemeinschaftsgefühl und Zugehörigkeit ist dem ähnlich. Für viele ist das Gemeinschaftsgefühl beim Public Viewing einer Fußball-WM wichtiger als das Fußballspiel selbst. Zugehörigkeit hebt unser Selbstwertgefühl an. Kooperation, Zugehörigkeit und Gemeinschaftsgefühl sind Faktoren, auf die eine Arbeitswelt für Menschen Aufmerksamkeit und Wert legen sollte.

Eine gesunde Unternehmenskultur entwickelt sich aus: gesunden Rahmenbedingungen im Unternehmen, die Stress reduzieren und Arbeitsfreude fördern, einer Führungskultur, die die Leistungsfähigkeit und Entwicklung von Menschen fördert, entwicklungsbereiten Mitarbeitern und Führungskräften, die sich kommunikative, soziale und emotionale Kompetenzen aneignen und praktizieren.

Was kann gesunde Rahmenbedingungen im Unternehmen ausmachen, die Stress reduzieren und Arbeitsfreude fördern? Betrachten wir einige Aspekte dazu:

- *Eine motivierende Vision:* Menschen sind umso motivierter und engagierter, wenn ihre Arbeit einem höheren Sinn dient. Ein inspirierender übergeordneter Sinn lässt Menschen in den energiereichen, gesunden Flow geraten, während fehlender Sinn Stress auslöst und Energie kostet. Der AOK Fehlzeiten-Report 2018: »Sinn erleben – Arbeit und Gesundheit« stellt fest, dass positives Sinnerleben und die

Zufriedenheit am Arbeitsplatz die durchschnittlichen Fehltage auf 9,4 Tage im Jahr reduziert, während Mitarbeiter, die das nicht erleben, im Durchschnitt 19,6 Tage fehlen. Entsprechend ist es ist 98,4 Prozent der Befragten wichtig, sich am Arbeitsplatz wohl zu fühlen.

Ein Unternehmen tut gut daran, eine übergeordnete Vision mit seinem Produkt oder seiner Dienstleistung zu verknüpfen. Leider hängen in Unternehmen viele langweilige Leitbilder und Unternehmensvisionen, die sich fast alle gleich anhören und niemanden hinter dem Ofen hervorlocken wie: »Wir sind der beste Energielieferant in der Region.« Eine inspirierende Vision für ein Produkt zu finden, ist nicht immer leicht – aber es lohnt sich. Sie beinhaltet einen Mehrwert oder eine Optimierung, die den Menschen, der Natur, der Gesundheit, der Bildung, dem Wohlstand oder einem anderen Wert dienen.

Der Keramikproduzent Villeroy & Boch hat nach dem Krieg im Wiederaufbau für saubere Badezimmer geworben, in der sich der Mensch äußerlich reinigt – und gleichzeitig seine Gesundheit steigert, indem er dabei die Durchblutung anregt. Beim Aufstieg aus den Ruinen war diese Idee eine echte Wohltat. Als diese Phase vorbei war, ging man von ordentlicher Sauberkeit zum Design über und machte Badezimmer zum ästhetischen Wohlfühlort. Als neue Vision zur rechten Zeit kam das ebenfalls bei Kunden und Mitarbeitern an. Die soziale Vision von Wal Mart ist, einfachen Menschen zu ermöglichen, die gleichen Dinge kaufen zu können wie Wohlhabende. Die Vision von Wikipedia ist: »Stell dir eine Welt vor, in der jeder einzelne Mensch freien Anteil an der Gesamtheit des Wissens hat.»

- *Emotionale Bindung an das Unternehmen:* Fluktuation ist teuer – besonders wenn gute Fachkräfte ein Unternehmen verlassen. Ein Unternehmen muss sich Gedanken machen, wie es emotionale Bindung an das Unternehmen fördern kann. Je mehr emotionale Mitarbeiterbindung an ein Unternehmen besteht, desto weniger Fehlzeiten, mehr Produktivität, mehr Qualität und stärkere Kundenbindung ist zu beobachten. Heutzutage konkurrieren Unternehmen um Fachkräfte und verbessern ihre Rahmenbedingungen in vergleichbarer Weise. Ein Unternehmen muss zusätzlich andere Faktoren finden, die es emotional attraktiv machen. Der Anteil der Mitarbeiter, die eine hohe emotionale Bindung an ihr Unternehmen fühlen, stagniert in Deutschland jedoch seit Jahren bei 15% laut dem Engagement-Index der renommierten Gallup-Studien. Die USA schaffen es immerhin auf 33% – Italien, Frankreich und Japan bilden das Schlusslicht bei 6%. Dagegen liegt die Zahl derer, die mit wenig Bindung an das Unternehmen weitgehend Dienst nach Vorschrift machen, bei 70%. Die Zahl derer, die gar keine Bindung an das Unternehmen haben ist in den letzten Jahren immerhin auf 15% gesunken. Jede Studie bildet aufgrund ihrer Parameter allerdings eine Verzerrung der tatsächlichen Situation ab. Mit diesen Zahlen ist es nämlich kaum vorstellbar, dass die deutsche Wirtschaft trotzdem so gut läuft. So ist die Mitarbeiterbindung in mittelständigen Unternehmen deutlich höher als in Großunternehmen. Doch nehmen wir die Studie als Tendenz, dann hat sie eine deutliche Aussage.

Die Gallup-Studie 2016 stellt fest, dass die Möglichkeit, das zu tun, was man richtig gut kann, fünfmal wichtiger ist als das Gehalt und sonstige Annehmlichkeiten wie Arbeitsplatzsicherheit, Sozialleistungen, flexible Arbeitszeiten. Wo Mitarbeiter sich selbst verwirklichen und Sinn finden können entwickelt sich offenbar mehr emotionale Bindung als durch gute Rahmenbedingungen.

- *Führungskräfte* spielen bei der emotionalen Bindung an das Unternehmen eine große Rolle. Die innere Kündigung von Mitarbeitern ist häufig durch Führungsdefizite verursacht. Gallup hat daraus einen jährlichen Schaden für die deutsche Volkswirtschaft von 105 Mrd. Euro errechnet.
Der lebendige, regelmäßige Dialog zwischen Führungskraft und Mitarbeiterinnen und Mitarbeiter ist ein erheblicher Faktor, der die emotionale Bindung an das Unternehmen verstärkt. Laut der Studie 2016 schätzen sich 97 Prozent der Führungskräfte als gute Führungskraft ein. Dagegen findet nur etwa ein Fünftel der Mitarbeiter, dass sie

die Führung als Motivator für hervorragende Arbeit erlebt. Das ist erschreckend, denn laut Daniel Golemans Erkenntnissen zur *emotionalen Intelligenz* ist die Selbstwahrnehmung eine der kritischen Erfolgsfaktoren für herausragende Führungskräfte. Passend zur klaffenden Lücke zwischen Selbst- und Fremdwahrnehmung haben nur 40 Prozent der befragten Führungskräfte 2016 eine Weiterbildung besucht, um sich im Umgang mit Mitarbeitern weiter zu entwickeln.[43]
Emotionale Kompetenzen gehören zur Kernkompetenz einer Führungskraft. Eine gesunde Unternehmenskultur benötigt Führungskräfte, die offen sind für eine kontinuierliche Weiterentwicklung ihrer emotionalen Kompetenzen und sich gezielt darin weiterbilden. Das beinhaltet vor allem den gesunden emotionalen Umgang mit sich selbst, denn dieser spiegelt sich wider im äußeren Umgang mit anderen. Unternehmen, die das begreifen, ermutigen ihre Führungskräfte zur Weiterbildung in emotionalen Kompetenzen und stellen ihren Teams solche Führungskräfte zur Seite.

- *Kommunikation:* Die Qualität der Kommunikation prägt die Unternehmenskultur in hohem Maße. Ein wesentlicher Teil von Kooperation ist Kommunikation. Kommunikation braucht Verbindung, denn die Beziehungsebene dominiert immer die Sachebene. Das bedeutet, dass eine sachliche Information erst dann wohlbehalten vom Empfänger aufgenommen wird, wenn vorher eine emotionale Verbindung zum Sender entstanden ist. »Verstehen ist ohne Wohlwollen unmöglich.« Dieses Zitat von Max Frisch fasst es in fünf Worten trefflich zusammen. Ohne dieses emotionale Verbindungskabel sind Missverständnisse und Misstöne vorprogrammiert. Diese emotionale Verbindung kann schon durch Zuwendung und Blickkontakt aufgebaut werden. Oder durch vorbereitende Worte, die für den Informationsfluss öffnen. Stress, schwelende Konflikte, Misstrauen, Überheblichkeit und allerlei menschliche emotionale Dramen können das Verbindungskabel entfernen und zur Entstellung der sachlichen Information führen. Darauf bauen weitere Verzerrungen auf, die in der Organisation weitergegeben werden. Wie bei dem Gesellschaftsspiel »Stille Post« dürfen wir uns dann wundern, was aus unserer ursprünglichen Information geworden ist. Es entstehen Gerüchte, die kaum aus der Welt zu schaffen sind. Kommunikations- und Feedbackregeln wie im Kapitel 7: »Nutze das initiative, stärkende Prinzip des Geistes« können helfen. Letztlich ist es die emotionale Reife des Einzelnen, die ein tragfähiges Regulativ dieser Problematik darstellt.

- *Teamarbeit:* Kommunikation ist ein kritischer Faktor für den Erfolg von Teamarbeit. Im Team-Zusammenspiel zeigen sich oft andere Verhaltensweisen, als wenn jemand allein arbeitet. Bei Teams wird eine natürliche Hemmung beobachtet, Rollen und Regeln zu vereinbaren oder Feedback zu geben, wenn etwas nicht richtig läuft – besonders gegenüber Vorgesetzten. Das kann jedoch entscheidend für den Erfolg des Teams sein – besonders wenn Menschenleben davon abhängen.
Am 8. Januar 1989 rutschte auf der Autobahn M1 in Leicestershire, England eine vollbesetzte Boeing 737 quer über die Autobahn. Versehentlich hatten die Piloten in zehn km Höhe nach einem Triebwerkschaden das intakte Triebwerk abgestellt. Es gab technische Gründe – aber Kapitän und Kopilot haben das Problem nicht rechtzeitig bemerkt, weil sie versucht haben, sich gegenseitig ihre Kompetenz zu beweisen. Laut Studien können im Krankenhaus pro Jahr 20 Todesfälle durch bessere Teamkommunikation vermieden werden. Das Unispital Zürich hat als europaweiten Vorreiter ein praxisnahes Simulationszentrum aufgebaut. in dem Pfleger und Ärzte Teamkommunikation trainieren können.
Unternehmen tun gut daran, Ihre Teams zu trainieren, den sozialen emotionalen Stress abzubauen, der sie hemmt, Wichtiges im Team zu kommunizieren. Weniger Egoismen – dafür Offenheit, Vertrauen, Konfliktkompetenz, klare gemeinsame Regeln helfen dabei. Erfolgreiche Teambildung kann man daran messen, dass alle das Gefühl haben, dass sie im Team besser sind, als wenn sie allein arbeiten.
- *Anerkennung:* Positive und fördernde Rückmeldungen sind wichtig, um das Feuer der inneren Motivation zu be-

stätigen, und es nicht durch fehlende Dankbarkeit versiegt. Zwar wird jeder für seine Arbeit entlohnt, aber es ist ein himmelweiter Unterschied zwischen Dienst nach Vorschrift und engagierter, kreativer und produktiver Arbeit. Faire Bezahlung, Wahrnehmung von intrinsischem Engagement, ideelle und sonstige Formen der Anerkennung tragen zur positiven Rückmeldung bei. Vertrauensbeweise durch Beförderung in abwechslungsreiche, verantwortungsvolle Aufgabenfelder sowie Erhöhung der Kompetenzen sind starke Signale der Anerkennung.

Psychologische Untersuchungen haben herausgefunden, dass es Menschen (auch Schulkinder) mehr anspornt, wenn sie für ihre Bemühungen anerkannt werden als für das tatsächliche Ergebnis der Bemühung. Der Fokus auf Bemühung schafft einen beständigen Flow – der Fokus auf das Ergebnis kann bedrohlich sein, wenn es nicht gelingt. Wer für Bemühung anerkannt wurde, dem machte die Bemühung Freude. Er strengte sich bei nachfolgenden Aufgaben mehr an, während andere schneller aufgaben.

- *Kreativität:* Ob Mitarbeiter neue Prozesse ausprobieren, hängt wesentlich davon ab, wie das Unternehmen mit Fehlern umgeht. Fehler sind nötig, um Erfahrungen zu sammeln auf dem Weg der Weiterentwicklung. Werden solche Fehler an den Pranger gestellt, verliert das Unternehmen das kreative Entwicklungspotential in ihren Mitarbeitern. Schlimmer noch, Fehler werden nicht zugegeben oder vertuscht, sodass ein Schaden sich laufend vergrößern kann, bis er entdeckt wird. Ausführliche Hinweise für eine gute Fehlerkultur findest du im Kapitel 9 im Abschnitt »Die verflixte Sache mit den Fehlern«.
- *Arbeitsplatzgestaltung:* Die Erfüllung der physischen Bedürfnisse ist die Basis jeden Wohlbefindens. Dazu gehören der Zugang zu Trinkwasser, gesundes Kantinenessen, farblich angenehme Gestaltung der Firmenräume, saubere Luft, höhenverstellbare Tische für rückenfreundliches Arbeiten im Stehen, gute Lichtverhältnisse – möglichst mit Tageslichtlampen, Sauberkeit.

- *Arbeitsorganisation, Arbeitszeiten und Auszeiten:* Spitzenreiter bei den Stressfaktoren laut Stressreport Deutschland 2012[44] sind: Multitasking, Termin- und Leistungsdruck, monotone Arbeitsvorgänge sowie Störungen und Unterbrechungen. Alles, was diese Faktoren vermindert, führt zur Stressreduktion. Die Möglichkeit, störungsfreie Arbeitszeiten für wichtige Aufgaben einzurichten, erhöht die Effektivität und das Flow-Erleben von Führungskräften und Mitarbeitern.
Flexible Arbeitszeiten, Kinderbetreuungsmöglichkeiten, After-Work-Miniworkshops mit kurzen Impulsen oder Entspannungsangeboten, Angebote für Sport und Gesundheit, Entspannungsräumlichkeiten für Pausen sind Rahmenbedingungen, die zur Attraktivität eines Unternehmens beitragen.
- *Kurze Entscheidungs- und Controllingwege, minimiertes Berichtswesen:* Simplify – damit der Elan von Projekten nicht im Dschungel von wichtigen Mitentscheidern und perfektionistischem Kleinkram erstirbt. Für das Sinnempfinden ist es ein Plus, wenn das Berichtswesen auf das Notwendige reduziert wird, damit die Mitarbeiter sich auf das Wesentliche und attraktive Aufgaben konzentrieren können.

Jede Führungskraft – ob in einem Unternehmen, Projekt, Organisation, Verein oder als Eltern – hat einen großen Einfluss auf das Wohlbefinden, die Leistungsfähigkeit und Entwicklung der Menschen ihres Teams. Gehört Führung zu deinen Aufgaben oder strebst du es an? Dann möchte ich dir hier einige Gedanken und Tipps mitgeben:
- *Emotionales Wohlbefinden:* Sorge stets zuerst für dein emotionales Wohlbefinden, damit du authentisch und glaubwürdig agieren kannst.
- *Dienstleistung:* Was ist deine Vision von der Dienstleistung, die du deinem Team als Führungskraft geben möchtest? Weniger deine Position als deine glaubwürdige Vision und dein Dienstbewusstsein wird Mitarbeiter motivieren,

mit dir zusammen zu arbeiten. *Die Position wird verfügt – die Führung musst du dir verdienen.*

- *Integrität:* Deine Mitarbeiter müssen wissen, ob sie dir als Führungskraft vertrauen können. Glaubwürdigkeit ist das A und O des Vertrauens, damit sie mit dir zusammen und nicht offen oder passiv dich gegen arbeiten. Tue zuerst selbst, was du sagst und von anderen erwartest. Stehe zu deinen Werten und Worten. Spreche ehrliche Anerkennung aus. Verspreche nur, was du halten kannst. Sei ehrlich zu dir selbst. Achte dich selbst. Gib auch Fehler zu als Teil eines Lernprozesses. Sei authentisch in dem, wie du etwas vermittelst, anstatt einfach mechanisch weiterzugeben, was beispielsweise die Hierarchieebene über dir verlangt. Der bewegende Gruß im Film »Avatar« ist »Ich sehe dich.« Mitarbeiter beklagen, dass sie zu wenig als Mensch gesehen zu werden. Sehe deine Mitarbeiter, interessiere dich dafür, was sie bewegt.
- *Kommunikation:* Kommunikation ist eine der wichtigsten Kompetenzen für Führungskräfte, denn sie erreichen ihre Ziele durch Interaktion. *Bereite deine Mitarbeitergespräche gut vor mit dem Ziel, dass sie ein Gewinn für den Mitarbeiter und für die Zusammenarbeit sind.* Führe sie regelmäßig durch. Mitarbeiter beklagen in Umfragen oft mangelnde Ziel- und Aufgabenklarheit. Als Führungskraft tust du gut daran, mit jedem Mitarbeiter seine Ziele, sein Aufgaben-, Verantwortungs- und Kompetenzfeld klar zu definieren und schriftlich zu bestätigen. Vermittle stets die Unternehmensvision und den Sinn einer Aufgabe. Sonst verbrennen Mitarbeiter unnötig viel Energie mit den Fragezeichen, wozu sie etwas machen, ob sie es richtig machen, ob sie für eine Sache zuständig sind oder nicht. Achte darauf, dass der Sinnzusammenhang einer Aufgabe im Räderwerk des Unternehmens erkennbar ist und Unternehmensentscheidungen kommuniziert werden. Weiterhin beklagen Mitarbeiter, zu wenig gehört zu werden, um ihre Erfahrungen einbringen zu können, wenn es um Entscheidungen geht. Nutze ihre wertvollen Erfahrungen, um bessere Entscheidungen treffen zu können.

- *Präsenz:* Eine eher stille Kommunikationsaufgabe der Führungskraft ist die Präsenz. Im Schnitt aus mehreren Umfragen empfinden 25 Prozent der Beschäftigten die mangelnde Wertschätzung durch die Führung als Belastung. Nehme wahr, was deine Mitarbeiter leisten und erkenne es zeitnah ehrlich an. Und zwar konkret, welches Verhalten genau du wertschätzt.

Präsenz vermittelt das Gefühl, dass die Führungskraft da ist, wenn sie gebraucht wird. Das Gefühl, dass die Führungskraft zuhören kann, dass sie unterstützend wirkt und Ideen der Mitarbeiter aufgreift. Mitarbeiter können Schicksalsschläge erleben, die ihre Leistung vorübergehend drosseln. Mit jeglicher Form der empathischen Unterstützung verminderst du sogar gesundheitliche Ausfälle in deinem Team. *Die Zuwendung der Führungskraft durch wertschätzende Aufmerksamkeit – nicht Kontrolle – ist eines der wichtigsten Elemente der Beruhigung der Mitarbeiter.* Einst bekam ich einen qualitativ miserablen, doch sehr berührenden Schwarzweiß-Film zu Gesicht, der in einer Schule irgendwo in Sibirien gedreht wurde. Die Kinder entschieden in der Schule selbst, was sie lernen wollten. Sie nutzten alles, was ihnen als Informationsquelle zugänglich war. Die Größeren vermittelten den jüngeren Jahrgängen, was sie gelernt haben. Mathematik findet in den unteren Klassen kaum statt – doch ab einem bestimmten Alter entsteht natürlich das Interesse dafür. Da Lernen dort mit maximaler Freiheit verbunden ist, inhalieren die Kinder in wenigen Jahren die ganze Mathematik, die sonst in dreizehn Schuljahren vermittelt wird. Der Lehrer sagte allerdings, dass es ohne ihn nicht funktioniert. Obwohl er keine klassische Lehrtätigkeit ausübte und nur auf Fragen und Anregungen der Kinder reagierte, brauchten die Kinder die Aura seiner Anwesenheit, um sich zu entwickeln. In einer Szene standen die Kinder um ein Klavier herum und sangen, während der Lehrer Klavier spielte. Der Lehrer gab jedem Kind abwechselnd Aufmerksamkeit und Energie durch freundlichen Blickkontakt. Das spornte die Kinder an und erfüllte sichtlich ihr Herz. Lernen, wachsen, optimieren ist ein

natürliches Programm, das in uns Menschen eingebaut ist. Unser Gehirn belohnt und bestätigt uns für solche Bemühungen mit natürlichen Drogen – den Endorphinen.
Als Führungskraft – oder Elternteil – erfüllst du die gleiche Funktion wie dieser Lehrer. Kinder spielen so lange unbekümmert auf einem Spielplatz, wie sie die Bezugsperson sehen können. Sobald dieser sichere Anker nicht mehr sichtbar ist, geraten Kinder in existenzielle Bedrohung und Stress. In den frühzeitlichen Kulturen der Menschheit war die Erfüllung der physischen Bedürfnisse wie Nahrung und Schutz ein zentraler Fokus. Ein guter Stammesführer, der seine Aufgabe verantwortungsvoll erfüllte, garantierte den Stammesmitgliedern diese beruhigenden Ressourcen. Ist er präsent und aktiv, beruhigen sich die Mitglieder automatisch. Ist er physisch oder emotional abwesend, ist das eine Bedrohung, die automatisch Unruhe im Gehirn der Stammesmitglieder erzeugt.
Als Führungskraft erfüllst du stellvertretend diese beruhigende Funktion des Stammesführers – oder wie in matriarchalischen Gesellschaften der Stammesführerin. Mit der Erfüllung dieser stillen Präsenz-Rolle dienst du den Menschen in deinem Team mehr, als du vielleicht glauben magst. Dieses uralte Programm ist in unseren Gehirnen eingebrannt und wirkt tiefer als jede Worthülse.

- *Zielorientiertes Führen:* Die Meinungsforscher von Gallup haben 2017 aufgrund ihrer Analyse drei »Z« für hervorragende Führung definiert: *Zugänglichkeit, Zuständigkeit und Zielorientierung.*

Wie kannst du authentisch in deiner Art diese Qualitäten ausdrücken? Aufgaben können unterschiedlich delegiert werden. Zum einen kann eine klar definierte Aufgabe mit dem »Was« und »Wie« übertragen werden. In vielen Befragungen schätzt ein Großteil der Arbeitnehmer jedoch kreativen Verantwortungs-Spielraum. Deshalb ist die reifere Version, gemeinsam Ziele zu vereinbaren – die Verantwortung und das »Wie?« übernimmt dabei der Mitarbeiter. Ohne klare Verantwortungsübernahme wird ein Mitarbeiter immer wieder fragen was und wie er etwas tun soll. Als Feedback-Instrument gehören zum zielorientierten Führen regelmäßige Berichts-Gespräche, in denen du Störungen und Probleme mit dem Mitarbeiter diskutieren kannst. Lasse die Verantwortung und Entscheidung jedoch beim Mitarbeiter.

- *Arbeitsverteilung und Einarbeitung:* Die Erfahrung, dass die Führungskraft Arbeitsaufgaben so organisiert, dass die Fähigkeiten und Neigungen eines Mitarbeiters weitgehend berücksichtigt werden und er dadurch *möglichst oft im Flow arbeiten* kann, fördert laut Gallup die emotionale Bindung an das Unternehmen. Um das zu leisten, brauchst du als Führungskraft regelmäßige Mitarbeiter-Gespräche. Konzentriere dich dabei auf die Stärken des Mitarbeiters und verstärke sie dadurch. Das bringt mehr Energie, als Defizite verringern zu wollen. Defizite spielen im Feedback zwar eine Rolle – aber sie können einen geringeren Raum einnehmen und eher nur im Sinne der Förderungs- und Weiterentwicklungsidee angesprochen werden. Schätze die realistische Erreichbarkeit der Ziele mit dem Mitarbeiter ein, damit er nicht vom Arbeitsaufkommen überlastet wird und dadurch seine gesunde Dynamik verliert. Fehlende Entwicklungsmöglichkeiten gehören zu den Klagen von Mitarbeitern. Deshalb biete ihnen Weiterbildungsangebote an.

Last not least organisiere die *Einarbeitung neuer Mitarbeiter* so, dass sie sich vom ersten Tag an gut aufgehoben fühlen. In den ersten Arbeitstagen sind neue Mitarbeiter in einer emotional sensiblen Situation, weil sie in einem neuen Umfeld mit vielen Unsicherheiten konfrontiert sind. *Der erste Eindruck zählt.* Für die Suche nach neuen Fachkräften wird viel Geld ausgegeben. Eine schlechte Einarbeitung kann das zunichtemachen. Schludern bei der Einarbeitung führt zu einem negativen ersten Eindruck. Das stört die Identifikation mit dem neuen Unternehmen und veranlasst doppelt so häufig, nach einem neuen Arbeitgeber Ausschau zu halten, als wenn die Einarbeitung wertschätzend und gut strukturiert ist. 22 Prozent erleben in der Einarbeitungszeit Verwirrung über die Abläufe (Studie der US-Firma Digitate, März 2018, n = 1500). Entwickle als Führungskraft einen gut strukturierten Einarbeitungsplan und sorge dafür, dass sich ein neuer Mitarbeiter, eine neue Mitarbeiterin schnell wohl und als zugehöriger Teil des Teams fühlt.

Was du für dich tun kannst, um dich in deinem Arbeitsfeld zu entfalten und es zu einem Energie-Generator zu machen:

- *Emotionales Wohlbefinden:* Übernimm Verantwortung für dein emotionales Wohlbefinden. Schaffe einen optimalen Ausgangspunkt für deinen Arbeitstag, indem du mit Heurekum am Morgen startest. »Frühstücke« zum Morgenkaffee auch positive Impulse. Starte mit Komplimenten an dich selbst und andere, führe positive Selbstgespräche, stimme dich auf deine Ziele ein. Wenn dich etwas bedrückt, nimm deine Emotionen mitfühlend an und transformiere sie nach und nach. Dafür findest du Hinweise in diesem Buch. Suche nach der Weiterentwicklung in jeder Situation. Wechsle gegebenenfalls die neuronale Autobahn, um in deine Kraft zu kommen.
- *Warum arbeitest du in diesem Unternehmen?* Arbeit braucht Freude. Freude braucht Sinn. Mache dir klar, für welchen übergeordneten Sinn du arbeitest. Gibt es eine Firmenvision, die dich motiviert und begeistert? Verfolgst du mit deiner Arbeit eine eigene Vision? Je mehr du mit deiner Arbeit einem größeren Sinn dienst, desto mehr bist du emotional beteiligt und positiv gestimmt. Der Sinn kann eine Verbesserung der Lebensqualität von Menschen sein, kann der Erhaltung der Natur oder der Gesundheit dienen. Er kann für eine positive Weiterentwicklung in der Gesellschaft sorgen. Der Sinn kann sein, dass du deine einzigartigen Qualitäten zum Wohle eines Ganzen ausdrücken möchtest. Der individuelle Sinn kann sein, dass du dort Anerkennung und/oder Zugehörigkeit für deine Leistung erfährst, oder für deine Familienvision sorgst. Sorge dafür, dass du eine motivierende, inspirierende Vision definiert

hast, die den Schirm über allen deinen Zielen und Aufgaben bildet.

Du hast vielleicht schon einmal von dieser Metapher gehört: Drei Steinmetze hämmern auf einem Stein, der die Form eines Kathedralenfensters angenommen hat. Alle drei werden gefragt, was sie machen. Der erste sagt schweißtriefend: »Ich hämmere auf einem Stein.« Der Zweite sagt, schon etwas glücklicher: »Ich baue ein Fenster.« Der Dritte sagt freudestrahlend: »Ich baue eine Kathedrale.« Alle drei machen das Gleiche – aber die innere Vision entscheidet darüber, ob sie dabei Stress oder Flow empfinden. Wir Menschen brauchen Sinn, damit uns das Unterbewusste mit positiven Emotionen unterstützt. Lasse dir daher nie eine Aufgabe delegieren, bevor du deren Sinn verstanden hast.

- *Gestalte die Unternehmenskultur bewusst mit:* Ohne dass es den meisten Menschen bewusst ist, gestalten sie mit jedem Wort, jeder Handlung, jedem Gedanken und Gefühl die Kultur eines Unternehmens mit. Vielleicht denkst du, du bist nur ein kleines Rad im großen Getriebe eines Unternehmens – doch du bist machtvoller als du vielleicht glaubst. Ist das emotionale Milieu an deinem Arbeitsplatz positiv und energiegeladen, dann trage weiter dazu bei. Ist es eher negativ und schwächend, dann werden deine Hirnströme unbewusst davon beeinflusst. Wenn du nicht aufpasst, wirst du schnell infiziert. In Zeiten, in denen Fake News und Dramatisierungen sogar durch Staatenlenker gesellschaftsfähig gemacht werden und unser animalisches Stress-System aktivieren, lasse dir Zeit und beobachte, bevor du auf einen Zug aufspringst. Trage lieber zu Zuversicht und Beruhigung bei. Suche die kreative Chance in Problemen. Wechsle bewusst auf die Zuversichts-Autobahn. Egal worum es sich dreht – dort wirst du die besseren Lösungen finden. Du kannst zu der Kultur auf deinem Arbeitsplatz konstruktiv beitragen, indem du bei Stress oder Konflikten zuerst innerlich für dein Wohlbefinden sorgst und dann ohne Schönfärbereien den Fokus auf Analyse, Lösungen, positive Veränderungen, Ziele und Ermutigung lenkst. Das ist ansteckend und wird manchen aus seinem

Stress herausholen und beruhigen. So wie ein Tropfen Öl einen Kubikmeter Wasser verseuchen kann, kann negative Kommunikation die Stimmung und Gesundheit in einem Team nach unten drehen. Genauso kannst du mit deiner konstruktiven Haltung die Stimmung in deinem Team nach oben drehen und die Qualitäten von Heurekum stärken. Nicht nur das, du verwandelst dabei die chemische Suppe, in der deine Körper-Zellen schwimmen, in ein angenehmes, gesundes Milieu.

Zur Kommunikationskultur gehört auch Disziplin mit dieser wichtigen Frage: »*Dient das, was ich sage und wie ich es sage meinem Gegenüber?*« Dazu gehört weiterhin, wie präzise ich etwas ausdrücke, ob ich schnell zum Punkt komme oder mich unterwegs vom Hölzchen aufs Stöckchen im Texten verliere.

Wir alle haben Kommunikationsmarotten. Trainiere dich darin, deine zu erkennen und auszuschleifen. Nur Üben verändert tiefsitzende Gewohnheiten. Toastmasters International beispielsweise bietet dir dazu ein unterstützendes Übungsfeld. In vielen deutschen Städten gibt es solche Gruppen.

- *Bleibe in der Verantwortung:* Erinnere dich, dass du selbst gewählt hast, in einem bestimmten Unternehmen oder Beruf zu arbeiten. Damit hast du auch alle Unannehmlichkeiten gewählt, die dadurch entstehen könnten. Die Verantwortung liegt bei dir. Wenn dir etwas gegen den Strich geht, wenn du Widerstände spürst, dann vermeide die Opferhaltung inklusive Jammern oder die Projektion deines Stresses nach außen. Bleibe in der Rolle des Gestalters und nutze den Stress-Umdreh-Code. Beobachte deine Emotionen – nimm sie an und vermeide das Bewerten. »Ich bin zu 100 Prozent verantwortlich, wenn sich hier etwas ändern soll«, das ist ein guter Satz, der dich in deine Kraft zurückbringt. Kläre deine möglichen Kränkungen zuerst in dir. Bringe dich zurück auf die Heurekum-Autobahn. Dann frage dich, ob du etwas im Außen zu deinem Wohl ändern kannst. Glaube nie an die Zuflüsterungen von ganz Schlauen, die sich meist nicht bewegen, sondern jammern wollen, wie: »Das hat noch nie funktioniert; das haben wir schon immer so gemacht; das wird nicht klappen.« Werde aktiv, kommuniziere, gestalte neu!

- *Keine Kompromisse!* Wenn du die Freude bei der Arbeit verlierst, ziehe so schnell wie möglich die Reißleine. Hudle nicht über diese Botschaft hinweg, sondern gehe in dich und finde heraus, woran es liegt. Schreibe alles auf, was begonnen hat, dich dabei zu stressen. Dann überlege, was du justieren kannst, um wieder Freude bei der Arbeit zu empfinden. Dafür bist du deiner Gesundheit und deinem Nervensystem verantwortlich. Nutze alle zu dir passenden Tipps, die du in diesem Buch erhalten hast. Die Lösungen können in einer großen Bandbreite liegen: von mehr Schlaf oder Ruhephasen bis zu einer Änderung deiner Tätigkeit an sich.
- *Eine Arbeitsorganisation, die beruhigt:* Gestalte deinen Arbeitsplatz so angenehm und gesund wie möglich. Vielleicht gewährt dir dein Arbeitgeber einen höhenverstellbaren Tisch, damit du eine Weile im Stehen arbeiten kannst, was gesünder ist als Sitzen. Lege nur auf den Tisch, was du für die Aufgaben benötigst, an denen du gerade arbeitest. Es beruhigt ungemein, nicht gleichzeitig noch andere unerledigte Aufgaben im Blick zu haben. Unerledigtes schafft in unseren Gehirnen einen energieraubenden Hintergrundstress. Deshalb versuchen manche, vieles gleichzeitig zu machen. Das frustriert, weil zu viele Baustellen offen sind. Entscheide schon am Vorabend die Prioritäten für den nächsten Tag. Ziehe deine Prioritäten durch und schließe sie ab. Sorge für störungsfreie Zeiten am Arbeitstag. In diesen Zeiten arbeite an wichtigen Aufgaben, für die du viel Konzentration und Kreativität brauchst. Dadurch, dass du dich dabei ganz einer Aufgabe widmen kannst, begünstigst du dein gesundes Flow-Erleben. Erkläre dein Vorhaben deinen Kollegen und lasse sie wissen, wann du ungestört sein möchtest. Am besten hängst du zusätzlich jedes Mal ein Stoppschild oder Ähnliches an deine Tür. Im Kapitel 13: »Die Zeit dehnen – statt Zeitdruck« findest du weitere Tipps.

Wenn du in einem Gebäude arbeitest, bekommst du oft nicht genug Sonnenlicht. Das kann Müdigkeit fördern. Deshalb sorge für mehr Aufenthalt im Freien. Gehe in den Pausen unters Firmament. Du kannst vielleicht eine Station vor deinem Arbeitsplatz aus den öffentlichen Verkehrsmitteln aussteigen und die letzte Strecke zu Fuß laufen?

- *Mitarbeitergespräche:* Fordere Mitarbeitergespräche und Feedback ein. Sorge zusammen mit deiner Führungskraft dafür, dass du in einem Aufgabenfeld eingesetzt wirst, in dem du deine Fähigkeiten und deine Neigungen optimal einsetzen kannst und Gestaltungsfreiräume hast. Sorge durch Fragen dafür, dass deine Ziele, Aufgaben, Verantwortungs- und Kompetenzbereiche klar definiert sind. Es ist zwar die Aufgabe der Führungskraft, dir das anzubieten. Sollte das nicht zufriedenstellend der Fall sein, übernimm selbst Verantwortung dafür. Nutze den Dialog mit der Führung auch, um an deiner Weiterbildung zu arbeiten. Emotionale Kompetenzen sind ein lebenslanger Lernprozess – lasse dich auf Weiterbildung in diesem Bereich ein.

15. Burnout – Geisel oder Chance unserer Zeit?

Wenn Panikum den Brennstoff verschwendet

Zehn Millionen Krankschreibungstage gingen 2008 auf das Konto des Burnout-Syndroms – mit einem Anstieg von 17 Prozent innerhalb von fünf Jahren laut Gesundheitsreport 2008 der Techniker-Krankenkasse in Deutschland. Hochgerechnet entspricht das dem Ausfall von 40.000 Arbeitnehmerinnen und Arbeitnehmern. Bei einem durchschnittlichen Jahresverdienst von 30.000 Euro wäre das eine Belastung von 1,2 Milliarden Euro für deutsche Unternehmen.[45]

Laut DAK-Gesundheits-Report 2017 lagen psychische Erkrankungen, zu denen auch Burnout gehört, hinsichtlich der AU-Tage (Arbeitsunfähigkeits-Tage) mit 17,1% erstmals 2016 auf Platz zwei hinter Erkrankungen des Skelett-Muskel-Systems (22,2%).[46] Burnout ist weder als Berufskrankheit noch als Leistungspflicht der gesetzlichen Kassen anerkannt. Die Diagnose lautet deshalb meist auf Depression, damit eine Kostenübernahme erfolgt, denn Depression und Burnout sind eng miteinander verbunden. Depressionen gehören mittlerweile zu den Hauptverursachern von Krankheitsausfällen bei Deutschlands Beschäftigten. Die Techniker Krankenkasse registrierte 2013 fast 4,3 Millionen Fehltage aufgrund depressiver Episoden und chronischer Depressionen. Rechnet man das auf die Gesamtbevölkerung hoch, ergibt dies bundesweit über 31 Millionen AU-Tage allein wegen Depression.[47]

Soweit eine kleine Auswahl der Statistiken. Sie pfeifen es von den Dächern: Wir haben in der Vergangenheit zu wenig für die emotionalen Kompetenzen und Selbstregulierungs-Kompetenzen der Menschen getan. Damit könnte so manche psychische Belastung selbstverantwortlich vermieden oder konstruktiv reguliert werden. *Wir haben in der Arbeitswelt den Fokus auf den Menschen als Produktivitätsfaktor gehabt – aber weniger auf den Menschen als fühlendes, sich entwickelndes Wesen.*

Der deutsche Gesetzgeber hat inzwischen auf die Zahlen reagiert. Seit Oktober 2013 verpflichtet er im Arbeitsschutzgesetz (§ 5 ArbSchG, Ziffer 6) Arbeitgeber dazu, psychische Belastungsfaktoren am Arbeitsplatz zu ermitteln und zu minimieren. Da die Fehltage aufgrund psychischer Erkrankungen weiter gestiegen sind, empfiehlt der DAK-Gesundheits-Report 2017, dass die Maßnahmen der betrieblichen Prävention und Gesundheitsförderung den Fokus u.a. auf den Abbau von psycho-sozialen Belastungen wie chronischen Zeitdruck, Arbeitsunterbrechungen, Überforderung etc. legen.[48] Seit dem 1. Januar 2009 wird die Förderung der Mitarbeitergesundheit unbürokratisch steuerlich unterstützt. Immerhin 500 Euro kann ein Unternehmen pro Mitarbeiter und pro Jahr seither steuerfrei (§ 3 Nr. 34 EStG) und sozialversicherungsfrei für Maßnahmen der Gesundheitsförderung investieren. Dazu zählen z.B.: Stressbewältigung, Bewegungsprogramme, Ernährungsangebote, Suchtprävention. Die Beratungsgesellschaft PwC stellt im Jahr 2007 in ihrer Studie »Working towards Wellness« fest, dass Unternehmen für jeden Dollar, den sie in ein Gesundheitsprogramm investieren, drei Dollar zurückerhalten.[49]

Der Begriff »Burnout« wurde erst 1974 von dem Psychoanalytiker Herbert Freudenberger eingeführt. Seither gibt es keine einheitliche Definition des Begriffs. Im Folgenden gebe ich eine Auswahl der Beschreibungen wieder. Burnout gehört im WHO-Krankheitskatalog nicht zu den Krankheits-, sondern zu den Z-Diagnosen. Diese Diagnosen beeinflussen den Gesundheitszustand und nehmen das Gesundheitswesen in Anspruch. Demnach ist Burnout keine eigenständige Krankheit, sondern ein Problem »mit Bezug auf Schwierigkeiten bei der Lebensführung«.

Für die amerikanische Forscherin *Christina Maslach*[50] ist das Burnout-Syndrom gekennzeichnet durch drei Hauptkriterien:

- *Emotionale Erschöpfung:* Die Person hat das Gefühl, von ihren Anforderungen überfordert zu sein; sie fühlt sich leer und entmutigt.
- *Depersonalisierung (Entfremdung):* Die Person hat eine distanzierte und zynische Haltung; die Menschen, die ihr begegnen, werden zu Objekten.
- *Eingeschränkte Leistungsfähigkeit:* Die Person hat das Gefühl, keine Erfolge mehr zu erzielen und keine Verantwortung mehr tragen zu können. Sie zweifelt auch am Sinn ihrer Arbeit.

In der Weiterentwicklung dieses Modells wurden von *Schaufeli* und *Enzmann*[51] emotionale, mentale und körperliche Symptome hinzugefügt. Demnach ist Burnout »ein dauerhafter, negativer, arbeitsbezogener Seelenzustand ›normaler‹ Individuen. Er ist in erster Linie von Erschöpfung gekennzeichnet, begleitet von Unruhe und Anspannung (Distress), einem Gefühl verringerter Effektivität, gesunkener Motivation und der Entwicklung dysfunktionaler Einstellungen und Verhaltensweisen bei der Arbeit.« Die einfache Definition des »Großen Wörterbuchs Psychologie: Grundwissen von A – Z« 2005, ist: »Burnout ist ein emotionaler, geistiger und körperlicher Erschöpfungszustand nach einem vorangegangenen Prozess hoher Arbeitsbelastung, Stress und/oder Selbstüberforderung.«

Burnout trifft auffallend häufig helfende Berufe und Menschen, die besonders engagiert sind. In Deutschland sind etwa ein Drittel der Lehrerschaft, 40 bis 60 Prozent der Pflegekräfte und 15 bis 20 Prozent der Ärzteschaft betroffen. Deshalb finden wir im Dorsch, dem Psychologischen Wörterbuch 2004, diese Definition: »Syndrom, das bei professionellen Helfern als Folge von Überlastung auftritt, unter anderem gekennzeichnet durch emotionale Erschöpfung, Dehumanisierung (zynisch abwertende Haltung gegenüber dem Hilfesuchenden) und das Gefühl, der beruflichen Aufgabe nicht mehr gewachsen zu sein.«

Wie kommt es dazu, dass der Brennstoff ausgeht? Was ist dieser Seelen-Brennstoff eigentlich? Wie lange kann man eine Arbeit machen, die man nicht aus dem Herzen heraus befeuern kann? Wie lange kann man geben, ohne Dankbarkeit zu erhalten? In letzter Zeit häufen sich sogar die Berichte, dass besonders Helfer wie Sanitäter oder Feuerwehren beschimpft oder tätlich angegriffen werden. Dankbarkeit ist ein großartiger Treibstoff für die Seele, wie du im Kapitel 28: »Dankbarkeit – ein Heilmittel« nachlesen kannst. Wie lange darf ich geben, ohne Wertschätzung zu empfangen? Helfer neigen dazu, viel Verantwortung für andere zu übernehmen – auch für Verantwortungsfaule, die diese selbst übernehmen müssten. Das bringt keine Freude und erschöpft.

Dazu kann ich von einer sehr lehrreichen Erfahrung berichten: Meine Feuertaufe als frisch gebackene Therapeutin erhalte ich, als ein Klient mit großen Problemen zu mir kommt. Ich suche mit ihm nach Lösungsmöglichkeiten, ernte jedoch immer ein »Ja aber«. Ich bemühe mich, ihm verschiedene Wege aufzuzeigen – er bleibt bei seinem »Ja, aber« bis ich das Gefühl habe, ich bin mehr an seiner Lösung interessiert als er selbst. Er will sich offenbar etwas anderes holen, vielleicht Energie durch Aufmerksamkeit? Oder die Bestätigung, dass bei ihm nichts funktioniert? Ja, auch dazu werden Therapeuten missbraucht. Ich breche das Gespräch ab, denn ich bemerke, dass ich immer mehr Energie verliere. Es ist das klare Symptom dafür, dass ich gerade für ihn die Verantwortung übernehme, die er selbst übernehmen müsste. Das ist eine Grenze, die ich als Therapeut und Helfer im Beratungsbereich nie überschreiten darf. Es tut schließlich auch richtig weh, denn er verlässt fröhlich meine Praxis, und ich muss mich anschließend zwei Stunden lang mit Schüttelfrost ins Bett legen. Zuviel meiner Energie ist durch die Aufmerksamkeit und Beschäftigung mit ihm zu ihm geflossen. Letztendlich ist seine Batterie aufgeladen und meine ist entladen. Diese Lehre vergesse ich nie, wenn es darum geht, anderen zu helfen. Es ist ein Hinweis darauf, warum besonders viele Helfer gefährdet sind, auszubrennen.

Wie lange darf ich noch weitermachen, wenn mein Herz, mit dem ich mich so engagiert eingebracht habe, sich ausgeklinkt hat? Wenn es das tut, hat es einen Grund. Das Herz spinnt nicht. Jedes Übergehen seiner Botschaften hat einen Preis. Je früher die Reißleine gezogen wird – desto besser. Überprüfe jedoch zunächst generell die Ziele, die du verfolgst. Kommen sie aus deinem Herzen? Sind es »Hin-zu-Ziele« in eine Vision? Oder sollen sie einen vermeintlichen Mangel ausgleichen: »Weg –von«? Für ein Ziel, das eine Herzensangelegenheit von uns ist, haben wir unsere volle emotionale Energie zur Verfügung. Hier können wir ungemein viel leisten und wie ein Workaholic aussehen – aber wir erleben nicht den Energieverlust des Workaholics, sondern sind während und nach unserer Arbeit voller Energie im Heurekum-Zustand. Dagegen fällt auf, dass *Motivationen, die in einen Burnout führen können, oft »Weg-von-Bestrebungen« oder Ängste sind.* Sie wollen einen scheinbaren Mangel ausgleichen. Wenn das Gefühl von Überforderung auftritt – selbst bei einer Aufgabe, die wir hochmotiviert übernommen haben –, landen wir in einer »Weg-von-Motivation«. *Alles, wovon ich angstgetrieben wegwill, wird automatisch zur Bedrohung.* Kein Wunder, dass Panikum sich hier angesprochen fühlt.

Eine kleine Liste heimlicher, oft getarnter »Weg-von-Ziele«:
- Ich will gut genug sein, um anerkannt zu werden. (Vermeidung von Ablehnung)
- Ich übe den Beruf aus, in dem mich mein Vater/meine Mutter gerne sehen würde, damit er/sie mich anerkennt. (Vermeidung von Ablehnung)
- Ich übernehme Verantwortung für jemanden, der selbst nicht dazu bereit ist, weil er mir leidtut. (Vermeidung von Schuldgefühlen)

- Ich zeige meinen Eltern, wie man es besser macht. (Weg-von elterlichem Verhalten)
- Ich tue etwas, um jemandem oder den Eltern etwas zu beweisen. (Abwehr von Zweifeln am Selbstwert)
- Ich zeige es einer wichtigen Person, die mich kritisiert oder ablehnt. Jetzt erst recht! (Abwehr von Wertminderung und Ablehnung)
- Ich mache das, um dazu zu gehören oder um ernst genommen zu werden. (Abwehr von Ausgrenzung)
- Ich will anderen helfen, um ein guter Mensch zu sein. (Abwehr von Schuldgefühlen oder Ablehnung)
- Ich arbeite, um kein Sozialfall zu werden. (Vermeidung von existentieller Not)
- Ich treibe Sport, um nicht krank zu werden. (Weg-von Krankheit und Energieverlust)

Überprüfe einmal ohne Bewertung, ob solche oder ähnliche Motivationen klammheimlich bei dir eine Rolle spielen. Dann suche Wege, dich sanft daraus zu befreien und sie in proaktive »Hin-zu-Motivationen« umzuwandeln.

Verhaltensweisen, die übermäßige Verbrennung durch Panikum-Strategien begünstigen, können wir am besten anhand einer Selbsteinschätzungs-Übung nachvollziehen. Kreuze ehrlich und ohne Bewertung die Verhaltensweisen an, zu denen du im Alltag häufig einen Impuls verspürst:

- ☐ Nimmst du am liebsten vieles selbst in die Hand, damit du es unter Kontrolle hast und es schnell erledigt ist, anstatt andere einzubeziehen oder zu delegieren?
- ☐ Neigst du dazu, 100-prozentig perfekte Arbeit zu leisten und arbeitest du so lange daran, bis das scheinbar letzte Prozent Perfektion herausgequetscht ist?
- ☐ Vergleichst du dich gerne mit anderen und schaust dabei auf das, worin sie besser sind als du?
- ☐ Nimmst du dir chronisch zu viel vor, sodass du am Abend den Misserfolg verspürst, nicht alles geschafft zu haben?
- ☐ Vergisst du häufig, Pausen einzuplanen?

- ☐ Bist du jemand, der sich mit Herzblut engagiert – auch wenn du auf Dauer keine Dankbarkeit oder Wertschätzung erfährst?
- ☐ Haderst du lange mit dir, wenn du einen Fehler gemacht hast?
- ☐ Stellst du deine Bedürfnisse zurück aus Angst, andere verletzen zu können?
- ☐ Fällt es dir schwer, Grenzen zu setzen und »nein« zu sagen?
- ☐ Musst du erst krank werden, bis du dir Ruhe und Erholung erlaubst?
- ☐ Fühlst du dich für das Wohlbefinden anderer mehr verantwortlich, als es deine Verantwortung ist?
- ☐ Verurteilst du dich, wenn dir etwas nicht so gelingt, wie du es dir vorstellst?
- ☐ Wenn du ruhst, fällt dir oft etwas ein, was du besser tun solltest? Dafür stehst du nach kurzer Zeit wieder auf?
- ☐ Hast du den Eindruck, dem Partner, der Familie, den Freunden nicht mehr gerecht zu werden?
- ☐ Verzichtest du häufig auf Ausgleich und Durchatmen, weil es so viel zu tun gibt?
- ☐ Denkst du meist zuletzt an dich, wenn es um die Erfüllung von Bedürfnissen und Wünschen geht?
- ☐ Kreisen die Probleme der Arbeit auch zu Hause und nachts in deinem Kopf weiter?
- ☐ Fühlst du dich verantwortlich, dass alles in deiner Umgebung gut läuft und füllst du die Lücken, wenn jemand seiner Verantwortung nicht nachkommt?
- ☐ Erwartest du von anderen, dass sie Aufgaben nach deinen Vorstellungen lösen?
- ☐ Hältst du dich für diese Welt zu hilfsbereit und/oder zu gutmütig?
- ☐ Fühlst du dich von anderen ausgenutzt?
- ☐ Wachsen dir deine Aufgaben und Verpflichtungen über den Kopf?
- ☐ Hast du das Gefühl, dass du eher am Reagieren anstatt am Agieren bist?
- ☐ Fühlst du dich als Opfer deiner Umgebung?

- ☐ Stehst du häufig unter Termindruck und fühlst dich der Zeit ausgeliefert?
- ☐ Befürchtest du, dass andere (Arbeitgeber, Chefinnen, Ausbilder, Kollegen, Kunden, Familienmitglieder) mit deiner Arbeit nicht zufrieden sein könnten?
- ☐ Würdest du öfter am liebsten schreiend weglaufen und alles liegen lassen?
- ☐ Dominiert das Gefühl, die Kontrolle verloren zu haben?
- ☐ Vermeidest du Konflikte, auch wenn du einen hohen Preis dafür bezahlen musst?
- ☐ Vermeidest du zwanghaft Leerlauf und flüchtest dich in hektische Betriebsamkeit?
- ☐ Bedrückt dich mangelnde Anerkennung am Arbeitsplatz oder in der Familie?
- ☐ Möchtest du jemandem etwas beweisen?
- ☐ Denkst du häufig, dass du doch nichts ändern kannst?
- ☐ Fällt es dir schwer, dich zu konzentrieren?
- ☐ Kritisierst du deine Arbeitsleistung im Stillen oder verbal häufig als nicht gut genug?
- ☐ Verfolgst du Ziele, die irgendeinen Mangel kompensieren sollen?

Mit »ja« wurden ... Fragen von 36 beantwortet. Das sind ... Prozent.

Je mehr Fragen du angekreuzt hast, desto mehr Gedankenmuster hast du, die dich unter Druck setzen und/oder verwundbar machen. Räume auf damit.

Selbst wenn wir alle Fragen angekreuzt haben, müssen wir keinen Burnout haben oder bekommen. Denn es kommt immer darauf an, wie resilient wir eine Situation verarbeiten. Eines aber ist dann sicher: Deine Seele hat Grund zum Weinen. Keiner hält das ewig durch und es ist besser, jetzt für das Aufatmen deiner Seele zu sorgen.

Bis 9 angekreuzte Fragen: Du bist schon ganz gut darin, emotional stresskompetent mit dir umzugehen. Es wird dich weiter bereichern, wenn du die angekreuzten Neigungen in deinem Leben infrage stellst – eine nach der anderen – und nach gesünderen Einstellungen, Gedankenmustern, Motiven suchst.

Von 10 bis 18 angekreuzte Fragen: Du bist an einem guten Punkt, dich tendenziell zur emotionalen Stresskompetenz hin positiv weiterzuentwickeln. Mache das Gleiche wie oben beschrieben – aber achte zusätzlich besonders auf körperliche Symptome und kümmere dich mehr um deinen Körper.

Ab 19 angekreuzten Fragen: Du zeigst eine Menge Baustellen auf, die dich bewusst oder unterbewusst belasten und Energie kosten. Gehe daher Schritt für Schritt vor. Mache das Gleiche wie oben beschrieben – achte zusätzlich besonders auf körperliche Symptome und kümmere dich aufmerksam um deinen Körper. Mache regelmäßige ärztliche Checkups. Überlege dir, ob du nicht einige Stunden professionelle Unterstützung in Anspruch nehmen möchtest, damit du den Schalter umlegen und dich schneller regenerieren kannst. Bedenke: Was immer du hier für dich tust – es dient auch deinem Umfeld.

Zugang zum Brennstoff verschaffen

Woher kannst du dir immer wieder frischen Brennstoff verschaffen? Der Kosmos, in den wir eingebunden sind, ist schier unerschöpflich voller Energie. Allein ein Spaziergang lädt uns mit kosmischer Energie-Strahlung auf. Das Immunsystem wird dadurch gestärkt – abgesehen von der Bewegung und der Aufnahme frischer, sauerstoffreicher Luft. Der Körper des Menschen strahlt in 24 Stunden ca. 7.500 kcal Energie ab. Die Nahrung bringt ihm aber nur gut 2.000 - 2.500 kcal. Woher kommt die andere Energie? Durch den Atem, die Augen, die Körperoberfläche nimmt er Umgebungsenergie auf.[52] Tesla brachte mit dieser Energie sogar Lampen zum Leuchten.

Wenn uns so viel Energie zur Verfügung steht, müssten wir stets genug davon haben. Es sei denn, wir verlieren sie durch emotionale oder physiologische Energielöcher. Diese zu versiegeln und keine mehr zu erschaffen, ist der erste wichtige Schritt. Davon handelt ein Großteil dieses Buches.

Einige *Energieressourcen zum Auftanken* will ich jedoch aufzählen – auch wenn ich mich in einigen Punkten wiederhole: der freundliche Umgang mit mir selbst, Heilung meiner Emotionen, Ende meiner Selbstverurteilungen, Beziehungen, Freunde, gute

Gespräche, Dankbarkeit, Aktivierung der Herzenergie, Bewegung in der Natur, Arbeit mit Tieren, Begegnung und Spaß mit Kindern, Humor, Musik, Hobbys, Tapetenwechsel, Reisen, eine neue Fähigkeit erlernen – den Geist frei bekommen, Yoga, Meditation, Stille, Achtsamkeit, Unterstützung für den Körper durch gute Ernährung, genügend gutes Wasser, Sauerstoff, Spurenelemente, natürliche Immunmodulatoren.

Ein manifester Burnout braucht neben therapeutischer Arbeit unbedingt physische Unterstützung für den Körper. Durch das »Ausbrennen« leidet der Körper mit. Seine Energiespeicher müssen wieder aufgefüllt werden, das Nervensystem muss sich regenerieren können. Das Immunsystem, welches viel mit unserer Energie zu tun hat, braucht Erneuerung.

Es gibt viele Ärzte und Spezialisten, die dich hier individuell beraten können. Darüber hinaus möchte ich auf drei Ressourcen hinweisen:

- Omega-3-Fettsäuren sind wichtig für das Nervensystem und das Gehirn.
- **Lasse deinen Vitamin-D-Spiegel testen.** Die meisten Menschen haben zu wenig davon. Er sollte zwischen 40–70 ng/ml liegen. Unter 20 ng/ml besteht ein Mangel. Vitamin-D-Mangel wirkt auf viele Stoffwechselvorgänge und beeinträchtigt die Gesundheit in vielen Facetten. Müdigkeit ist eine davon. Du kannst deinen Vitamin-D-Speicher ruhig mit hochdosierten Gaben in Absprache mit deinem Arzt bis zum Soll auffüllen.
- **Immunmodulatoren aus dem Kolostrum** (die Erstmilch) und rohem Eigelb haben regenerierende Wirkung. Ihre Intelligenz versetzt sie in die Lage, zu erkennen, was das Immunsystem braucht, es zu steuern und zu stärken. Zusammen mit einigen andern natürlichen Stoffen können sie das stark beanspruchte Nervensystem bei Burnout unterstützen. Das ist allgemein erst wenig bekannt – Informationen dazu kann ich dir auf Anfrage übermitteln.

Entwicklungschance durch Burnout

Burnout ist eine Krise im Leben – aber keine Katastrophe. Er ist ein unübersehbares Warnsignal, nachdem vorher unzählige stille Signale des Körpers und der Seele überhört wurden. Doch der Kopf und das Gefühl vieler Menschen werden durch ihren Burnout in neue Perspektiven und Wahrnehmungen gedreht – wenn auch zuerst nicht immer freiwillig. Bedenke – das Leben ist wohlwollend und möchte uns fördern. Wenn es sein muss, dann wird eben ein Wendepunkt durch einen Fußtritt eingeleitet.

Das Leben vertraut uns sogar, dass wir unseren eigenen Weg aus der Krise herausfinden. *Denn Krisen sind Chancen in Verkleidung.* Es stellt uns professionelle Menschen zur Seite, die uns eine Weile dabei begleiten können. Wenn du in diese Situation geraten bist, dann nimm die Herausforderung an. Sie will dich fördern.

Ich hatte vor Kurzem die Gelegenheit, die Comedy-Queen Sissi Perlinger zu hören. Sie sprach über die wertvollen Entwicklungsprozesse, die sie durch ihren Burnout als Getriebene des Showbusiness vor ca. zehn Jahren gemacht hat. Sie nahm professionelle Hilfen in Anspruch. Ich war fasziniert, wie viel Weitblick und emotionale Kompetenz sie durch die aktive Bewältigung ihres Burnouts gewonnen hatte.

Wir müssen nicht erst einen Burnout entwickeln oder mit dem Holzhammer auf unser Wohlergehen gestoßen werden. *Freiwillig vom Leben lernen, tut weniger weh.* Aber wenn es anders läuft, dann mache aus diesem Misthaufen Gold. Oder wie ein schönes Sprichwort sagt: »Wenn du schon hinfällst, dann hebe wenigstens etwas dabei auf.«

Resilienz – das Stehaufmännchen in uns

Hinfallen ist normal. Die Frage ist, wie schnell wir uns selbst regulieren und wieder aufstehen. Diese Fähigkeit nennt man Resilienz – engl. »resilience« = Spannkraft, Elastizität, Strapazierfähigkeit; lat. resilire = abprallen. Krisen sind Schwellen, die das Potenzial eines emotionalen Absturzes mit psychosomatischen Folgen in sich tragen. Aber auch das Potenzial, eine größere Stärke,

Kompetenz und Selbstvertrauen zu entwickeln. An dieser Schwelle sind Entscheidungen für die Chancenseite der Krise maßgeblich. Resiliente Menschen wählen diese Option.

Eine 40-jährige Längsschnitt-Studie von *Emmy E. Werner* und *Ruth Smith*[53] in Kauai, Hawai, untersuchte Menschen, die aus dem gleichen belasteten Milieu stammten. Man sollte annehmen, dass sie in ihrer Lebensbelastung auch mit der gleichen Entmutigung reagieren würden. Doch etwa ein Drittel der Menschen traf aus sich heraus die Wahl, trotzdem aufzustehen, Chancen zu suchen und positiv zu nutzen.

Resilienz können wir als die Fähigkeit beschreiben, aus Krisen gestärkt wieder aufzustehen, sich von schwierigen Lebenssituationen nicht »unterkriegen zu lassen« und das Beste daraus zu machen. Es ist eine Art psychische Immunreaktion auf biologische, psychologische und psychosoziale Belastungen.

Was unterscheidet resiliente Menschen von anderen? *Eine wichtige Wurzel ist ein stärkendes Umfeld vor allem während der Entwicklungszeit eines Kindes.* Wenn eine Bezugsperson bedingungsloses Vertrauen in ein Kind hatte, zeigt es mit großer Wahrscheinlichkeit später resilientes Verhalten. Warren Buffet, einer der reichsten Männer der Welt, verdiente sein erstes Geld mit sechs Jahren, als er Cola-Sixpacks verkaufte. Heute ist er durch Investmentgeschäfte Milliardär. In einem Interview nannte er seinen Vater als entscheidenden Grund für seinen Erfolg. Er habe immer hinter ihm gestanden – egal was er ausprobierte. So habe er sich auch wohl dabei gefühlt, hier und da Risiken einzugehen.

Resilienz ist erlernbar – auch ohne solche positiven Voraussetzungen. Allein dieses Buch gibt eine Fülle von Hinweisen dazu. Die amerikanische Psychologenvereinigung hat zehn Schlüssel zur Resilienz entwickelt.[54]

Sieben davon stelle ich hier vor:
1. Unabdingbare Veränderungen annehmen: sich auf das konzentrieren, was man jetzt in der Hand hat – Verantwortung übernehmen
2. Krisen als überwindbare Probleme visualisieren
3. Sich an frühere erfolgreiche Problemlösungen erinnern
4. Initiative ergreifen und die lähmende Opferrolle verlassen
5. Selbstvertrauen nähren

6. Raum für sich schaffen: Entspannung, Emotionen wahrnehmen, Energie tanken, Nachdenken
7. Sich realistische Ziele in der Zukunftsplanung setzen

Was du für dich tun kannst, um auch bei Herausforderungen immer guten Brennstoff zu haben, und um mehr Heurekum zu erleben:

- *Achtsamkeit:* Wenn du spürst, dass du bei einer Tätigkeit dauernd Energie verlierst, denke nicht, dass sich das von selbst ändert. Finde umgehend heraus, woran das liegt und ändere deine Einstellung oder die Situation, sodass du wieder mit Freude arbeiten kannst.
- *Dein Bestes ist gut genug:* Sei fair und mitfühlend mit dir selbst. Erwarte ruhig viel von dir – doch betrachte dich stets als Lernenden, der immer sein Bestes gibt und das ist gut genug. Wer den Mut hat, etwas Neues auszuprobieren oder sich zu bemühen, macht in seinen Lernprozessen ganz natürlich Fehler – sie sind sogar wichtig. Lasse Fehler zu und verurteile dich für nichts. Denn: Hättest du etwas besser gewusst, oder zum entscheidenden Zeitpunkt besser gekonnt, hättest du es auch besser gemacht!
- *Mut zur Lücke:* Delegiere mehr (wenn möglich) und/oder lasse öfter alle Fünfe gerade sein. Verzichte auf hundertprozentige Perfektion. Lebe gelassen mit kleinen Lücken. Für die letzten fünf Prozent Perfektion brauchst du oft achtzig Prozent deiner Zeit. Lohnt sich das?
- *Sortiere Verantwortung:* Sei wachsam, dass du für andere keine Verantwortung übernimmst, die diese für sich selbst übernehmen können. Grenze dich ab. Vertraue anderen, dass sie mit deiner Verantwortungs-Abgrenzung zurechtkommen. Was andere für sich selbst tun können – das lasse bei ihnen. Damit bestätigst du sie als Erwachsene anstatt als unreif. Du hast nur Verantwortung für dich selbst, für nicht erwachsene Kinder, für pflegebedürftige Eltern und Menschen in einer Notsituation. Siehe im Kapitel 9 den Abschnitt »Das Missverständnis Verantwortung«.

- *Sorge für dich – kommuniziere:* Äußere deine Wünsche und Bedürfnisse direkt und erlaube sie dir. Warte nicht, bis andere sie erahnen, sondern kümmere dich proaktiv um dich selbst. Frauen neigen zur Indirektheit – daher möchte ich sie besonders dazu ermutigen.
- *Mitgefühl mit dir selbst:* Burnout kann aus dem Versuch entstehen, sich unbewusster Schuldgefühle zu entledigen. Diese sind aus Selbstverurteilungen entstanden – wann und wie auch immer. Sei gnädig und mitfühlend mit dir, wenn du etwas nicht gleich erreichst. Akzeptiere es – lasse los von destruktiver Selbstkritik. Lasse dich von »Hin-zu-Motivationen« bewegen, anstatt von einem Mangel. Stärke deine Selbstachtung und sprich ermutigend mit dir.
- *Auszeit und Regeneration:* Sorge für Auszeiten, in denen deine Batterie wieder aufgeladen wird. Finde heraus, wo und wobei du dich am besten entspannen und auftanken kannst. Probiere Wege der Meditation, der Achtsamkeit und der Stille aus. Diese Zeiten sind ebenso wichtig wie Arbeitszeiten. Suche immer das Leben, das Gefühl, den Duft des Lebendigseins, den Kontakt zu dir selbst in deinem Inneren.

TEIL IV

Heurekums Schatzkiste – gesammelte Tipps für den Alltag

16. Humor – die Streßlösungsstrategie Nr. 1

Kinder lachen etwa vierhundertmal am Tag. Sie können wirklich über alles kichern – einfach so, weil es Spaß macht. Erwachsene verziehen immerhin noch 15-mal am Tag ihre Miene zu einem Lachen. Warum eigentlich so selten? Vielleicht hat man uns erfolgreich beigebracht, dass der »Ernst des Lebens« mit der Schule beginnt? Besonders in früheren Generationen hat man den Kindern systematisch das Lachen und die Freude am Leben ausgetrieben und sie auf harte Arbeit programmiert. Vielleicht wirken da noch Relikte aus Zeiten, in denen Lachen tatsächlich verpönt war – wie etwa in Platons Akademie im alten Griechenland? Cicero beschäftigte sich mit der Unangemessenheit des Witzes bei Rednern, weil es im römischen Recht verboten war, über einen römischen Bürger zu lachen. Gab es früher noch den Hofnarren, so zog im Mittelalter und der Renaissance die Ernsthaftigkeit an den Höfen, in den Kirchen und Klöstern ein. Das Lachen ziemte sich nicht mehr. Das gemeine Volk durfte sich weiter dem Lachen und dem Gespött hingeben – schließlich war es ja keine feine und edle Gesellschaft. Auffällig ist auch, dass manipulative, unterdrückende Systeme, wie wir sie weltweit kennen und kannten, das Lachen – also die Stresslösung – unterbinden.

Lachen und Humor sind teilweise individuelle Reaktionen. Die Wissenschaft konnte deshalb bisher keine schlüssige Theorie darüber entwickeln, wie Humor funktioniert. Beispielsweise war ich als Kind dafür verschrien, dass ich zu oft lachte, besonders in den falschen Momenten. Zum Beispiel bei Beerdigungen. Ich war sieben Jahre alt, als mein Großvater starb, den ich sehr mochte. Als ich meine Verwandten am Grab weinen sah, musste ich lachen, weil sie für mich so ungewohnt komisch dabei aussahen und die Szene so unwirklich war. Dazu muss man wissen, dass Kinder erst ab etwa acht Jahren das Konzept von Tod begreifen. Ich hatte einfach eine andere Perspektive auf die Situation. Selbst später, als ich mit Kollegen in eine Komödie ging, bemerkte man, dass ich an Stellen lachte, wo sonst keiner lachen konnte und an Stellen, bei denen alle lachten, konnte ich nicht lachen. Ich wurde als sonderbar eingestuft und immerhin konnten dann alle über mich lachen.

Doch genau das ist es: Humor entsteht, wenn man eine andere Perspektive einnimmt, die eine Situation in der Wahrnehmung verändert. »Humor ist, wenn man trotzdem lacht«, soll Otto Julius Bierbaum gesagt haben. Der Kabarettist Otmar Kastner proklamiert: »Humor ist die Qualität, die dir dient, wenn der Spaß aufhört.« Der Psychotherapeut Alfred Adler beschreibt Humor als Begabung der Gelassenheit: »Humor ist die Begabung eines Menschen, der Unzulänglichkeit der Welt und der Menschen, den alltäglichen Schwierigkeiten und Missgeschicken mit heiterer Gelassenheit zu begegnen.«[55]

Angst lässt ein Problem übergroß erscheinen. Das ganze Blickfeld scheint durch das Problem ausgefüllt zu werden. Humor schaut aus einem Blickwinkel, aus dem das Ereignis kleiner, lächerlich groß oder komisch wird. So verliert es seine Bedrohung und schon kann man darüber lachen. *Reframing* nennt man diese Technik. Es bedeutet, dass man einer Sache einen neuen Rahmen verpasst. Viele einfache Mitmenschen sind darin regelrechte Meister, ohne je ein Buch darüber gelesen zu haben. Übe dich also im Humor, indem du ein Problem aus einer Perspektive betrachtest, aus der das Problem nicht mehr bedrohlich wirkt. *Es ist der kürzeste Weg zur Stresslösung.*

17. Die Kanal-Strategie – beobachten statt bewerten

Wenn du an einem Fluss sitzt, wirst du allerlei Dinge sehen, die an dir vorbeifließen. Du lässt sie kommen und gehen. Du springst nicht dauernd ins Wasser und willst sie festhalten. Das wäre sehr kraftraubend und äußerst uneffektiv. Nun überlege einmal, wie viele Gedanken und Emotionen in deinem Leben schon durch dich hindurchgeflossen sind? An viele kannst du dich nicht einmal mehr erinnern. Wer bist du also – welcher Gedanke, welche Emotion, welches Gefühl? Schnell wird klar, dass Identifikation hier gar nicht deine Aufgabe sein kann. Hättest du das alles festhalten müssen, wärst du inzwischen daran erstickt. Wenn das die Aufgabe des Menschen wäre, dann wären wir dafür ausgestattet.

Ein neues Denkmodell möchte ich dir dazu anbieten. Was hältst du von der Idee, dass *du ein Kanal bist, durch den ständig Gedanken, Emotionen und Erfahrungen fließen?* Wozu? Einzig und allein, damit du Erfahrungen machen kannst. Die Erfahrungen bleiben bei dir. Doch was dir dabei begegnet, brauchst du nicht festzuhalten. Denn wenn wir uns mit einem Gedanken oder einer Emotion identifizieren, dann werden negative Emotionen zu echten Bedrohungen.

Am 07. Januar 2015 erschüttert die Ermordung von elf Mitarbeitern des französischen Satiremagazins »Charlie Hebdo« die westliche Welt. Ja, sie hatten einen für viele Menschen und eine ganze Kultur hohen Wert karikiert. Das mag Trauer, Wut, Ärger oder Empörung ausgelöst haben. Doch statt diese Gefühle einfach zu bemerken und durch sich hindurchfließen zu lassen, haben sich die Brüskierten mit ihnen identifiziert und sie damit festgehalten. In diesem Moment erst begannen sie selbst unter den Karikaturen zu leiden. In diesem Moment erst entstand für sie eine Bedrohung, gegen die sie sich auf schreckliche Weise zur Wehr setzten. Interessanterweise folgte anschließend eine weltweite Identifizierungskampagne als Gegenreaktion mit den Worten: »Je suis Charlie«. Die Empörten haben damit das Gegenteil erreicht.

Mal angenommen, jemand sagt oder tut etwas, das deine Werte infrage stellt. Bringt dich das schnell auf die Palme? Verständlich, denn mit kaum etwas identifizieren wir uns mehr als mit unseren Werten. Sie sind ein Teilaspekt des Selbstwertes. Anstatt uns angegriffen zu fühlen, könnten wir einfach wahrnehmen und eine beobachtende Position einnehmen wie: »Aha, da hat jemand andere Ansichten als ich. Interessant! Das ist seine Welt – ich empfinde es anders und achte das.« Wir könnten fühlen und erleben, was ein anderer oder eine Situation in uns auslöst, ohne uns mit dem Gefühl zu identifizieren und diese Wahrnehmung weiterfließen lassen wie Treibholz im Fluss.

Betrachte dich mit deinem Körper als Kanal für alle Gedanken, Emotionen und Gefühle, die dir begegnen und durch dich hindurchfließen. Erfahre und beobachte interessiert, was passiert, aber halte es nicht fest und urteile nicht darüber. Ziehe deine Erkenntnisse daraus, bedanke dich für die Erfahrung und lasse sie los.

18. Gelassenheit kommt von lassen

Zu Beginn meiner Seminare frage ich oft die Ziele der Teilnehmenden ab. Nahezu unabhängig vom Seminarthema nennen 30 bis 50 Prozent den Wunsch, mehr Gelassenheit zu erreichen. Das ist erstaunlich – doch nicht verwunderlich. Wenn man die Nachrichten und Reportagen in den Medien hört, wenn man die Bedrohungen am Arbeitsplatz fühlt, wenn man die privaten Katastrophen von der Familie bis zu den Nachbarn mitbekommt –, dann müsste unser Nervensystem ständig in heller Aufregung sein. Zum Glück gibt es Kräfte in uns, die dafür sorgen, dass unser Nervensystem nicht so leicht überreizt wird – aber eine hyperaktive Grundschwingung mögen viele spüren. Dass das unangenehm und ungesund ist, haben wir in vorhergehenden Kapiteln erfahren. Deshalb sehnen sich viele nach dem, was dieses persische Sprichwort ausdrückt: »*Ein kurzer Augenblick der Seelenruhe ist besser als alles, was du sonst erstreben magst.*«

Daher möchte ich dir hier, neben all den anderen Tipps in diesem Buch, drei Vorschläge machen, wie du Gelassenheit in dir fördern kannst:

1. Was dich übermäßig anspannt, das lasse zunächst einmal. Natürlich kannst du nicht einfach deinen Arbeitsplatz oder deine Familie verlassen. Aber du kannst vielleicht den Fernseher ausstellen, dich aus belastenden Gesprächen zurückziehen, Inspirierendes, statt Negatives lesen. Du kannst Aufgaben zurückstellen, die dir übermäßigen Druck machen, alle Fünfe gerade sein lassen und du musst nicht jede Diskussion führen. Du kannst andere lassen, wie sie sind, darauf verzichten, Recht zu haben und lieber deinen Seelenfrieden nähren. Du kannst die Ereignisse kommen und gehen lassen wie sie sind.

2. Das Kapitel 12: »Sich trauen, zu vertrauen« gibt dir viele Hinweise zur Gelassenheit durch Vertrauen. Darin findest du den kraftvollen Gedanken »Ich vertraue dem Wohlwollen in meinem Leben«. Wenn du ihn oder andere konstruktive Gedanken immer wieder ausspricht oder denkst und fühlst, *erzeugst du eine* Resonanz *zu dem, was du da sagst*. Schwinge also in dieser Frequenz. Dann kannst du gelassen alles auf dich zukommen lassen. Den Weg zu dir findet dann das, wozu du eine Resonanz erzeugt hast. Alles andere bemerkt dich gar nicht.

3. Sorge physisch für dein Nervensystem: Durch Nährstoffe und Spurenelemente, die es kräftigen. Dazu findest du reichlich Literatur und Infos im Internet. Informiere dich über die Unterbrechung von überschießenden Reaktionen deines Immunsystems durch Transferfaktoren.

19. Warten, bis der Apfel reif ist

Eine Schwangerschaft braucht Zeit. Wir warten meist geduldig ab, bis das Kind geboren werden will. Wenn ein Apfel reif ist, fällt er von selbst vom Baum. Das gilt auch für unsere Projekte. Zu Beginn wissen wir nicht, wie viel Zeit und Ressourcen sie benötigen. Wir machen einen Plan, um eine Richtschnur zu haben. Aber jedes Projekt ist ein schöpferischer Akt, der seine eigenen Gesetze schreibt. Es entsteht ein eigener Fluss, dem es zu folgen gilt. Dieser Fluss entwickelt seine eigene Dynamik und ist stärker als du. Er will seiner Natur folgen und du kannst ihm den Raum dafür lassen.

Manchmal ist es eine Selbstsabotage, die unser Projekt aufhält. Sie will zuerst aufgelöst werden, bevor wir zum Ziel gelangen. Selbstsabotagen sind unbewusste Denkmuster oder Ängste, die in unserer Kindheit entstanden sind und uns vor weiteren Bedrohungen schützen möchten. Es würde ein eigenes Buch erfordern, dieses Thema zu behandeln. Einige Hinweise gebe ich dir hier:

- Wenn du immer wieder auf das gleiche Hindernis stößt, erzeugst du es möglicherweise unbewusst selbst durch das innere Stoppschild der Selbstsabotage. Spüre, welche Angst oder Emotion dich zurückhält. Was ist die Botschaft dieser Emotion? Vor welcher Bedrohung will sie dich bewahren?
- Gehe in die Stille und frage nach innen, welche Glaubensmuster über dich selbst dabei wirken. Schreibe auf, was dir einfällt.
- Beruhige deine Emotionen durch konstruktive Gedanken und Übungen zur emotionalen Selbstheilung, wie sie auch in diesem Buch beschrieben sind. Wandle deine sabotierenden Glaubensmuster um in konstruktive. Wenn du dazu Unterstützung wünschst, gönne dir einige Coachingstunden.
- Du kannst mit dem folgenden Denkprozess arbeiten: »Auch wenn ich ... *(dein Name)* bisher geglaubt/gedacht/erfahren *(Verb auswählen)* habe, dass ... *(hier die identifizierte Selbstsabotage nennen),* so bin ich *(Name)* jetzt den-

noch fähig, willens und bereit ... *(hier kommt der konstruktive Gedanke, der die Sabotage aufhebt)*. Beispielsweise: »Auch wenn ich N.N. bisher geglaubt habe, dass ich nur wertvoll bin, wenn ich alles richtig mache, so bin ich N.N. jetzt dennoch fähig, willens und bereit, mich für jede Bemühung anzuerkennen und wertzuschätzen, unabhängig davon, ob sie mir gelingt.« Schreibe dir den vollständigen Satz mit deinem persönlichen Thema auf und sprich diesen Text mit deinen Inhalten mehrmals am Tag *(je dreimal)* bis die Sabotage sich auflöst. Zur Verstärkung kannst du dabei die Fingerspitzen wie bei der »Merkelraute« aufeinanderlegen.

Geduld ist eine Qualität, die westliche Menschen weniger pflegen oder wertschätzen. Ich bin früher oft wütend geworden, wenn eine Situation Geduld von mir verlangt hat. Geduld hat großen Widerstand in mir ausgelöst. Ich war sogar stolz darauf, denn ich dachte, Geduld sei etwas für Langweiler und Schlafmützen. Irgendwann habe ich gelernt, dass eine starke emotionale Reaktion, wie die Wut, mich auf etwas hinweisen will. *Die Sache hat etwas mit mir zu tun, sonst würde ich nicht so heftig reagieren.* Ich habe gelernt, wenn ich mich darum kümmere, finde ich einen Gewinn für mich darin. Beispielsweise bin ich durch einen Wutanfall zur Kinesiologie gekommen: Eine Therapeutin, die keine Kinesiologin war, und eine Anwendung nicht richtig verstanden hatte, wendete angeblich eine kinesiologische Methode bei mir an. Seltsamerweise wurde ich dabei sehr wütend und bat sie, die Methode zu wechseln. Über meine starke emotionale Reaktion war ich sehr überrascht. Es reizte mich, mehr über diese »komische« Therapie herauszufinden. Es war zunächst nicht leicht, vernünftige Informationen darüber zu bekommen. Schließlich habe ich verstanden, worum es ging. Es begeisterte mich, und ich machte es zu einem Teil meines Berufs. Meine Emotionen hatten intuitiv verstanden, dass bei der Anwendung etwas nicht stimmig war, aber dass mich diese Methode in meiner Arbeit weiterbringen würde – die Wut war ihr segensreicher Wink mit dem Zaunpfahl.

Aufgrund dieser Erkenntnis und meiner wütenden Ablehnung der Geduld, habe ich mich mit ihr auseinandergesetzt und sie lieben gelernt. Hinter Ungeduld steckt vor allem Angst – die Angst, zu kurz zu kommen, nicht zu erhalten, was einem zusteht, nicht zu erreichen, was man will, etwas zu verpassen. Die Natur lehrt uns tagtäglich, welche Weisheit in der Geduld liegt. Im Winter kann ich keine Himbeeren ernten, egal wie sehr ich es mir wünsche. Es braucht die Erholung der Pflanze im Winter, bevor meine Himbeersträucher wieder kraftvollen Saft produzieren können. Würde ich im Winter an den Sträuchern herumzoppeln, um Früchte heraus zu pressen, würde man mich einschließlich mir selbst für verrückt halten. Es klingt absurd – aber genau das mache ich, wenn ich bei meinen Projekten keine Geduld entwickle. Um ein Ziel zu erreichen, müssen meist mehrere Komponenten zusammenwirken und zur richtigen Zeit zusammenkommen.

Stellen wir uns ein Uhrwerk vor, bei dem Zahnräder ineinander wirken. Die volle Umdrehung eines Zahnrads bewirkt bei einem anderen, dass es nur um einen Zahn weiter tickt. Erst wenn bestimmte Zähne eingerastet sind, kommt es zu einer gewünschten Bewegung – nicht vorher. Was also soll die Ungeduld? Es zeugt von hektischer Betriebsamkeit, die auf manche zwar einen guten Eindruck macht, aber nicht weise ist. Zwar ist es wichtig, auf dem Wege zur Zielerreichung stets mein Bestes zu geben und die Zahnräder in Bewegung zu bringen. Aber dann ist es weise, geduldig auf den Knotenpunkt zu warten, an dem alle in Bewegung gesetzten Komponenten zusammenpassen und wie ein Zahlenschloss den Tresor des Ziels aufschließen.

Geduld ist ein wesentliches Element der Selbstberuhigung. Mache sie zu deiner Freundin! Mit Ungeduld verlangsamst du deine Zielerreichung – mit Geduld beschleunigst du sie. *Die größte Geschwindigkeit erreichen wir durch Gelassenheit.* Deine Ziele möchten gerne zu dir kommen, aber wann und wie – da wollen sie schon mitreden. Denke daran: Dein Unterbewusstes vergisst nie, was du einst beschlossen hast. Es wartet nur darauf, dass alle Komponenten zusammenkommen, damit es dir servieren kann, was du angestrebt hast.

Tipp: Wenn du in einem wie auch immer gearteten Projekt spürst, dass es viele äußere oder innere Widerstände gibt – dann halte an und frage dich: »Wo fließt der Fluss des Projekts gerade und wo stehe ich?« Dein Unterbewusstsein ist aufgefordert, dir ein Bild zu zeigen. Wenn du woanders stehst oder dich sogar weit weg vom Fluss befindest, stelle dir einige Fragen. Vielleicht hast du etwas übersehen, weil du auf eine bestimmte Vorgehensweise zu fokussiert bist? Vielleicht hast du manchen Dingen zu wenig Bedeutung geschenkt und/oder zu viel? Vielleicht hast du vergessen, dir kompetente Unterstützung zu holen? Vielleicht zwingst du das Projekt in ein zeitliches, gedankliches oder emotionales Korsett, welches nicht zu ihm passt? Stell dir vor, dass du zurückspringst in den Fluss und dich wieder von ihm tragen lässt. Was würde sich dadurch an deiner Vorgehensweise ändern? Wenn du im Fluss mit deinem Projekt bist, spürst du es auch an emotionalem Wohlbefinden. Gehe vertrauensvoll weiter und gib deinen Projekten, was sie benötigen an Raum, Zeit und Aufmerksamkeit. Dann fällt dir der Apfel gewiss in den Schoß, sobald er reif ist.

20. Die Kortisolbremse – ein Selbstberuhigungs-Quickie

Die Kortisolbremse ist eine kleine Übung, die ich für den Alltag entwickelt habe. Denn es ist wichtig, immer wieder Kortisol abzubauen – durch Phasen der Entspannung. Mit dieser Übung gestattest du deinem Körper für einen Moment, die Kortisolkurbel anzuhalten und Kortisol abzubauen, wenn du dich angespannt oder in einer Stress-Situation befindest. Sie ist ein Selbstberuhigungs-»Quickie«, welches du immer mal zwischendurch am Tag praktizieren kannst:

- Schließe die Augen und nimm einige tiefe Atemzüge.
- Stelle dir bei jedem Ausatmen vor, dass du Anspannung loslässt und bei jedem Einatmen, dass du Ruhe in dich aufnimmst.
- Dann stelle dir für einige Momente vor, dass deine aktuellen und größeren Probleme schon gelöst sind, dass du erreicht hast, was du wolltest.

- Genieße eine Weile die Entspannung, die sich in dir einstellt. »Ich bekomme stets zur rechten Zeit alles, was ich brauche.« kannst du dir innerlich als verstärkende, beruhigende Information geben.

Vielleicht denkst du jetzt, es sei eine Lüge, so zu denken. Nein, es ist schöpferisch. *Realität ist für das Unterbewusste immer das, worauf du deine Aufmerksamkeit richtest.* Deine Realität ist plastisch. Es ist völlig egal, wie viele Probleme du hast, kultiviere dieses Lösungs-Bild, damit sich dein Nervensystem immer wieder entspannen kann.

21. Die »Beleidigte Leberwurst« ohne Verfallsdatum

Vor etwa 30 Jahren saß ich am Gießener Bahnhof und wartete auf einen Zug. Ich kam mit einem Obdachlosen ins Gespräch. Er erzählte mir, dass er Professor an einer Uni gewesen war. Ich fragte natürlich, warum er jetzt dieses anstrengende Leben gewählt hatte. Er sagte:»Meine Frau hat mich vor sechs Jahren rausgeworfen. Seitdem sitze ich auf der Straße und einmal im Jahr, kurz vor Weihnachten klingele ich an ihrer Tür. Sie sieht mich in diesem Zustand und ich gehe wieder. Ich weiß, dass sie jetzt ein Jahr lang Schuldgefühle haben wird für das, was sie mir angetan hat.«

Ja, eine besondere *Art, den Stressmodus zu konservieren, ist die »Beleidigte Leberwurst«, die von einem starken Ego hartnäckig aufrechterhalten wird.* Für das nahe Umfeld bedeutet es ständige innere Beunruhigung – Dauerstress. Vielleicht ist der emotionale Knoten dahinter: »Wenn ich schon am Boden liege, dann ziehe ich eben alle anderen mit in den Abgrund.«

Da ist jemand, dessen Grenzen überschritten wurden, dessen Werte offenbar mit Füßen getreten wurden. Doch anstatt das zu verbalisieren und darüber zu kommunizieren, sagt er nichts und geht zu seinem eigenen Schaden in einen passiven Widerstand.

Allerlei Pampigkeiten, Verweigerungen und Respektlosigkeiten muss seine Umwelt dann ertragen. Denn ein Merkmal dieser »Leberwürste« ist, dass sie keine Verantwortung für ihren Anteil an einem Konflikt übernehmen. Sie projizieren die vermeintliche Schuld vollständig in ihre Umwelt. In ihrer Gegenwart hast du immer das Gefühl, in einem Gerichtssaal auf der Anklagebank zu sitzen, und daran festzukleben. »Beleidigte Leberwürste« sind Einbahnstraßen – es gibt nur ihre Richtung. Du gehst offen auf sie zu und fragst sogar, was denn los ist. Du erntest einen müden Blick und hörst den Gedanken: »Na, wenn du das nicht selbst bemerkt hast, dann ist dir sowieso nicht zu helfen.« Sie sind wie geladene Kanonen, die sich für Terrorismus entschieden haben, der die gleichen Strukturen hat. Statt sich in die Augen zu blicken und einen Konflikt offen auszutragen, legt jemand dir hinterhältig eine Bombe ins Gebüsch. Du weißt weder warum, noch kannst du das Problem lösen, was zu der Bombe geführt hat. Du fühlst dich ohnmächtig, wieder eine gute Atmosphäre herzustellen – einer spielt nicht mit.

Nicht über den Konflikt zu kommunizieren ist wie ein kleines Machtspiel nach dem Muster des Rumpelstilzchens: »Ach wie gut, dass niemand weiß, …« Entweder glauben »Leberwürste« nicht an positive Wendungen oder/und sie haben aus ihren rätselhaften Verhalten einen emotionalen Gewinn, der ihnen wichtiger ist. Schließlich versucht die Umwelt irgendwie eine Lösung zu finden, sie fühlt sich schuldig dafür, dass es der »Leberwurst« so schlecht geht, aber sie weiß oft nicht, was das vermeintliche Problem ist. So denkt die Umwelt oft an die »Beleidigte Leberwurst« und gibt ihr dadurch Aufmerksamkeit. Jetzt klingelt es bei dir, lieber Leser – ja, Energie bekommt man durch Aufmerksamkeit. *Auf diese Weise lässt sich die Energie beschaffen, die die »beleidigte Leberwurst« irgendwo verloren hat oder verliert.* Das verdeckte Spiel ist meist, dass diese Persönlichkeiten wahrgenommen und anerkannt werden möchten. Sie trauen sich aber nicht, dies einzufordern, wie Extrovertierte es tun würden. Bei vielen ist das Muster sogar zu einem solchen Automatismus geworden, dass sie Wahrnehmung und Anerkennung gar nicht mehr bemerken oder sogar als unglaubwürdig zurückweisen.

Der Preis ist hoch. Die »Leberwurst« muss, um ihr Spiel am

Laufen zu halten, möglichst entschlossen und dauerhaft auf der Panikum-Autobahn fahren. Die Umwelt fühlt sich von der Ohnmacht der Situation bedroht. Im Sinne der »Leberwurst« darf sie dann zur Strafe auch auf der Panikum-Autobahn fahren. Und zwar bis zum Sankt-Nimmerleins-Tag, denn eine hartnäckige »Leberwurst« hat kein Verfallsdatum. Jeder Strafe geht eine Schuld voraus; jeder *Schuld geht eine Verurteilung voraus.* So lange Vertreter dieser Spezies an der Verurteilung festhalten, wird die vermeintliche Schuld konserviert und das Problem nicht gelöst. Paradoxerweise sorgt sie mit ihrem Schweigen dafür, dass es keine Problemlösung geben kann. Sie verhält sich wie eine wandelnde Gefriertruhe.

Wenn du zu den Menschen gehörst, die in einigen Lebensfeldern zur Strategie der »Beleidigten Leberwurst« neigen, dann ist das vermutlich die beste Lösung für deinen emotionalen Stress, die du bisher gesehen hast. Mache dir jedoch klar, dass der »Leberwurst-Modus« eine Art Gefängnis für dich selbst ist. Du isolierst dich und trennst dich emotional von deinem Umfeld. Trennung schneidet dich auch stets von deiner Herzenergie ab, die dich gerne aus deiner Isolation herausheben würde. Mache dir auch klar, dass es einem Kleinkindverhalten entspricht. Wenn ein Kind ein verletztes Bedürfnis hat, kann es das in frühen Jahren nicht klar artikulieren und erklären. Es zieht sich zurück oder bestraft dann lieber seine Bezugspersonen, indem es unkooperativ ist. Es geht in einen stillen Machtkampf mit den Eltern und braucht jetzt klare Grenzen. Es ist auch möglich, dass es selbst noch nicht die Erfahrung gemacht hat, dass Konflikte erfolgreich verbal geklärt wurden. Oder es hat erlebt, dass es, wenn es Konflikte kommunizieren wollte, nicht gehört oder ernst genommen wurde. Doch als Erwachsene sind wir zu 100 Prozent dafür verantwortlich, wie wir unsere Welt gestalten. Nimm das Steuer selbst in die Hand und warte nicht, bis andere etwas ändern.

Wie befreist du dich aus diesem Gefängnis? Nimm zur Übung ein Beispiel, in dem du dich wie eine »Beleidigte Leberwurst« verhältst.

1. Akzeptiere, dass du das Leberwurst-Spiel spielst. Akzeptiere dich darin. Setze ein Verfallsdatum für diese Strategie fest.

2. Dann schreibe einmal klar auf, was dich stört, was dich und was deine Werte verletzt hat.
3. Achte deine Gefühle, die durch diese Verletzungen in dir ausgelöst wurden. Nimm sie vollständig an, so wie sie sich dir zeigen. Denn sie erinnern dich an alte Verletzungen, die du bisher nicht heilen konntest.
4. Heile zuerst deine Selbstverletzungen, die hinter dem Thema stehen. Dazu dienen dir einige Methoden, die in diesem Buch beschrieben sind.
5. Frage dich, warum du das Machtspiel um Energie brauchst. Kannst du das Loch stopfen, durch das du immer wieder Energie verlierst? Oft sind es eigene Selbstverurteilungen. Kannst du anderweitig zu Energie kommen?
6. Frage dich: Kannst du wirklich wissen, ob deine Vermutungen und Interpretationen über die anderen richtig sind?
7. Welche Fragen kannst du den anderen stellen, um ihre Motive oder ihr Verhalten zu verstehen, falls du darüber entrüstet bist? Schreibe sie auf.
8. Nimm deine Verurteilungen zurück und akzeptiere die Situation erst einmal so, wie du sie wahrnimmst. Alles ist für irgendetwas gut – so will auch diese Situation dich weiterbringen. Nutze Sätze, die dich zur Heurekum-Autobahn hinüberkatapultieren können.
9. Mache dir klar, was du gewinnst, wenn du die offene Aussprache suchst. Dann fällt es dir nicht mehr schwer, »über die Leberwurst zu springen«, und die Beteiligten um eine Aussprache zu bitten.
10. Für eine solche Aussprache gibt es Regeln, die es erleichtern, respektvoll und fair zu einem Ergebnis zu kommen: ein ungestörter räumlicher und zeitlicher Rahmen, jeder darf seine Sichtweise darlegen, ohne unterbrochen zu werden, persönliche Angriffe sind nicht erlaubt. Bemühe dich, die Sache einmal aus den Augen des Gegenübers zu sehen. Es kann helfen, dazu die Stühle und Rollen zu vertauschen. Wenn ihr nicht weiterkommt, findet eine Vertrauensperson, die als Mediator fungieren kann.

Wenn du diese nicht gerade einfachen Schritte machst, kann deine Persönlichkeit nicht anders als zu wachsen. Du hast dann gerade eine neue Wirklichkeit erschaffen, weil du in deinem Geist Bewegung erlaubt hast. Respekt!

Und was kannst du tun, wenn »beleidigte Leberwürste« im nahen Umfeld um dich herumspringen?

1. Akzeptiere, dass sie offenbar keine andere Strategie sehen. Sie geben trotzdem gerade ihr Bestes. Meist sind ihre Werte, die sie selbst bereit sind zu leben, in ihrer Wahrnehmung so verletzt worden, sodass sie stumm geworden sind. Allerdings kann es sein, dass sie vergessen haben, die andere Seite fair zu analysieren. Sie verlassen sich einfach auf ihre eigenen Vermutungen. Damit begeben sie sich auf kritisches Terrain.
2. Erkenne, dass sie dich Energie kosten, indem sie dir still und unbewusst die Verantwortung für ihren Zustand aufbürden. Lass das Problem bei ihnen.
3. Verschaffe dir Distanz und grenze dich zu deinem eigenen Schutz ab. Schütze dich emotional, indem du eine zentrale Energiebahn des Körpers stärkst. Streiche mehrfach im Abstand von wenigen Zentimetern mit schräg nach oben gerichteter Handinnenfläche von unterhalb deines Nabels bis zur Unterlippe. Wenn du die Hand unter dem Nabel neu ansetzt, führe sie außerhalb dieser Linie zurück.
4. Biete der Person freundlich und bestimmt eine Aussprache an. Erläutere die Chance und den Nutzen, den du darin siehst. Gib ihr Bedenkzeit – aber setze einen Entscheidungstermin. »Beleidigte Leberwürste« sind eher introvertierte Menschen. Daher fällt ihnen aktive Kommunikation nicht leicht. Sie müssen vielleicht über mehrere Schatten springen. Erkenne es ihnen hoch an, wenn sie zu einer Aussprache bereit sind.
5. Wenn die Person nicht auf dein Angebot eingeht, überreiche es ihr nochmals schriftlich. Das ist deine Botschaft, dass du jederzeit zu einem Gespräch bereit bist. Es hält die Tür von deiner Seite offen.
6. Finde eine gesunde Distanz und sorge für dich.

22. Ich war es nicht – es war der »Innere Schw...hund«

Gibt es ihn nun oder gibt es ihn nicht? Ist er eine bequeme Ausrede, um sich aus der Verantwortung zu stehlen – oder wurde dem Menschen wirklich ein übles Tier eingepflanzt? In den vergangenen Jahren hat er ein Comeback gefeiert – unser vermeintlicher Widersacher. Er ist populär. Unzählige Bücher beschwören ihn herauf. Die Rede ist von unserem angeblichen inneren Feind, dem »Schw...hund«. Seine düstere Bezeichnung will mir einfach nicht aus der Feder fließen. Dieses Untier soll uns helfen, zu erklären, warum wir nicht immer so handeln wie wir denken oder fühlen. Warum wir Dinge nicht erreichen, die wir uns wünschen. Warum wir uns vor Veränderungen oder unangenehmen Aufgaben drücken. Die Frage ist: *Hilft uns dieses Modell tatsächlich weiter?*

Stellen wir uns einmal bildlich vor, in uns Menschen würde ein Untier lungern, gegen das wir ständig kämpfen müssten. Alle Menschen, denen wir begegnen, wären Kampfmaschinen, die vom Kampf gegen das Untier absorbiert wären. Einem Angreifer in uns könnten wir nicht entrinnen und wären im Kampf gefangen. Der Stressmodus wäre permanent angeschaltet und im Alarmzustand. Spürst du, liebe Leserin, lieber Leser, wie absurd das ist? Vielleicht denkst du, das mit diesem Untier ist ja eher humorvoll gemeint und kein Grund, das so wichtig zu nehmen. Wirklich? Jedes Bild, jeder Gedanke wirkt im still Unterbewussten. Es neigt in seiner Einfachheit dazu, Dinge für bare Münze zu nehmen. Worte wirken.

Allerdings gibt es etwas in uns, das uns von manchen produktiven Dingen abhalten möchte. Ja, da ist etwas, aber es ist nicht unser Feind und kein Untier. Es ist unser großer treuer Freund – es ist Panikum. *Es ist unser Überlebensdrang, der auf der Flucht ist.* Vermeidung ist Flucht. Panikum versucht, uns durch unerklärliche Widerstände und Unlust von etwas abzuhalten, was uns vermeintlich bedroht. Das kann so aussehen, dass wir uns mit unwichtigen Dingen ablenken, anstatt an Prioritäten zu arbeiten, Dinge immer wieder vergessen, Ausreden und Rechtfertigungen finden, plötzlich müde oder krank werden, plötzlich Hunger oder

Durst bekommen, eine rauchen müssen, schnell noch die Zeitung lesen zu müssen, fahrig und unkonzentriert sind. Eine Freundin erzählte mir, dass sie lieber anfängt zu bügeln, obwohl sie es hasst, nur um eine ungeliebte Sache nicht anpacken müssen. Wir amüsierten uns köstlich. Natürlich sind das von außen betrachtet keine zielführenden Aktionen – aber dahinter steckt die positive Absicht von Panikum, uns zu retten. Was machen wir damit? Wir verstehen diese Botschaft nicht und erklären den Überlebensdrang selbst zum Feind.

Was in unserem Alltag kann so bedrohlich für uns sein, dass diese Reaktion einsetzt? *Jede Veränderung, die* Panikum *nicht kennt, ist zunächst einmal bedrohlich.* Unsicherheit und Ungewissheit durch eine neue Herausforderung, eine neue Begegnung, eine organisatorische Veränderung; den kreativen Schmerz, etwas Neues zu erschaffen und vieles mehr – kann Panikum in Alarmbereitschaft versetzen. Oder eine Aufgabe ist uns unangenehm, weil sie uns an frühere negative Erfahrungen erinnert: Die Emotionen wehren sich vielleicht dagegen, einen Kunden zu besuchen, der uns früher schon einmal stundenlang klagend zugetextet hat, ohne dass wir zu Wort kamen. Panikum lässt sich etwas einfallen, um uns davon abzuhalten. Dabei hat es die gute Absicht, uns davor zu schützen. Es ist eine treue Seele, die es gut mit uns meint.

Was kannst du tun, wenn Panikum *sich durch Hinauszögern meldet?* Erkenne in der Aufschieberitis deinen Freund Überlebensdrang. Wenn er sich meldet, höre ihm aufmerksam zu, was er dir damit sagen möchte. Frage dich: »Wodurch fühle ich mich gerade bedroht?« Sei mitfühlend mit dir selbst und gib dem widerstrebenden Gefühl wie z.B. der Unlust so viel Raum, dass es sich angenommen fühlt. *Denn, das, was wir annehmen, kann gehen. Wogegen wir jedoch ankämpfen – das muss bleiben.* Reduziere die Bedrohung durch konstruktive Gedanken. Halte gleichzeitig ein Mindestmaß an Zielbewegung aufrecht. Frage, mit welchem Kleinsthäppchen an Fortschritt Panikum in diesem Moment zumindest einverstanden ist, ohne zu blockieren. Es ist unmöglich, einen Kampf gegen die innere Überlebensmacht zu gewinnen – weder mit Vorsätzen noch mit Beschimpfungen oder Appellen. Mit einem inneren Widersacher wären wir dauerhaft im Kampfmodus und im Selbst-Boykott. Durch den Stress würden unsere

Energien derart gebunden, dass nur noch wenig Gehirnpotenzial für wirklich kreative Lösungen zur Verfügung stünde. So dumm ist die Natur nicht. Wenn es einen inneren »Schw...hund« wirklich gäbe, und wir ihn in uns selbst dauerhaft bekämpfen müssten, wäre es Menschen versagt, je in Einklang und Frieden mit sich selbst zu kommen. Glaubst du, dass das Leben sich so einen Unsinn ausdenkt? *Der innere Schw...hund kann daher nur ein Phantom sein, an das wir Verantwortung abschieben möchten.* Mangelnde Disziplin an dieses Hirngespinst zu delegieren ist natürlich bequem. Dann bin ich ja nicht verantwortlich für mein Verhalten – nein, es ist dieser Alien in mir. Ist diese Idee amüsant oder eher pathetisch oder beides? Es erinnert mich an die kreativen Versuche der alten Ägypter, das Schicksal auszutricksen. Sie nahmen zahlreiche kleine Figuren namens Uschebtis als Grabbeigabe mit. Diese hatten den Auftrag, Arbeiten, die dem Toten beim Totengericht aufgetragen wurden, stellvertretend zu verrichten. *Verhandle lieber mit* Panikum *und verkleinere vorübergehend deine Schritte zum Ziel.* Dann brauchst du kein Untier in dir zu fürchten und du kannst dich beruhigen.

23. Veränderung ist doof

»Veränderung ist doof« lese ich auf einer Postkarte und muss lachen. Während in Unternehmen allerorts die Veränderungsbereitschaft, das Change-Management, die lernende Organisation, Kaizen (ständige Verbesserung) gepredigt und trainiert werden, traut sich jemand einfach zuzugeben, dass er nichts verändern will. Das ist erst einmal entspannend – vor allem der ausgelöste Lacheffekt tut gut.

Wenn jemand behauptet, dass er Veränderungen liebt, ist das kühn und vielleicht auch etwas naiv. Denn was sagt unser Gehirn dazu? Liebt es die Veränderungen wirklich? Mache bitte einmal ein kleines Experiment: Verschränke einfach deine Arme. Ist das bequem? Vermutlich. Nun verschränke die Arme anders herum.

Ist das genauso bequem? Vermutlich macht es dich unruhig und du möchtest dich in den alten Zustand zurückbewegen. Wenn uns selbst eine so nebensächliche Handlung wie das Verschränken der Arme so viel Unbehagen verschaffen kann – wie ist es dann in wichtigeren Lebensbereichen? Veränderungen erlebt das Gehirn zunächst als Bedrohung dessen, was es sich erarbeitet hat. Es muss sich wieder in Unsicherheit begeben, wo es sich doch gerade so sicher gefühlt hat. Wenn es ihm mit großem Energieaufwand gelungen ist, etwas zu lernen, speichert es die neue Information in einen energiesparenden Automatismus. Warum sollte es das ändern? Es entwickelt eine natürliche Trägheit, die bei Veränderungen zuerst einmal unterschiedlich dosierten Widerstand hervorruft.

Globalisierung, technische Entwicklungen, Digitalisierung und mediale Vernetzung haben in unserer Zeit eine enorme Beschleunigung von wirtschaftlichen und gesellschaftlichen Veränderungsprozessen hervorgerufen. Sie tangieren uns, ob wir wollen oder nicht. Da ist es schon gut, sich eine Veränderungsstrategie zuzulegen, die die wahrgenommene Bedrohung reduziert. Dazu betrachten wir zunächst einmal, welche Veränderungen es überhaupt gibt:

1. Abrupte von außen kommende Veränderungen, wie Unfälle
2. Fremdbestimmte Veränderungen, die oft zu einem Verlust führen, wie beispielsweise eine Kündigung
3. Persönliche Veränderungen durch Krisen wie sie beispielsweise in Beziehungen, im Miteinander, in der Lebensführung, Einstellungen, Selbstbild, Selbstwertgefühl, Berufstätigkeit, Gesundheit erlebt werden können
4. Veränderungen, die zu einem Gewinn führen, wie zum Beispiel ein neuer Auftrag oder eine berufliche Verbesserung
5. Geplante, kontrollierte Veränderungen durch Visionen und Ziele
6. Selbst initiierte Veränderungen aus Neugier oder aus der Erwartung von Freude, Spaß, Lust, Abenteuer
7. Veränderungen, die wir voraussehen und die uns vertraut sind – wie die Jahreszeiten

Das Maß der Bedrohung, die die verschiedenen Veränderungen in uns auslösen, ist sehr unterschiedlich und nimmt in der Aufzählung von 1. hohes Panikum nach 7. wachsendes Heurekum ab. Auffällig ist dabei das Erleben von Kontrolle. *Je mehr Kontrolle wir über eine Veränderung erleben, desto weniger bedrohlich ist sie* – ja, desto erwünschter ist sie. Manche Abschiede hast du dir vielleicht sogar gewünscht – hattest aber nicht den Mut, über deinen Schatten zu springen und sie selbst einzuleiten. Da das Thema des Buches sich um emotionale Stress-Kompetenz dreht, suchen wir hier Strategien, um die Panikum auslösenden Veränderungen gut integrieren zu können.

Vergegenwärtigen wir uns zuerst die emotionalen Reaktionen auf abrupte Veränderungen und unvorbereitet kommende schlechte Nachrichten, die man bei Menschen beobachtet hat. Nach dem Experten für Change-Management, *Richard K. Streich*[56] werden sie in sieben Phasen beschrieben:

1. *Schock:* Überraschung, Angst, Unverständnis, emotionale Ablehnung, Produktivitätsverlust
2. *Ablehnung:* Verneinung der Notwendigkeit und des Sinns, rationale Ablehnung der Veränderung
3. *Rationale Einsicht:* Einsicht in die Unumgänglichkeit der Veränderung ohne große Veränderungsbereitschaft
4. *Emotionale Akzeptanz:* Nach der rationalen Einsicht bringt die emotionale Zustimmung den Prozess der Veränderung in Bewegung.
5. *Lernen:* Bereitschaft, auszuprobieren, aktives Eingehen auf die Veränderung
6. *Erkenntnis:* Erkenntnis des Sinns der Veränderung
7. *Integration:* Positive Resultate führen dazu, dass die Veränderung als notwendig und selbstverständlich angenommen wird.

An diesen Phasen können Führungskräfte, Eltern, Lehrer und jeder für sich selbst erkennen, wo sich jemand in einem unerwünschten Veränderungsprozess gerade befindet. Auffällig ist, *dass der Veränderungsprozess erst nach der emotionalen Akzeptanz richtig in Gang kommt.* Für die Zustimmung unseres emotionalen Anteils braucht es das Gefühl, dass uns die Veränderung einen Gewinn und einen Fortschritt bringt. Darin liegt ein Schlüssel für die sanfte Integration von Veränderungsprozessen.

Hier findest du einige Tipps, wie du dich auf fremdbestimmte und plötzliche Veränderungen leichter einstellen kannst, sodass sich Panikum schnell beruhigt:

- Denke an die Bedeutung der ersten drei bis fünf Sekunden nach Kenntnisnahme der Veränderung. Vielleicht gelingt es dir, dich als Erstreaktion für das Annehmen und für die Heurekum-Autobahn zu entscheiden. Dann hast du gleich einen besseren Ausgangspunkt. Das ist jedoch eine Frage der Übung.
- Frage dich: Betrifft dich die Veränderung wirklich, oder kannst du sie umgehen, ohne etwas zu verlieren?
- Wenn sie unumgänglich ist, bewerte sie nicht, sondern beachte und achte zunächst das Gefühl, welches sie in dir auslöst.
- Frage dich dann: Was ist das Gute an dieser Veränderung? Welche Vorteile kann sie mir bringen? Was kann ich aus dieser Situation lernen? Wie kann ich daraus einen Gewinn für mich machen?
- Konzentriere dich eine Weile auf die Vorteile und spüre, wie es dir dabei emotional geht.
- Veränderungen sind auch Abschiede. Bevor man neue Kreise öffnet, sollte man alte zu Ende bringen. Bevor man eine neue Beziehung eingeht, sollte man die alte abschließen, damit einem für die neue alle Energie zur Verfügung steht. Frage dich, zu welchem Abschied dich diese Veränderung zwingt. Seien es Menschen, seien es Situationen oder Tätigkeiten, seien es emotionale oder materielle Werte, seien es Überzeugungen deines Selbstbildes oder andere liebgewonnene Aspekte deines Lebens. Verabschiede dich sodann bewusst.

Der Aspekt der Verabschiedung wird bei Veränderungsprozessen in Unternehmen oft nicht berücksichtigt. Zu schnell wird der Change durchpeitscht. In der Folge erleben Mitarbeiter einen länger anhaltenden emotionalen Widerstand, der sie immer wieder in die Vergangenheit katapultieren möchte. Ein interessantes Beispiel ist der Abschied von der DDR. Er wurde bei der Wiedervereinigung nicht gebührend zelebriert. Die Vergangenheit so vieler

Menschen wurde kaum gewürdigt, sondern einzig das neue Modell des vereinigten Deutschlands glorifiziert. Mit dem Ergebnis, dass sich jeder ehemalige DDR-Bürger selbst durch diesen Abschied quälen musste – bewusst oder unbewusst. Vielfältige Ausdrucksformen von Widerständen sind heute ein Symptom davon. Auch wenn sich die Widerstände auf anderen Bühnen abspielen wie zum Beispiel in der Angst vor Fremden.

Überlege dir, *wie du würdevoll zelebrieren kannst, dich vom Alten zu verabschieden, wenn Veränderungen eintreten.* Du kannst dir ein Ritual dafür ausdenken. Das Ritual sollte Rückblick und Dankbarkeit für das enthalten, was du nun loslassen willst. Danke für alles, was dadurch in dein Leben und in deine Erfahrungswelten geflossen ist. Sei bereit, auch die Trauer des Verlustes zu fühlen. Dann schreibe alles in deinem Worten auf oder zeichne, wovon du dich trennst. Symbolisch kannst du diese Dinge in die Elemente zurückführen, indem du dem Abschied emotional zustimmst und dann entweder: den Zettel verbrennst, oder daraus ein kleines Boot faltest und es ihn in einem Fluss aussetzt, oder an einem deiner Kraftorte in der Natur vergräbst, oder ihn an einen Heliumluftballon befestigst und so der Luft übergibst. Vielleicht hast du eine noch bessere Idee – dann setze deiner Kreativität keine Grenzen. Anschließend konzentriere dich wieder auf den Gewinn durch die Veränderung. Überlege dir, wie du sie am besten in dein Leben integrierst. Für welche Lernprozesse bist du jetzt bereit, dich zu öffnen? Auf diese Weise nimmst du selbst eine von aussen kommende, fremdbestimmte Veränderung in deine Hand und gewinnst die Kontrolle darüber.

24. Die Sinne öffnen – der Wahrnehmungsmodus

Herr Menzel, Chef eines Familienunternehmens im Maschinenbau, wundert sich, dass seine Mitarbeiter einen Änderungsvorschlag, den er gestern auf einer Seite seiner PowerPoint-Präsentation dargestellt hat, offenbar nicht mitbekommen haben. Er befragt seine Zuhörer und muss erfahren, dass sie den Vorschlag tatsächlich nicht wahrgenommen haben. Die Mitarbeiter selbst sind darüber erschrocken und es ist ihnen peinlich. Der Chef wundert sich über diese Erfahrungen und ruft seinen Coach an. Dieser fragt ihn, was er denn seinen Mitarbeitern erzählt hat, bevor er den Änderungsvorschlag gemacht hat. Er gibt zu, dass er vorher einige unangenehme Dinge berichten musste. Zum einen gab es schlechtere Quartalsergebnisse, weil ein Key-Account-Kunde für längere Zeit ausfällt. Zum anderen soll die Führung der Firma innerhalb der nächsten drei Jahre in fremde Hände gelegt werden, da sich in der Unternehmerfamilie kein geeigneter Nachfolger findet.

Zusammen mit seinem Coach wird ihm schnell klar, dass die ersten beiden Informationen die Gehirne seiner Zuhörer unter Stress gesetzt haben müssen. Die Ungewissheiten, die daraus entstanden, hatten Panikum auf den Plan gerufen. Das hat ihren Wahrnehmungszentren Energie entzogen. Alles, was er hinterher sagte, wurde nur noch in Bruchstücken aufgenommen.

Im Abschnitt »Panikum – der perfekte Autopilot« wird beschrieben, dass Panikum viel Energie in Form von Durchblutung in den Stresszentren im Hirnstamm benötigt. Es kann sich also nicht leisten, auch noch die Kommunikationsbahnen zwischen den beiden Gehirnhälften und das Stirnareal des bewussten Denkens, gut zu versorgen. Sie werden auf »Notstrom« gesetzt. Dabei bleibt die dominante Gehirnhälfte aktiver als die nicht dominante. Doch unsere Sinne werden genau von diesen Zentren gesteuert. Kurz gesagt: *Stress führt zur Verminderung der Wahrnehmung.* Dann suchen wir etwas, das vor uns liegt, und sehen es nicht. Wir hören zu, aber einige Informationen entgehen uns, und wir behaupten vehement, dass es nicht gesagt wurde. Wir haben körperliche Empfindungen – aber wir bemerken sie nicht, bis uns ein großer Schmerz aufschreckt. Jeder kennt solche Erfahrungen.

Wahrnehmungsblockaden können gravierende Folgen haben. Im Straßenverkehr übersehen wir einen Fußgänger oder ein Auto. Wir überhören einen Warnhinweis oder einen Erfolgshinweis. Ein Chirurg lässt Gerätschaften oder Tupfer im Körper eines Operierten zurück. Ein Flugzeugmechaniker übersieht bei der Wartung eine fehlende Schraube oder baut ein falsches Relais ein. Ein Ehepartner nimmt nicht wahr, wie es dem anderen geht oder welche Bedürfnisse er hat. Ein Chef bemerkt nicht, wie viele Zusatzleistungen seine Mitarbeiter erbringen. *Wie können wir diese Wahrnehmungsblockade aufheben oder umgehen?*

Stressforscher der Harvard Universität haben sich mit dieser Frage beschäftigt. Sie nannten Stress »Neurologische Kontraktion« und fragten sich, wie man sie aufheben könnte. Dazu gaben sie zwei Hinweise:

- Entwickle eine gute Fehlerkultur.
- Gehe in den Wahrnehmungsmodus.

Über eine gute Fehlerkultur haben wir schon im Kapitel 9: »Das Verurteilungs-Syndrom loslassen« im Abschnitt »Die verflixte Sache mit den Fehlern« nachgedacht. Was bedeutet der Wahrnehmungsmodus? Wenn Panikum die Wahrnehmung blockieren kann, was kann sie dann wieder freilegen? Energie folgt der Aufmerksamkeit – *wenn wir einem Sinn bewusst Aufmerksamkeit geben, kann sich dieser weiten und aus der Blockade lösen. Reflektorisch muss sich dann auch der Rest des Gehirns öffnen und den Stressmodus verlassen.* Daher schlage ich dir diese Übung vor:

- Am besten, du machst dazu einen Spaziergang in der Natur.
- Dann entscheide dich für einen der Sinne wie Hören, Sehen, Riechen, Körperwahrnehmung, auf den du dich jetzt für fünf bis zehn Minuten achtsam ausrichten möchtest.
- Wenn du dich beispielsweise zuerst für den Hörsinn entscheidest, dann achte auf alle Geräusche, die dir begegnen. Vielleicht hörst du das Zwitschern der Vögel, das Rascheln der Blätter auf deinem Weg, ein Flugzeug, das Vorbeisummen einer Biene, das Klopfen eines Spechts, das Rauschen der Blätter im Wind, das Knacken der Bäume. Wichtig ist, weder das Geräusch zu bewerten noch innere Kommentare dazu abzugeben wie: »Oh, wie schön der Vogel singt« oder »Was für ein nerviger Flugzeuglärm!«. Das ist eine Herausforderung, denn dabei wird dir vielleicht klar, wie viele unnütze Kommentare du reflexartig über den Tag zu allem hast, was dir begegnet. Nimm die Geräusche nur offen wahr, heiße alle willkommen und lasse alles sein, wie es ist.

- Deine Aufmerksamkeit will natürlich in andere Sinne schweifen – doch hole sie einfach sanft zurück.
- Vielleicht bemerkst du bald, dass du Geräusche hörst, die dir vorher gar nicht aufgefallen waren. Der Reichtum der Klänge, die dein Ohr erreichen, scheint viel größer geworden. Vielleicht klingt alles viel melodischer. Vielleicht hat der Klangraum um dich herum eine größere Tiefe. Das alles sind Zeichen dafür, dass sich der Hörsinn geweitet hat. Wenn du vorher in einem angespannten Stress-Zustand warst, wie geht es dir jetzt? Ist er noch genauso intensiv, schwächer oder bist du schon im Heurekum-Zustand? Hat sich die Wahrnehmung anderer Sinne mitgeöffnet?
- Wenn du genügend Zeit hast, wähle noch einen anderen Sinn aus, auf den du jetzt eine Weile nach dem gleichen Prinzip deine Aufmerksamkeit richtest. Nimm wahr, was sich in deinem Kopf und Gefühl dadurch verändert. Viel Spaß!

25. Mache einen Bogen um diese drei Stressfallen

Es gibt drei Favoriten, die uns hundertprozentig auf die Panikum-Autobahn katapultieren. Die streichst du am besten gleich aus deinem Repertoire:
1. Perfektionismus
2. Sich mit anderen vergleichen
3. Verantwortung für andere übernehmen

1. Perfektionismus
Weil sie zu hohe Ansprüche an sich selbst stellen, fühlen sich 43 Prozent der Berufstätigen gestresst – laut Stressreport 2016 der Techniker Krankenkasse. Denke einmal ganz logisch nach, ob Perfektion ein erreichbares Ziel ist. Mathematisch ist Perfek-

tion im Leben eine exponentielle Kurve, die sich am Ende nur an die Asymptote ihrer vermeintlichen Vollendung annähern kann. Es geht vielleicht immer noch ein wenig besser – aber *um diese letzten 20% – 10% – 5% der Perfektion zu erreichen, brauchen wir mindestens genauso viel oder mehr Energie als für die ersten 80%.* Egal, wie sehr wir uns anstrengen, es verbleibt immer noch etwas Unperfektes. Diese Kurve schneidet daher die Asymptote erst im Unendlichen. Das bedeutet, dass wir mit dieser Zielstellung die Unzufriedenheit automatisch mit einladen. *Zumindest ersparen wir dann, uns jemals zufrieden anerkennen zu müssen. Ist das erstrebenswert?*
Gut, du kannst vielleicht sagen, dass es Perfektion gibt und ein Kreis eine vollkommene mathematische Form ist. Dann denke einfach in Kreisläufen. Welche Phase einer Pflanzenentwicklung symbolisiert ihre Perfektion? Der Same, der Keim, der junge Trieb, die ersten Blätter, die Knospe, die Blüte, die Frucht, das Zurückweichen in die Wurzel? Schwierig! Wenn du den Kreislauf als perfekt definierst, dann ist jede Phase in diesem Kreis perfekt. Und so sind es auch alle Prozesse, die du als menschliches Individuum machst. Der nächste Schritt baut auf dem vorhergehenden Schritt auf. Wie beim Domino kann der letzte Stein nur fallen, wenn die vorherigen gefallen sind. An jedem Punkt deiner Entwicklung und deiner Lernprozesse ist aus diesem Blickwinkel alles schon perfekt.

Perfektionismus wurde aus der Angst geboren, man könnte nicht gut genug sein, um geliebt und akzeptiert zu werden. Diese Angst ist der Antreiber hinter der Arbeitssucht (Workaholic). Destruktive Kritik in unserer Kindheit mag ihren Teil dazu beigetragen haben. Als Erwachsene versuchen wir unbewusst immer weiter zu beweisen, dass wir doch gut genug sind. Nur wem gegenüber? Den Eltern, die es gar nicht mitbekommen? Dem Lehrer? Dem Vorgesetzten? Einer Autoritätsperson? Dem Partner? Der Adressat steht für diese »Absolution« nicht zur Verfügung – wir strampeln uns ab ins Leere. Da es niemand bemerkt und es die absolute Perfektion als Endergebnis nicht gibt, kann es nur in multiple Frustrationen münden. In diesem Hamsterrad gibt es keine Lösung, und es ist schon gar kein Karriererad. Es geht nur: aussteigen und sich selbst zu geben, was man in anderen sucht;

das emotionale Defizit auffüllen, indem man sich selbst anerkennt und würdigt.

Vielleicht denkst du, dass du mit diesem Muster nichts zu tun hast. Dann schaue genau hin, wie du dich in der Gegenwart von Autoritätspersonen verhältst, oder was dich treibt und frustriert. Oder kennst du die Arbeitssucht in dir? Es gibt zwei Arten von Arbeitseifer: Der Workaholic arbeitet sich in die Erschöpfung hinein – der intrinsisch motivierte erlebt Flow und bekommt Energie durch seine Arbeit. Wie ist das bei dir? Perfektionismus kann eine sehr unterschwellige, stille Struktur in uns sein. Erkenne sie und beobachte. Ändere deinen Blickwinkel, wenn du solche Strukturen erkennst. Du bist gleich wertvoll an jedem Punkt deiner Prozesse. Du bist jederzeit gut genug, denn du gibst dein Bestes, was dir jetzt gerade möglich ist. Deshalb überlege dir, ob du Perfektion für dich neu definieren möchtest wie beispielsweise so: »Ich gebe mein Bestes und auf meinem Weg. Jeder Schritt ist perfekt. Deshalb genieße ich jeden Schritt.« Entspannt dich das?

2. Sich mit anderen vergleichen

«Obwohl du ein einzigartiges, unvergleichliches Wesen bist, vergleiche dich stets mit anderen und du wirst immer etwas entdecken, was du nicht hast oder nicht kannst. Das erlaubt dir, dich immer etwas schlecht und unzufrieden zu fühlen. Du brauchst dich dann nicht zu bemühen, aus dir herauszuholen, was in dir steckt – deine Originalität und das Genie, das du bist, zu entdecken, zu entfalten und zu ehren.« Ein gemeiner Tipp – aber ist da etwas Wahres dran? Gehen wir manchmal, ohne es zu bemerken, so unfair mit uns um?

Vielmehr gibt es nicht dazu zu sagen – nur eine kleine Geschichte: Es wird von einem Stamm in Afrika berichtet, der Holz bearbeitet. Er versteht sich als »Befreier des Liedes, das in einem Holzstamm steckt«. Sie schnitzen alles hinweg, was das Lied behindert, aus dem Stamm heraus zu treten. So erschaffen sie ihre Skulpturen. Jeder von uns kann so ein Schnitzer sein, der im Laufe seines Lebens das einzigartige Lied aus sich herauslockt.

3. Für andere Verantwortung übernehmen

Hast du oftmals Schulterschmerzen? Dann frage dich, ob und was du auf deinen Schultern trägst. Ist es vielleicht die Verantwortung für andere, die sie selbst nicht übernehmen? »Obwohl du nur 100%ige Verantwortung für dich, für deine nicht erwachsenen Kinder und für pflegebedürftige Eltern hast – lade dir die Eigen-Verantwortung der anderen auf deine Schultern, und du wirst dich stets wichtig und gebraucht fühlen im Schweiße der Unmöglichkeit, damit erfolgreich zu sein. Du wirst immer Grund zum Klagen haben, weil du ständig scheitern musst« – noch so ein unfairer Tipp, in dem ein Quäntchen Realität steckt, die viele erleben.

Für andere Verantwortung zu übernehmen, die ihnen selbst gehört, würde bedeuten, sie zu entwürdigen. Doch es gibt reichlich Menschen, die ihre Verantwortung nicht wahrnehmen. Lieber projizieren sie ihre Probleme auf andere oder auf Umstände, die an einer Misere schuld sein sollen. Väter oder Mütter vernachlässigen ihre Verantwortung gegenüber den Kindern, die sie in die Welt gesetzt haben. Angestellte machen nur Dienst nach Vorschrift, anstatt in ihrer Aufgabe zu gedeihen. Führungskräfte vermeiden es, Entscheidungen zu treffen und schieben die Verantwortung auf andere oder lassen Mitarbeiter ihre Führungsdefizite ausbaden. Ja, das ist traurig und macht diese Menschen auf keinen Fall glücklich. Trotzdem ist es besser, möglichst auszuhalten, bis andere ihre Verantwortung übernehmen, als ständig deren Lücken zu schließen. Wenn du für sie tust, was ihre Verantwortung ist, dient es ihnen nicht, um erwachsen zu werden. Sie werden in ihrem Verhalten Kinder bleiben, wenn du ihnen das bestätigst. Eines sei dir gewiss: *Es wird dir niemals Freude machen, die Verantwortung anderer zu tragen, die ihnen selbst gehört.* Es wird dich übermäßig viel Kraft kosten. Bedenke: Zuerst bist du dir, deinem Wohlergehen und deiner Gesundheit verantwortlich – auch für die, die dich wirklich brauchen.

26. Den Nebel der Ungewissheit meistern

Auf einer Reise genieße ich ein Käsesandwich. Beim Auspacken fällt etwas Käse herunter. Ein großer Rabe ergattert sich das Stück, als ich mich ein wenig entferne. Dann mache ich etwas, was man mit Wildtieren nicht tun sollte: Ich werfe in meiner Nähe weitere Käsestücke herunter, um zu sehen, ob der Rabe den Mut haben wird, sie sich ebenfalls zu holen. Zunächst tänzelt er scheinbar uninteressiert um mich herum. Dann werden seine Kreise kleiner und er schnappt sich den Käse, um damit fortzufliegen. Wir betreiben das Spiel mehrmals. Es reizt mich, herauszufinden, ob er mir das Käsestück aus der Hand nehmen wird und biete es ihm an. Er hat riesige Angst und es ist ihm nicht geheuer. Zuerst läuft er aufgeregt vor mir hin und her. Ich spüre förmlich seine Gedanken. Der Reiz der Belohnung ist groß – aber auch die Ungewissheit, wie gefährlich das für ihn sein könnte. In ihm kämpfen zwei Motive: Sicherheit und Belohnung. Zuerst aus der Entfernung macht er Versuche, sich meiner Hand zu nähern und läuft dann schnell wieder zurück. Bei jedem Versuch kommt er etwas näher und weicht gleich wieder zurück in seinen Sicherheitsabstand. Doch jedes Mal lotet er seine Grenzen aus und erweitert sie etwas. Schließlich kommt er bis auf einen Zentimeter an den Käse heran – und schnappt ihn sich immer noch nicht. Doch dann bricht er durch alle Ängste hindurch, ergreift den Käse und fliegt davon.

Es gibt so etwas wie eine Komfortzone, die wir uns im Leben erarbeitet haben. Wir Menschen verhalten uns ähnlich wie der Rabe. Dazu gehören beispielsweise unsere Fähigkeiten, unsere Beziehungen, unsere Räume, unser Selbstbild, unser Besitz, unsere Einstellungen, Erfahrungen und Werte. Das ist unser Königreich, welches wir beherrschen und in dem wir uns sicher und souverän fühlen. Viele Menschen verlassen diese Komfortzone nicht freiwillig. Denn das würde bedeuten, dass sie auf unbekanntes Terrain vordringen, auf dem sie sich nicht auskennen und sich unsicher fühlen würden. Es würde bedeuten, dass sie als Erwachsene wie ein kleines Kind beginnen müssten, etwas zu lernen, was sie noch nicht beherrschen. Ich kenne jemanden, der Englisch gelernt hat, aber weil er es nicht perfekt sprechen kann, kommt ihm kein englisches Wort über die Lippen. Lieber schweigt er, als dass man ihn auslachen könnte wegen seiner Aussprache oder der Suche nach Vokabeln. Eines meiner Lieblingszitate stammt von dem inzwischen verstorbenen Motivationstrainer Arthur Lassen: »*Blamiere dich täglich.*« Wir können logisch nachvollziehen, dass jede Meisterschaft mit einem unbeholfenen Herumtapsen in einem Lernfeld begann. Es braucht die Bereitschaft, sich zu blamieren und unbeholfen zu sein, um weiterzukommen. Je öfter wir dazu bereit sind, desto mehr Fähigkeiten können wir uns neugierig erarbeiten. »Blamiere dich täglich« ist eine Provokation für unser Bedürfnis, sich sicher, gut oder gar perfekt zu fühlen. Es bedeutet, die Blamage von vornherein zu akzeptieren und einzukalkulieren. Das lässt das Angstbarometer kraftlos in die Tiefe sausen und erlaubt uns, neue Möglichkeiten zu erkunden. Probiere es einmal aus und finde heraus, ob du dir dann etwas zutraust, was du bisher vermieden hast.

Wegen des Kribbelns des Neuen, des Unbekannten suchen viele Menschen immer wieder Herausforderungen, setzen sich neue Ziele und Aufgaben. Das Gehirn belohnt die Stimulation durch Lernen mit Freudensprüngen von Endorphinen. Dieser Antrieb ist bei solchen Menschen größer als ihre Ängste.

Mit der Bienenhaltung begann ich 2010 als einfältige Grünschnäbelin, bevor ich genügend darüber wusste. Schon nach einem Monat schwärmte mein erstes Volk und ich wusste nicht, was ich machen sollte, da ich bisher nicht einmal einen Bienenschwarm gesehen hatte. Entsprechend ungeschickt und aus heutiger Sicht katastrophal fing ich meinen ersten Schwarm ein. Dieses zeitaufwendige, aber spannende Hobby hätte ich vielleicht nie erlernt, hätte ich nicht etwas blauäugig damit begonnen. Die Neugier und sämtliche unerwarteten Vorfälle sorgten dafür, dass ich in kürzester Zeit enorm viel über Bienen lernte und heute jeden Tag mit ihnen genieße.

An meinem ersten Tag allein auf dem einsamen spanischen Jakobsweg hatte ich enorme Ängste vor der Ungewissheit des Weges. Wenn ein Hund vorbeigekommen wäre und mir gesagt hätte, dass er mich begleitet, wäre ich ihm um den Hals gefallen. Doch bald war es nur noch ein neugieriger Genuss, wie sich der nächste Tag entwickeln würde. Das Leben und das Gehirn möchten, dass wir lernen und uns weiterentwickeln. Als Kinder haben wir eine natürliche Freude daran, unsere Grenzen auszuloten und zu überschreiten. Eltern müssen nur verhindern, dass ihre Sprösslinge sich dabei umbringen. Leider und viel zu häufig unnötig werden Kinder am lustvollen freien Entdecken ihrer Umwelt gehindert – ja, sogar dafür bestraft. Nach und nach stirbt die Entdeckerfreude in ihnen ab und sie bleiben in den Grenzen, die ihnen gesetzt wurden. Das ist Konditionierung. Wir kennen die Geschichten von Vögeln, die trotz offener Käfigtüre nicht hinausfliegen; von Elefanten, die sich verhalten, als seien sie an einem Fuß angekettet, obwohl die Kette entfernt ist.

Was geschieht aber mit uns Menschen, wenn wir nicht freiwillig bereit sind, über unsere Komfortzone hinaus zu wachsen, obwohl eine Entwicklung ansteht? Hier *bewegt uns das Leben nach viel Geduld und zu gegebener Zeit mit einem wohlwollenden Fußtritt in kleine und größere Krisen hinein.* Sie katapultieren uns an den Rand unserer Komfortzone und ermutigen uns zum Lernen.

An dieser Grenze wird unser Leben interessant – es kribbelt, es wird spannend. Wir stehen plötzlich ein einem »Nebel der Ungewissheit«. Dieser erzeugt ungeheure Ängste. Wir fühlen uns unerfahren, ungeschickt und unsicher. Ein natürlicher Impuls von Panikum zieht uns zuerst zurück von dieser Grenze »heim ins eigene Reich«, wo wir uns sicher fühlen – so wie mein Rabe. Wir können dem Rückwärts-Impuls folgen und uns dem Lernen verweigern. Der Preis dafür ist, dass die Krise andauert und sich immer dramatischer entwickelt. Zurückweichen ist ein linearer Prozess, da wir auf eingetretenen Pfaden zurückgehen – also das Gleiche machen wie eh und je. Die Ängste würden bleiben. Ja, wir können uns sogar in psychische Erkrankungen flüchten, um uns der Verantwortung des Lernens und des »durch eine Angst hindurch Gehens« zu entziehen.

Möchtest du einen besseren Vorschlag hören? Wenn du am Rande deiner Komfortzone stehst, halte den »Nebel der Ungewissheit« einfach bewusst eine Weile aus. Lass die Ameisen in deinem Bauch getrost kribbeln. Denn *du stehst an der Schwelle zu neuen, mehrdimensionalen Möglichkeiten.* Wenn du den Nebel der Ungewissheit eine Weile aushältst, lichtet er sich nach einiger Zeit. Dann eröffnen sich dir unzählige Möglichkeiten, von denen du einige wählen und sie zu deinem neuen Territorium machen kannst. Das Lichten des Nebels ist mit einem Heurekum-Ausbruch von Energie, Freude, Selbstvertrauen, Stolz und Selbstbestätigung verbunden. Panikum wird keinen Grund mehr haben, dich davon wegzuziehen, da deine neue Erfahrung keine Bedrohung mehr darstellt. Du hast soeben die Grenzen deiner Komfortzone ausgedehnt.

27. Erste-Hilfe-Koffer bei Stress – Checkliste

Wenn du hoffentlich immer schneller bemerkst, dass deine dynamische Balance durch Stress gestört ist, kannst du die folgenden Erste-Hilfe-Techniken einsetzen. Wichtig ist, dass du sie dir einhämmerst wie ein Mantra. Denn Panikum hat es in sich, dass wir in seinem Zustand kaum noch all die guten Tipps erinnern. Die folgenden Erste-Hilfe-Techniken bei Stress kannst du alle nachvollziehen, wenn du das Buch gelesen hast. Dennoch erläutere ich sie unten ausführlicher. Diese 13 Punkte-Checkliste kannst du kopieren und dir an alle Orte heften, die deine Lebensmittelpunkte sind – bis du sie im Schlaf aufsagen könntest.

Erste-Hilfe-Checkliste für emotionalen Stress

1. Stress im Körper oder/und Verhalten wahrnehmen
2. Ausatmen – Schultern fallen lassen
3. Zuerst Annehmen, was ist = Panikum-Feuerwehr ruhen lassen
4. Sich fragen: Wodurch fühle ich mich gerade bedroht? Bedrohliche Gedanken umformen und auf die Heurekum-Autobahn springen.
5. Ich mag mich – Selbstachtung schützen
6. Ich kann … ich vertraue mir, dass …

7. Wasser trinken
8. Gehirn-Balance-Übungen zur Gehirn- und Wahrnehmungs-Integration
9. Die Intelligenz des Herzens aktivieren und neue Sichtweise gewinnen
10. Ich bin zu 100% verantwortlich, wenn sich hier was ändern soll.
11. Sich fragen: Was will mich diese Situation lehren?
12. Ändern, was zu ändern ist
13. Restlichen emotionalen Schmerz in Ruhe entladen

1. Stress im Körper oder/und Verhalten wahrnehmen

Je schneller du bemerkst, dass du in den Panikum-Modus geraten bist, desto eher kannst du ihn abstellen. Der Stresshormonpegel kann dann schnell wieder abfallen, bevor er sich ganz aufgeschaukelt hat.

Trainiere dich darin, dir deiner spezifischen Stressmuster und deines Stressverhaltens bewusst zu werden. Achte auf deine Körperreaktionen – besonders auf schnelle Wechsel von Körperempfindungen. Um sensitiver für deine Körperempfindungen zu werden, erde dich am besten gleich morgens in deinem Körper:

1. Stelle dich so hin, dass du auch mit geschlossenen Augen sicher stehen kannst. Schließe die Augen.
2. Spüre, wie deine Füße den Boden berühren und stelle dir vor, dass du dich in der Erde verwurzelst.
3. Spüre achtsam deinen Körper. Wandere sanft mit deiner Aufmerksamkeit durch deine Körperteile und begrüße sie mit einer Einstellung wie beispielsweise: »Hallo, schön, dass du da bist – wir haben heute einiges zusammen vor.«
4. Falls es Körperteile gibt, die sich schwach oder unangenehm anfühlen, lenke deinen Atem und deine Aufmerksamkeit durch dein Herz-Zentrum eine Weile dorthin und lade sie auf diese Weise auf.
5. Zum Schluss vereinbare mit deinem Körper, dass du die Absicht hast, seine Botschaften heute bewusst wahrzunehmen und achtsam auf sie einzugehen.

Sportliche Aktivitäten erden ebenfalls. Doch ist es erforderlich, bewusst die Absicht zu verankern, für deine Körperreaktionen empfindsam zu sein.

Im Anhang habe ich eine Liste mit typischen Stressmustern beigefügt. Gehe sie einmal durch und kreuze an, woran du individuell bemerken kannst, dass Panikum in dir die Oberhand hat.

2. Ausatmen – Schultern fallen lassen

Zwei typische Panikum-Schreck-Reaktionen sind:
- einatmen und Luft anhalten,
- die Schultern hochziehen.

Deshalb gibt es den Tipp, bevor wir auf eine Stress-Situation reagieren, *zuerst einen tiefen Atemzug lang abzuwarten.* Der tiefe Atemzug senkt den PH-Wert in unserem Blut und verändert unsere emotionale Ausgangssituation in eine entspanntere. Angst und Stress kann auch zum Hyperventilieren führen. Dabei wird zu viel eingeatmet und zu wenig ausgeatmet. Den Sauerstoffüberschuss im Blut gleicht der Körper aus, indem er den PH-Wert anhebt. Dadurch sinkt der Kalziumspiegel, was zu muskulärer Übererregbarkeit und zu Krampfanfällen führen kann.

Das Abwarten eines Atemzugs erlaubt außerdem eine andere Wahrnehmung der Situation. Denn *das Gehirn erlebt die Gegenwart im Drei-Sekunden-Takt.*[57] Alle drei Sekunden wird die erlebte Wirklichkeit neu überprüft und abgeglichen. So lange dauert etwa ein halber Atemzug. Es hilft ebenso, mit dem Zischlaut eines tiefen Seufzers die Luft aus dem Mund auszupressen. Selbst Pferde entspannen sich durch Schnauben.

Das Hochziehen der Schulter ist ein neuronal gebahntes Stressmuster im Körper – die entspannt hängenden Schultern sind als Entspannung gebahnt. Wenn wir in einer Stresssituation bewusst unsere Schultern mit einem Ausatmen fallen lassen, signalisiert das dem Gehirn Loslassen/Entspannung.

3. Annehmen, was ist – die Panikum-Feuerwehr ruhen lassen

Wenn du eine unangenehme Erfahrung oder Situation zuerst einmal aus dem Gefühl heraus akzeptierst, signalisiert das deinem Panikum das Ende einer Bedrohung. Wenn die Entscheidung der Annahme innerhalb von wenigen Sekunden (ca. drei bis fünf) nach einem Ereignis geschieht, bist du auf der Heurekum-Autobahn, bevor du auf die Panikum-Autobahn abgebogen bist. Je schneller das geschieht, desto besser. Oft genügt schon, wenn du dich entscheidest »Das ist gut«, und das mehrfach bekräftigst. Natürlich kannst du jederzeit, wenn du bemerkst, dass du versehentlich auf die Panikum-Autobahn geraten bist, diesen Schritt nachholen. Nur dauert es dann eine Weile, bis die von Panikum ausgeschütteten Stresshormone in der Blutbahn abgebaut sind.

Annehmen kann außerdem eine vorauseilende Entscheidung für die positive Seite einer Situation sein – selbst, wenn du sie noch nicht erkennst. Das verdeutlicht eine asiatische Geschichte über Gelassenheit: Ein Bauer hat einen Sohn. Dieser bekommt ein Pferd geschenkt. Die Leute sagen: »Was für ein Segen, dass er das Pferd bekommen hat.« Der Bauer sagt: »Ich weiß nicht, ob das ein Segen ist.« Der Sohn reitet aus, fällt vom Pferd und bricht sich einige Knochen. Die Leute sagen: »Was für ein Unglück, dass dein Sohn sich so verletzt hat.« Der Bauer sagt: »Ich weiß nicht, ob das ein Unglück ist.« Dann kommen die Soldaten des Königs und ziehen alle jungen Männer für einen Krieg ein. Der Sohn ist dienstuntauglich und kann zu Hause bleiben. Die Leute sagen wieder: »Was für ein Segen, dass er nicht in den Krieg ziehen muss.« Der Bauer antwortet wieder: »Ich weiss nicht, ob das ein Segen ist.« Die Geschichte geht noch weiter – aber die Botschaft wird deutlich, oder?

4. Sich fragen: Wodurch fühle ich mich gerade bedroht?

Eine Stressreaktion zeigt sich häufig nur dadurch an, dass wir uns als missmutig, lustlos, aggressiv, unkonzentriert, muffig, pampig oder motzig erleben. Diese Zustände sind durch eine Bedrohung entstanden, die uns zunächst nicht immer bewusst ist. Dann hilft es, sich bewusst zu fragen: »Wodurch fühle ich mich gerade bedroht?«. Vielleicht dauert es eine Weile, aber unser Unterbewusstes wird uns schon eine Antwort liefern. Wir können die emotionale Bedrohung nur annehmen, wenn wir den Auslöser kennen. Ein Beispiel: Es gibt Gespräche oder Telefonate, nach denen ich mich missmutig fühle. Zuerst arbeite ich oftmals in diesem Gefühl weiter, ohne es bewusst zu registrieren. Wenn ich es endlich bemerke, kann ich mich fragen, was mir in dem Gespräch aufgestoßen ist. Vielleicht etwas, was die andere Person gesagt hat, vielleicht eine Selbstkritik, vielleicht das Gefühl, dass mir etwas nicht gelingt? Das muss ein emotionales System in Unruhe versetzen. Es kann schließlich nur antworten und sich nicht einfach mental distanzieren wie etwa: »Was mein Träger da denkt, ist Quatsch.« Wenn ich erkannt habe, durch welche Gedanken ich mich bedroht fühle, kann ich diese Gedanken bewusst konstruktiv verändern. Dann ändert sich mein Gefühl und ich kann entspannt weiterarbeiten. So einfach kann die Kunst der Selbstberuhigung sein.

5. Ich mag mich – Selbstachtung schützen

In Stresssituationen oder wenn etwas schiefgeht, neigen viele aufgrund früherer schmerzhafter Erfahrungen dazu, emotional eine Verminderung ihres Selbstwerts damit zu verbinden. Das ist eine gravierende emotionale Bedrohung, auf die Panikum heftig reagieren muss. Daher ist es wichtig – egal worum es sich dreht, die eigene Selbstachtung zu schützen und zu bestärken. Es ist eine größere Leistung, uns selbst wertzuschätzen, wenn uns etwas nicht gelungen ist, als wenn wir einen Preis verliehen bekommen. Daher bestärke deine Selbstachtung, indem du besonders in missratenen Situationen deinem emotionalen Teil – auch inneres Kind genannt – sagst, dass du es trotzdem liebst und 100-prozentig hinter ihm stehst. Beruhigung bringen Selbstgespräche wie: »Ich mag mich – auch in dieser Situation« oder »Auch wenn ich … nicht geschafft habe/auch wenn ich … erlebe – ich bin trotzdem wundervoll.« Bevor ich dies schreibe, verschießt ein Russe seinen Elfmeter in der WM 2018 im Spiel gegen Kroatien, was zur Niederlage der russischen Mannschaft führt. Ihm würden solche Gedanken jetzt sicher guttun. Jedem von uns dienen solche Selbstgespräche im Alltag – besonders wenn das Selbstverurteilungs-Syndrom an uns nagt.

6. Ich kann ... ich vertraue mir, dass ...

Auch diese konstruktiven Gedanken dienen der Selbstachtung und helfen dir, die Lösung in einer Stresssituation anzupacken. »Ich kann« ist ein Gedanke der Zuversicht, der dir emotionale Energie zur Verfügung stellt. Selbstzweifel klemmen dich ein zwischen mindestens zwei Optionen und bremsen dich daher aus. Sie dienen nur denen, die von deiner Schwäche profitieren. Sei dir lieber selbst eine gute Mutter und ein guter Vater, indem du dein Selbstvertrauen schützt und stärkst. Vertrauen ist eine Entscheidung. Beschließe, dir bedingungslos zu vertrauen, dass du lernen und eine Situation meistern wirst – oder, dass du deine Grenzen, ohne zu urteilen, realistisch erkennst und für Unterstützung sorgst.

Allzu leicht vergessen wir, was wir schon alles geleistet haben, wenn wir im Tunnel einer Stresssituation stehen. Es hilft dir, in diesen Momenten zu erinnern, was du schon alles gemeistert hast, was dir schon alles gelungen ist wie mit dem *Erfolgstagebuch* im Kapitel 7: »Nutze das initiative, stärkende Prinzip des Geistes«.

7. Wasser trinken

Wir bestehen zum größten Teil aus Wasser. Ein gesunder Wasserhaushalt transportiert Nährstoffe zu den Zellen. Toxine wie Stoffwechselprodukte leitet er aus. *Die Sauerstoffaufnahme-Fähigkeit des Blutfarbstoffs Hämoglobin ist umso höher, je mehr Wasser zur Verfügung steht.* Früher habe ich am Tag so gut wie kein Wasser getrunken. Bis mir ein Heilpraktiker dazu riet, mindestens drei Liter am Tag zu trinken. Die Mittagsmüdigkeit, von der ich glaubte, sie sei normal, verschwand zu meinem Erstaunen. Ich entdeckte, wie gut Wasser schmecken kann und habe seither immer eine Kiste im Auto dabei. Wassermangel ist sogar an der Entstehung von degenerativen Alterserkrankungen wesentlich beteiligt.

Emotionale Spannungen werden im Wasser als Informationen

gespeichert und können den gesunden Wasserkreislauf in uns stören. Ich selbst hatte oft kalte Füße, wie das bei Frauen scheinbar üblich ist. Nach einer kinesiologischen Balance von emotionalen Stressoren meines Wasserhaushalts, hatte ich bis heute nie mehr in normalen Situationen kalte Füße. Kalte Extremitäten unter normalen Umständen sind übrigens Hinweise darauf, dass noch unverarbeitete Schocks im Körper gespeichert sind.

Neuronale Reize werden über die Natrium-Kalium-Ionen-Pumpe weitergeleitet. Ionen brauchen Flüssigkeit. *Wenn wir zu wenig Wasser im Körper haben, bedeutet das eine Verlangsamung der neuronalen Reizleitung.* Denken und körperliche Leistungsfähigkeit sind reduziert. Die Energie für emotionale Wahrnehmungen und damit der Sensitivität ist vermindert. Wenn du also im Stressfall ein Glas Wasser trinkst, kannst du viel schneller wieder klar denken. Wasser ist das erste und wichtigste Heilmittel überhaupt.

8. Gehirn-Balance-Übungen zur Gehirn- und Wahrnehmungsintegration

Was bewirkt Stress im Gehirn? Die beiden Gehirnhälften kommunizieren nicht mehr effizient miteinander. Ein Großteil der »Telefonleitungen« zwischen ihnen im Corpus callosum, der Schädelmitte, werden lahmgelegt. Das Blut schießt aus der Bewusstseinszentrale des Stirnlappens in die Stresszentrale im Hirnstamm. Für bewusste, neue Sichtweisen, Lernprozesse und Entscheidungen steht kaum noch Energie zur Verfügung. Das sind keine optimalen Voraussetzungen, um neue, gute Lösungen in einer Situation zu finden. *Daher ist es notwendig, schnellstmöglich wieder Blut in die Stirn zu bekommen und die Telefonleitungen zwischen den Hirnhemisphären wieder hochzufahren.* Das erreichst du mit ausgewählten Gehirn-Balance-Übungen nach *Paul Dennison*.[58] Im Anhang findest du einige davon.

9. Die Intelligenz des Herzens aktivieren und eine neue Sichtweise gewinnen

Im Kapitel 10: »Das Herz als Stress-Transformator nutzen« wird beschrieben, wie du die transformatorische Intelligenz des Herzens nutzen kannst, um ihre Antwort auf die stressauslösende Situation zu erhalten. Wenn du dafür im aktuellen Moment nicht genügend Zeit hast, hilft es immer, die Herzenergie zu aktivieren: Hand auf das energetische Herzzentrum (Mitte Brustbein) legen, die Aufmerksamkeit sanft dorthin lenken, hindurch atmen und die Herzenergie spüren. Allein dadurch erhöht sich die gesunde Kohärenz deines Herzschlags – und damit auch die Klarheit in deinem Kopf.

10. Ich bin zu hundert Prozent verantwortlich, wenn sich hier was ändern soll ...

Diszipliniere die natürliche Neigung, in einer Situation einen Schuldigen zu suchen. Verschwende deine Zeit nicht mit Beschuldigungen, Entschuldigungen oder Rechtfertigungen. *Wenn du deinem Unterbewussten signalisieren willst, dass es sich lohnt, dir jetzt Handlungsenergie zur Verfügung zu stellen, dann übernimm zu 100 Prozent Verantwortung in der Situation.* Frage dich lieber: »Was kann ich ab jetzt tun, um diese Situation konstruktiv zu verändern?« Wiederhole dazu auch den Abschnitt »Das Missverständnis Verantwortung« im Kapitel 9: »Das Verurteilungs-Syndrom loslassen«.

Die Maßnahmen ab hier sind Nachsorgestrategien einer Stressreaktion.

11. Was will mich diese Situation lehren?

Jede Situation in unserer Welt hat ihre zwei Seiten. *Jede noch so schwierige Situation erzeugt auch immer eine positive Seite.* So können wir in der Dunkelheit zwar nichts sehen, aber dafür löst sie das schlaffördernde, regenerierende Melatonin aus. So ist es im Winter kalt und es gibt nichts zu ernten, doch es regenerieren sich die Pflanzen, um im Sommer wieder Früchte tragen zu können. Ein Schock kann die Öffnung eines verschlossenen Herzens bewirken. Viele Erfindungen wurden zufällig gemacht, weil etwas schiefgegangen ist – beispielsweise bei Post-it, Teflon und Penicillin. *Um aus jeder schwierigen Situation einen Gewinn zu machen, stelle dir diese fünf Fragen:*

1. Was ist das Gute an diesem Ereignis oder an der Begegnung mit dieser Person?
2. Was kann ich aus dieser Situation lernen?
3. Welche Qualitäten trainiert diese Situation in mir?
4. Wie kann ich diese Situation für eine Verbesserung in der Zukunft nutzen?
5. Wie kann ich den Nachteil dieser Situation in einen Vorteil umwandeln? Oder metaphorisch gesprochen: Wie kann ich diesen Misthaufen zu Gold machen?

12. Ändern, was zu ändern ist

Denke daran: *Annehmen heißt nicht hinnehmen.* Die obigen Fragen geben dir Hinweise, was du ändern kannst, um eine konstruktive Entwicklung herbeizuführen. Schreibe auf, für welche Veränderung du dich entscheidest. Fange innerhalb von 72 Stunden damit an, sie in die Wege zu leiten. Ansonsten wird dein Elan verblassen und dein Unterbewusstes nimmt dir deine Entscheidung nicht ab.

Du kennst vermutlich diese bekannte und dazu passende Weisheit, die verschiedensten Autoren zugesprochen wird: »Gib mir die Gelassenheit, die Dinge hinzunehmen, die ich nicht ändern kann, den Mut, die Dinge zu ändern, die ich ändern kann, und die Weisheit, das eine vom anderen zu unterscheiden.«

13. Restlichen emotionalen Schmerz in Ruhe entladen

Wie wir im Kapitel 10: »Das Herz als Stress-Transformator nutzen« gesehen haben, haben ungelöste emotionale Konflikte die Tendenz, unbewusst immer wieder Situationen zu erzeugen, in denen sie aktiviert werden. Sie möchten auf sich aufmerksam machen, damit du sie dauerhaft auflösen kannst. *Übernimm Verantwortung für die Heilung deiner negativen Emotionen!* Denn sonst werden sie dir wie eine gebrochene Schallplatte auf verschiedenen Bühnen immer wieder neu begegnen und dein Leben belasten. Das muss nicht sein. Hierzu gibt es Übungen zur Heilung des inneren Kindes von vielen Autoren. Eine davon findest du in meinem Hörbuch »free your heart for succes«. Eine andere im Kapitel 10: »Das Herz als Stress-Transformator nutzen« in diesem Buch. Probiere verschiedene Übungen aus und finde die, die am besten zu dir passen.

Am besten machst du solche Übungen am Abend nach einer konfliktreichen Situation, wenn du ungestört für dich allein sein kannst. Die Schlüsselfrage zur Vorbereitung dieser Übungen ist: *»Welche schmerzhafte Emotion hat dieses Ereignis in mir ausgelöst?* – fühle hin, wenn du diese Frage gestellt hast. Wie du bereits weißt: Ein Ereignis kann nur solche schmerzhaften Empfindungen in dir auslösen, die schon vorher in dir gespeichert waren und noch keine Lösung gefunden haben.

28. Dankbarkeit – ein Heilmittel

Ist Dankbarkeit eine Floskel, ein Gefühl oder eine Haltung? Oder eine Haltung, die ein Gefühl in uns auslöst? Selbst die Wissenschaft ist sich darin nicht einig. Seltsam, dass wir Kindern das Danken beibringen müssen. Ist es denn keine natürliche Reaktion? Kinder haben ihre eigene Art zu danken. Sie kennen keine Floskeln. Das sozial anerkannte Danken bringen wir ihnen bei. Was wir ihnen nicht beibringen können, ist das Leuchten in ihren Augen, wenn sie etwas erhalten oder machen dürfen, was ihnen gefällt. Das ist ihre Art zu danken. Das ist der wirksamste Aspekt der Dankbarkeit: *Ein Gefühl, welches unseren ganzen Körper durchflutet.* Wir sprechen in diesem Kapitel nicht von einer Dankesverpflichtung oder einer Dankesschuld. Das gehört zu Geschäften. Wir beschäftigen uns hier mit dem echten Gefühl.

In der relativ neuen Wissenschaft der Epigenetik hat man erkannt, dass nicht die Gene bestimmen, wie gesund oder krank wir sind, sondern dass das Milieu, in dem unsere Zellen und Gene schwimmen, entscheidend ist. Das Gefühl der Dankbarkeit löst ein heilsames neurochemisches Feuerwerk in unserem Körper aus, in dem unsere Zellen baden und sich regenerieren können. Dankbarkeit ist eines der hochschwingendsten Gefühle, die wir haben können. Kein Wunder, dass Cicero Dankbarkeit nicht nur als die größte aller Tugenden, sondern auch als die Mutter aller anderen bezeichnet.

Erstaunlich ist, dass sich die Psychologie dem Gefühl der Dankbarkeit erst seit Kurzem mit nennenswerten Forschungen widmet. Zahlreiche Studien legen inzwischen nahe, dass Dankbarkeit eine hohe Korrelation zur psychischen Gesundheit hat. Traditionell hat sich die Psychologie eher mit negativen Emotionen und Störungen befasst. Die Positive Psychologie, 1998 durch Martin Seligman ins Leben gerufen, hat wissenschaftlich nachgewiesen, dass die Fokussierung auf Dankbarkeit den emotionalen Energielevel, eine zuversichtliche innere Einstellung und die Gesundheit fördert. Entwicklungsgeschichtlich sind wir auf die Wahrnehmung von Bedrohungen programmiert, um zu überleben. Die Aufmerksamkeit darauf nimmt einen ungleich größeren Raum ein, als positive Erfahrungen. Robert Emmons ist einer der wenigen Dankbarkeits-Forscher und schlägt daher das Führen eines *Dankbarkeits-Tagebuchs* vor.[59] Mit dessen Hilfe wird das Übergewicht des Fokus auf Bedrohliches ausgeglichen und der Blickwinkel aus dem Mangel in die Fülle verschoben. Dankbarkeit wirkt sogar positiv, wenn sie bei unangenehmen Ereignissen aktiviert wird. Selbst ein Todesfall kann Dankbarkeit dafür auslösen, dass man diesen Menschen gekannt hat, für das, was er einem gegeben hat und was man mit ihm erlebt hat. Man betrachtet Dankbarkeit sogar als Prävention von Angst-, Panik- oder depressiven Störungen. Denn negative Gefühle können nicht gleichzeitig neben dem Gefühl der Dankbarkeit existieren – wie das Modell der neuronalen Autobahnen bestätigt. Der Jesuite und Autor Piet van Breemen drückte es so aus: »Man kann nicht dankbar und unglücklich zugleich sein.«

Ein weiteres stilles Geheimnis der Dankbarkeit ist das Prinzip der Resonanz. Gleiche Ziele und Werte schmieden Freundschaften und befeuern Gespräche. Gleiches zieht Gleiches an und verstärkt sich. Warum sollte dieses Prinzip nicht auch bei der Dankbarkeit wirken und sie sowie ihre Anlässe vermehren?

Passt Dankbarkeit in die Arbeitswelt? Viele Menschen sind der Meinung, wenn jemand Geld für eine Arbeit bekommt, braucht man ihm nicht auch noch zu danken. Woher kommt dieser »emotionale Geiz«? Zwei Kolleginnen machen die gleiche Zuarbeit und erhalten die gleiche Bezahlung dafür – und doch ist sie nicht gleich. Die eine macht vielleicht Dienst nach Vorschrift – die andere macht sie mit Engagement, Kreativität und Herzblut. Diese emotionalen Qualitäten werden leider nicht vergütet. Viele Menschen sind bereit, viel von sich zu geben. Doch wenn das nicht wahrgenommen oder für selbstverständlich angesehen wird, versiegt die Freude am Engagement. Wenn wir diese feinen Unterschiede achtsam wahrnehmen und dankbar gegenseitig anerkennen, spricht das für unsere emotionale Kompetenz und fördert ein positives Klima im Miteinander.

Die Leistungen der Frau durch Schwangerschaft, Geburt und Mutterschaft werden selbst in unserer Gesellschaft der Gleichberechtigung im Vergleich zu anderen Leistungen als viel zu selbstverständlich angesehen. Meine Uroma hat mit 32 Jahren gerade das fünfte Kind entbunden. Kurz danach stand sie wieder auf dem Kartoffelacker. Das war zu viel für sie – sie brach bei der Arbeit zusammen und starb. Das war zwar schon im Jahr 1891 – es ist jedoch ein Beispiel für Jahrhunderte, in denen der Leistung der Frauen mehr Härte als Dankbarkeit entgegengebracht wurde. Das ist vorbei? Nicht überall – da gibt es noch viel Luft nach oben, wie ich aus vielen Gesprächen weiß. Dankesgeiz ist gar nicht geil. *Dankbarkeit ist Nahrung für das mütterliche Prinzip – in Mann und Frau.*

Hast du schon einmal diese gewohnheitsmäßige Floskel hinterfragt »Nichts zu danken!«? Es gibt sie im Übrigen in vielen Sprachen. Auf meinen gefühlten Ausdruck von Dank antwortet mein Gegenüber: »*Nichts zu danken!*« In mir reagiert etwas: »*Was? Ich fühle gerade Dankbarkeit und du sagst mir, dass es nichts zu danken gibt? Du weist mein Dankgefühl zurück? Statt es im Gefühl zu empfangen, entwertest du, was du für mich getan hast und was ich dafür fühle?*«. Natürlich meint das niemand abwertend, denn es soll generös und bescheiden klingen. Doch genau genommen ist es die Zurückweisung des Dankgefühls. Worte wirken. Viele Menschen antworten inzwischen jedoch mit einem lächelnden »Gerne«. Das tut gut und wird dem Gefühl gerecht.

Wie kannst du mehr von dem heilsamen Gefühl der Dankbarkeit aktivieren? Erlaube dir bewusst das Gefühl der Dankbarkeit in deinem Alltag – lade es ein. Notiere jeweils am Ende des Tages mindestens drei Dinge, für die du dich heute dankbar fühlst, in ein dafür reserviertes Dankbarkeits-Tagebuch. Dabei geht es nicht um seltene Sensationen wie einen Lottogewinn, sondern vor allem um die kleinen Momente des Alltags. Vielleicht hat dich heute jemand an der Supermarktkasse mit einem großzügigen Lächeln von sich aus vorgelassen; vielleicht hast du jemandem eine wichtige Auskunft geben können; vielleicht hattest du einen kurzen Moment des Lächelns mit einem Wildfremden, der dir auf der Straße begegnet ist; vielleicht hat deine Gardenie endlich wieder eine Blüte bekommen; vielleicht hat dir jemand frische Kirschen von seinem Kirschbaum vorbeigebracht; vielleicht hast du einem Kind geholfen, das vom Rad gefallen ist; vielleicht ... Dieses Tagebuch ist eine wirkungsvolle, kostenfreie Medizin. Möchtest du noch mehr von dem Gefühl? Hier drei weitere Tipps:

- Setze dich gemütlich hin, schließe die Augen und empfange mit allen Poren deines Körpers bewusst und fühlend alles, was dein Leben dir gerade gibt und heute gegeben hat: Den Atem, deinen Herzschlag, deine Energie, deine Körperprozesse, die angenehme Temperatur, den Sauerstoff, die Nahrung, der Ort, die Begegnungen, die Arbeit ... es sind Millionen Aspekte. Kommt Freude in dir auf? Dann bade dich darin!
- Suche dir jeden Tag, am Arbeitsplatz unterwegs oder privat, wenigstes eine Person aus, der du von Herzen für etwas danken möchtest. Sage konkret, wofür du dich bedankst. Es kostet am Anfang vielleicht etwas Überwindung – aber es wird dir Freude machen.
- Was macht es mit dir und den Empfängern, wenn du beispielsweise im Hotel, am Arbeitsplatz eines Kollegen oder einer Kollegin, am Frühstückstisch für deinen Partner oder deiner Partnerin oder ... eine »Danke-Karte« hinterlässt, die von Herzen kommt?

Epilog

Stelle dir vor, du schaltest eines Tages die Nachrichten ein. Du hörst, dass es eine Untersuchung darüber gab, wie Menschen mit Stress umgehen. Es wurde festgestellt, dass die Mehrheit der Menschen in der Lage ist, ihren emotionalen Stress selbst zu lösen, ohne destruktiv zu werden. Dass sie sogar gelernt hat, daran zu wachsen. Wäre das eine gute Nachricht für dich?

Für mich wäre es einer der größten Evolutionssprünge unserer Zeit und ich glaube, dass er notwendig ist. Daher ist es meine Vision, dass wir Menschen langfristig lernen, uns von unnötigem, hausgemachtem emotionalem Stress zu befreien und ihn zu vermeiden. Dadurch kann unsere Energie in höhere Wahrnehmungs-Zentren unseres Gehirns fließen und sie aktivieren. Es bedeutet das Ende von viel überflüssigem Leid und die Entwicklung in eine gereifte Gesellschaft, in der es Freude macht, das Leben, den Kosmos und sich selbst zu erforschen, zu entdecken und zu erkennen. In eine Gesellschaft, die sich vorwärtsbewegt und frei ist, ungeahnte Leistungen und Kreativität im Einklang mit der menschlichen und äußeren Natur hervorzubringen. Als kleinen Beitrag dazu habe ich dieses Buch geschrieben, gebe ich Kurse, Coachings und Vorträge zu diesen Themen.

Als weitere Initiative habe ich 2018 das jährliche Projekt: »Tag der emotionalen Achtsamkeit – 29. September« gestartet. Es will Unternehmen inspirieren, ihre Führungskräfte und Mitarbeiter in emotionalen Kompetenzen weiterzubilden. Einzelpersonen ermuntert das Projekt, sich in emotionalen Kompetenzen zu schulen. Ein Konsortium von Experten bietet Angebote dazu an. Mehr dazu: *www.emotionstag.com*

Vielen Dank, dass du dieses Buch gelesen hast. Ich hoffe, es war ein aufschlussreiches Lesevergnügen und hat dir einen Dienst erwiesen – viel Erfolg damit!

Von deinen »Aha's« oder deinen Fragen höre ich gerne per Email: *contact@kundermann-consult.de*. Vielen Dank!

Möge Heurekum mit dir sein!

Anhang

Checkliste: Woran erkenne ich, dass ich im Panikum-Modus bin?

Datum:
Jeder Mensch hat individuelle Strukturen, wie er auf ein Stresserlebnis reagiert. Wenn dir deine Panikum-Muster bewusst sind, fallen sie dir schneller auf und du kannst sogleich den Heurekum-Status wiederherstellen. Obwohl sich die Reaktionen und Symptome vermischen und häufig nicht klar abgrenzbar sind, teile ich sie der Übersichtlichkeit halber in vier Bereiche ein: körperliche, emotionale, mentale und verhaltensmäßige Panikum-Reaktionen.

Kreuze spontan Beobachtungen und Verhaltensweisen an, die du häufiger bei dir beobachtest:

Panikum-Botschaften des Körpers:
- ☐ Allergien
- ☐ Appetitstörungen, Heißhunger
- ☐ Atembeschwerden
- ☐ Häufiges Kranksein, besonders Erkältungen
- ☐ Kopfschmerzen
- ☐ Kreislaufbeschwerden, plötzlicher Schwindel, starkes Herzklopfen
- ☐ Kiefergelenksverspannungen
- ☐ Mangelhafte Hand-Augenkoordination
- ☐ Müdigkeit (plötzlich auftretend)
- ☐ Physische Erschöpfung
- ☐ Magenschmerzen, Sodbrennen
- ☐ Muskelverspannungen, besonders im Nacken- und Rückenbereich
- ☐ Räuspern, plötzlicher Husten
- ☐ Schlafstörungen
- ☐ Schmerzen (plötzlich auftretend)

- ☐ Sehstörungen (plötzlich auftretend)
- ☐ Trockenheit im Mund
- ☐ Zittern, Frieren (plötzlich auftretend)
- ☐ Zähneknirschen nachts
- ☐ Zuckungen, unwillkürliche Muskelkontraktionen, Augenzucken

Bei häufigem Auftreten der o.g. Symptome bitte einen Arzt konsultieren.

Emotionale Panikum-Botschaften:
- ☐ Ablehnung
- ☐ Aggressivität
- ☐ Alpträume
- ☐ Antriebslosigkeit
- ☐ Apathie
- ☐ Angst
- ☐ Beleidigt sein
- ☐ Depressive Verstimmung
- ☐ Gereiztheit, Reizbarkeit
- ☐ Hypochondrie (übertriebene Ängstlichkeit, besonders bezüglich Gesundheit)
- ☐ Hysterie (übertriebene emotionale Reaktion)
- ☐ Impulsivität
- ☐ Kindisches Verhalten, Mangel an altersentsprechender Reife
- ☐ Launenhaftigkeit
- ☐ Lustlosigkeit
- ☐ Mangel an Vertrauen
- ☐ Neigung zu Konflikten
- ☐ Rücksichtslosigkeit
- ☐ Ruhelosigkeit, Rastlosigkeit
- ☐ Sexuelle Probleme
- ☐ Starke Stimmungs-Schwankungen
- ☐ Tonfall hart, laut, gequetscht, abweisend, befehlsmäßig
- ☐ Trotz
- ☐ Überempfindlichkeit

- ☐ Überforderungs-Gefühl
- ☐ Unberechenbarkeit
- ☐ Ungeduld
- ☐ Ungerechtigkeit
- ☐ Unversöhnlichkeit
- ☐ Widerstand gegen Veränderungen

Panikum-Botschaften des Denkens:
- ☐ Blackouts, Denkblockaden
- ☐ Entscheidungsschwierigkeiten
- ☐ Festhalten an Altem
- ☐ Festhalten an stereotypen Denkmustern
- ☐ Geistige Müdigkeit
- ☐ Grübeln ohne Ergebnis, kreisende Gedanken ohne Lösung
- ☐ Häufige Tagträume
- ☐ Konzentrationsschwierigkeiten
- ☐ Langsames Arbeitstempo
- ☐ Schlechtes Leseverständnis
- ☐ Schönreden, Schlechtreden – Verzerrung von Ereignissen bis zum Schwindeln
- ☐ Unkreatives Verhalten
- ☐ Vergesslichkeit
- ☐ Verwechseln von Buchstaben oder Zahlen
- ☐ Verzetteln
- ☐ Verunsichern lassen (leicht und schnell)
- ☐ Wortfindungsprobleme

Verhaltensbotschaften von Panikum:
- ☐ Alles gleichzeitig tun wollen, dadurch wenig zustande bringen, keine Prioritäten setzen oder verfolgen
- ☐ Augenkontakt meiden
- ☐ Begonnenes nicht zu Ende führen, Abbruch mitten in der Aktion
- ☐ Belästigung anderer, um Aufmerksamkeit = Energie zu ziehen

- ☐ Drogenkonsum gehäuft: Alkohol, Zigaretten, Drogen, Medikamente, Beruhigungsmittel, Aufputschmittel
- ☐ Häufiges Augenreiben
- ☐ Hyperaktivität
- ☐ Nägel kauen
- ☐ Neigung zu Unfällen
- ☐ Nicht zuhören und dadurch wichtige Informationen abwehren; mehrfach die gleichen Fragen stellen
- ☐ Stereotype Bewegungen, Herumspielen an einem Gegenstand
- ☐ Themenwechsel abrupt mitten im Gespräch
- ☐ Übermässiger Redefluss
- ☐ Übertriebene Freundlichkeit
- ☐ Uneffektive Zeiteinteilung
- ☐ Motorische Ungeschicklichkeit
- ☐ Unwichtige Routinearbeiten beginnen, die einem sonst keinen Spaß machen
- ☐ Vermeidung von notwendiger Kommunikation
- ☐ Sonstiges – deine besonderen Spezialitäten, die hier nicht genannt wurden:

Du wirst in jedem Bereich mehrere Muster finden – in einigen vielleicht gehäuft. Sie sind dein individuelles Repertoire von Panikum. Es ist seine Sprache – nehme sie wahr und helfe Panikum aus der emotionalen Bedrohung heraus.

Gehirn-Balance-Übungen

Dies ist eine kleine Auswahl von Übungen – weitgehend nach *Paul E. Dennison*,[60] wie sie in der Kinesiologie und in Schulen angewandt werden. Mit diesen Übungen kannst du dich auf der physischen Ebene aus Stress-Blockaden befreien und wieder in einen integrierten, souveränen Körperzustand bringen. In diesem Zustand bist du eher in der Lage, schwierige Situationen zu meistern. Weitere Übungen findest du im Handbuch von Paul Dennison – siehe Literaturverzeichnis.

Gehe bei diesen Übungen so gut du kannst in deine Körperwahrnehmung. Trinke zuvor immer ein Glas Wasser. Wenn du bei den Übungen gähnen musst, ist das eine positive Reaktion – lasse es zu.

Gehirncoaching

Instinktiv legen wir die Hand auf die Stirn, wenn wir etwas vergessen haben oder uns an etwas erinnern möchten. Das ist genau richtig, denn im vorderen Stirnlappen sitzt unser bewusstes Denken und Entscheiden. Wenn du die Hand oder die Hände darauf legst, förderst du dort die Durchblutung. Nebenbei gibst du auch deinen Augen Energie zur Entspannung. Diese Übung vermindert Kampf-/Flucht-Reflexe bei Stress, erlaubt neue, kreative Sichtweisen für die betrachtete Situation, sie löst Gedächtnisblockaden und fördert das Lösen von Aufgaben oder Problemen.

Reibe deine Handflächen aufeinander, sodass sie warm werden. Schließe deine Augen. Lege anschließend deine Handteller sanft auf die Augenhöhlen, sodass der Rest deiner Hände mit angelegten Fingern ganz natürlich auf deiner Stirn ruht. Du kannst dich dabei aufstützen.

Schaue dir eine Stresssituation vor deinem inneren Auge in Ruhe und beobachtend an, bis die emotionale Intensität nachlässt. Registriere Ideen oder neue Sichtweisen, die dir vielleicht in den Sinn kommen. Atme dabei mehrfach tief – vielleicht kommt dieser Impuls schon von selbst. Lasse dir Zeit!

Stärkung der Mitte – Zentrierung
Das emotionale Gleichgewicht ist verbunden mit dem körperlichen Gleichgewicht. Wenn du emotional aus dem Gleichgewicht geraten bist, kannst du über den Körper wieder Standfestigkeit gewinnen.

Durch diese Übung stärkst du deine Mitte und damit dein Gleichgewicht. Vielleicht bemerkst du, wie du dabei einen festen, zentrierten Stand bekommst, als wollten sich deine Füße dabei in den Boden bohren.

Finde einen guten Stand – Beine hüftweit auseinander. Drehe dich mehrfach um deine Mittelachse zur Seite nach links und rechts. Lasse deine Arme hängen und natürlich locker um den Körper pendeln. Lass deinen Blick weich mit der Drehung des Körpers umherschweifen.

Rückenstärker und Stärkung der Mitte
Diese Übung aktiviert die Zentrierung, die Konzentration auf eine Aufgabe, Motivation und Organisation. Sie entspannt das Zentral-Nerven-System und stärkt die Wirbelsäule.

Lege zwei Finger oberhalb der Oberlippe und die andere Hand auf das Steißbein (einfach eine Weile halten oder massieren, atmen). Das sind die Anfangs- und Endpunkte einer zentralen Energiebahn über unseren Rücken.

Das Hören optimal mit dem Gehirn verschalten
Durch diese Übung aktivierst du die Formatio reticularis im Gehirn, die die allgemeine Wachheit steuert. Die Übung bewirkt das Ausblenden von Hintergrundgeräuschen und verstärkt die auditive Konzentration und Wahrnehmung. Streiche mehrfach beide Ohren sanft von innen nach außen aus. Manche halten dabei versehentlich den Atem an, wenn es noch ungewohnt ist – deshalb atme bewusst weiter.

Das Sehen gut mit dem Gehirn verschalten – die liegende Acht

Die Übung ist besonders hilfreich, wenn durch Stress eine Fokusverengung, der »Tunnelblick« entstanden ist. Sie aktiviert verschiedene Gehirnbereiche und öffnet die Wahrnehmung wieder. Sie hilft auch, wenn wir vorher länger am Bildschirm gearbeitet haben, unsere Augen zu entspannen.

1. Mache eine Hand zur Faust, sodass der Daumen nach oben zeigt. Strecke den Arm aus und zeichne damit langsam eine liegende Acht so groß wie möglich in die Luft, während du auf den Daumen schaust. Lasse die Acht in Höhe der Nasenspitze kreuzen. Verfolge den Daumen nur mit den Augen und lasse den Kopf gerade nach vorne gerichtet. Beginne nach oben links. (Dreimal wiederholen.) Atme dabei entspannt weiter. (Brillenträger dabei bitte die Brille abziehen.)
2. Mache die gleiche Übung mit dem anderen Arm.
3. Verschränke beide Hände. Die Daumen bilden dabei ein »X«. Mache nun die gleiche Übung mit beiden Armen zusammen.

Kommunikation im Gehirn fördern – Überkreuzbewegungen

Stress reduziert die effektive Zusammenarbeit der beiden Gehirnhemisphären. Diese Übung balanciert sie wieder. Sie fördert die ganzheitliche Wahrnehmung, die geistige Wachheit und das Verstehen.

Bewege im Wechsel (sieben bis zehn Mal) deinen rechten Ellbogen auf das linke Knie und umgekehrt – in langsamen Bewegungen. Ziehe dabei das Knie nach außen hoch, damit sich der Oberkörper mit dem Ellbogen dorthin drehen muss. Variationen: Überkreuzbewegungen im Sitzen oder überkreuz zur Seite strecken.

Wenn das gerade nicht möglich ist, kannst du einfach über die Scheitelmitte deines Kopfes und/oder die Stirn von links nach rechts hin und her streichen. Das kann man sogar in Meetings unauffällig machen und sieht sehr nachdenklich aus.

Was wir von Sokrates lernen können

Der sokratische Dialog ist eine Fragetechnik, die Platon beschrieben hat. Er hilft uns, Gedanken umzulenken. Er kann uns dienen, um unsere Gedanken von der Besorgnis in die Zuversicht zu bewegen. Hier findest du beispielhaft eine kleine Kostprobe für einen Dialog, den du ähnlich mit dir selbst führen kannst.

- Was bewegt dich gerade? – *Ich schaffe meine Diplomarbeit nicht.*
- Woran merkst du das? – *Ich habe meine Zeitziele schon überschritten, und ich quäle mich nur langsam weiter.*
- Wie fühlst du dich, wenn du das denkst? – *Ich kann mich schlecht konzentrieren und habe Angst, zu versagen. Ich habe das Gefühl, die Zeit rennt mir davon.*
- Was beweist, dass du die Diplomarbeit nicht schaffst? – *Ich habe das Gefühl, dass es nicht gut genug ist, was ich schreibe und es dauernd verbessern zu müssen. Ich verliere den Überblick.*
- Gut, was noch? – *Ich habe noch so viele andere Baustellen, dass ich kaum Zeit habe, mich in die Diplomarbeit zu vertiefen.*
- Gibt es noch weitere Belege dafür, dass du die Diplomarbeit nicht schaffst? – *Meine Kommilitonen sind alle schon fertig damit. Es ist wie ein Berg, den ich vor mir herschiebe. Ich kritisiere mich dafür und das drückt meine Stimmung und meinen Elan, daran zu arbeiten.*
- Was beweist sonst noch, dass du die Diplomarbeit nicht fertigbekommst? – *Mehr fällt mir nicht ein.*
- Was sind Belege dafür, dass du die Diplomarbeit schaffen kannst? – *Ich habe im Vorfeld ein eine gute Forschungsarbeit geleistet, über die ich schreibe. Die hat mir Spaß gemacht und ich habe sie gut dokumentiert.*
- Gibt es weitere Beweise dafür, dass du die Diplomarbeit schaffen kannst? – *Ich habe schon die Hälfte davon geschrieben und fast alles recherchiert, was ich dazu brauche. Auf dem Gymnasium musste ich schon einmal eine Facharbeit schreiben. Die habe ich mit einer guten Note abgeschlossen.*

- Was wäre das Schlimmste, was passieren könnte, wenn du die Diplomarbeit nicht fertigbekommst? – *Ich würde mich schämen vor meinen Kommilitonen, vor meinen Eltern, vor mir selbst. Ich könnte mein Studium nicht abschließen und die ganzen Studien-Jahre wären umsonst gewesen.*
- Das ist sicher gravierend. Würdest du das trotzdem überleben? – *Ja, schon. Ich könnte mich im schlimmsten Fall ohne Abschluss auf dem Arbeitsmarkt bewerben. Ich könnte mir ein weiteres Jahr dafür geben. Dann verliere ich zwar ein Jahr – aber es ist geschafft. Ich könnte mir auch jemanden suchen, der mir hilft, meine Gedanken geordnet zu Papier zu bringen.*
- Was wäre das Beste, was passieren könnte? – *Dass ich in zwei Monaten die Arbeit abgeben kann. Ich wäre erleichtert und stolz auf mich und könnte weitere Pläne in meinem Leben schmieden.*
- Was ist das wahrscheinlichere Ergebnis? – *Dass ich noch ein halbes Jahr brauche.*
- Was passiert, wenn du denkst: »Ich schaffe die Diplomarbeit nicht.« – *Alles geht nur in Zeitlupe voran. Mein Gehirn ist wie leer. Ich kann mich kaum konzentrieren. Es macht mir keinen Spaß.*
- Was würde geschehen, wenn du dein Denken änderst und den Gedanken »Ich schaffe die Diplomarbeit nicht« nicht so ernst nehmen würdest? – *Ich würde zuerst einmal über mich lachen, dass ich das alles zu schwer nehme und mich unnötig quäle. Ich würde mir auch erlauben, dass es nicht perfekt sein muss. Hauptsache, ich schließe damit mein Studium ab.*
- Was würde geschehen, wenn du dein Denken änderst und den Gedanken umwandelst in »Ich schaffe die Diplomarbeit in meiner richtigen Zeit«? – *Das würde mich sehr erleichtern. Es ist wie eine Erlaubnis. Ich habe mich selbst zu sehr unter Druck gesetzt und dadurch war mein Gehirn nicht mehr so leistungsfähig. Wenn ich das denke, spüre ich, wie mein Gehirn sich öffnet und ich zuversichtlicher werde.*

- Was würdest du jemandem raten, der in der gleichen Situation ist wie du? – *Er sollte Schritt für Schritt daran arbeiten und sich über jeden Fortschritt freuen. Er sollte sich erlauben, sie in seinem Rhythmus und auf seine Weise zu erstellen. Er sollte sich immer wieder bewusst machen, was er dadurch gewinnt.*

Literaturhinweise

1. Antonio Damasio: »Ich fühle, also bin ich«, List-Verlag 2009, Seite 19
2. Antonio Damasio: »Ich fühle, also bin ich«, List-Verlag 2009, Seite 19
3. Spiegel online vom 16.01.2015, http://www.spiegel.de/wissenschaft/mensch/mitgefuehl-stress-blockiert-faehigkeit-zur-empathie-a-1012998.html
4. Eslinger/Antonio Damasio: 1985 »Severe disturbance of higher cognition after bilateral frontal lobe ablation: patient EVR«, Neurologie Bd.35, Seite 1731–1741
5. Pert, B. Candace: »Moleküle der Gefühle«, Rowohlt Verlag 1997, S. 294
6. Gert Kaluza: »Gelassen und sicher im Stress«, Springer Verlag 2014, Seite 25–28
7. Gerald Hüther: »Biologie der Angst«, Vandenhoek & Ruprecht-Verlag, Göttingen 1997, Seite 76
8. Gert Kaluza: »Gelassen und sicher im Stress«, Springer Verlag 2014, Seite 35
9. Eric Händeler: „Kondratieffs Gedankenwelt", Marlon Verlag 2011
10. Doc Childre: »die Herzintelligenz entdecken«, VAK-Verlag Kirchzarten, 1999, Seite 20
11. TKK-Stressreport 2016
12. Bundesanstalt für Arbeitsschutz und Arbeitsmedizin (BAuA) »Stressreport Deutschland 2012»
13. Presseinformation des Wissenschaftlichen Instituts der AOK (WIdO) und des AOK-Bundesverbandes vom 14. September 2017, Seite 3
14. DAK-Gesundheitsreport 2017, Seite 21
15. Presseinformation des Wissenschaftlichen Instituts der AOK

(WIdO) und des AOK-Bundesverbandes vom 14. September 2017, Seite 3
16. DAK-Gesundheitsreport 2017, Seite 32 (Schlafprobleme)
17. DAK-Gesundheitsreport 2017, Seite 18
18. Nature«, International weekly journal of science Nr. 452, 2008; S. 674–675
19. Rentenversicherung in Zahlen 2017
20. »Science" Ausgabe 6396 vom 29 Jun 2018; Seite 1465–1467
21. Daniel Goleman: »The brain manages happiness and sadness in different centers", March 28, 1995, New York Times
22. Oxford University Press: »Functional Dissociation between Medial and Lateral Prefrontal Cortical Spatiotemporal Activation in Negative and Positive Emotions: A Combined fMRI/MEG Study", Cerebral Cortex, Volume 10, Issue 1, 1 January 2000, Pages 93–107
23. M. Berking: Training emotionaler Kompetenzen. 3. Auflage, Springer, Heidelberg 2014
24. Victor E. Frankl »Trotzdem Ja zum Leben sagen. Ausgewählte Briefe (1945-1949)«, Wien 2005
25. Frank Kinslow: Quantenheilung. Was du sonst noch für dich tun kannst, um dich durch die Kraft deiner Gedanken zu stärken, zu ermutigen und Heurekum zu aktivieren. VAK-Verlag 2009, Seite 33
26. Mira Kirshenbaum: »The Emotional Energy Factor«, New York, 2004, Seite 4
27. Kinzignachrichten: 14. 09. 2009: Ein harmonisches Konzert zwischen Kopf und Bauch dirigieren
28. Tara Benett-Goleman: »Emotional Alchemy«, Three Rivers Press, 2001, Seite 87
29. Doc Childre: »Die Herzintelligenz entdecken«, VAK-Verlag Kirchzarten, 1999, Seite 56
30. Doc Childre/Martin Howard: »Die Herzintelligenz-Methode«, VAK – Verlag Kirchzarten 2000, Seite 59
31. Doc Childre: »die Herzintelligenz entdecken«, VAK-Verlag Kirchzarten, 1999, Seite 65
32. Sabine Freudsmiedl/Matthias Freudsmiedl: »Vitale Unternehmen in Balance«, Metabalance-Verlag 2011, Seite 79
33. Doc Childre: »Die Herzintelligenz entdecken«, VAK-Verlag Kirchzarten,1999, Seite 61
34. McCraty, R., M. Atkinson, R. T. Bradley: »Electrophysiological evidence of intuition« Part 1. The surprising role of the heart,

Seiten 133–143 und Part 2. A system-wide process? Seiten 325–336, Journal of Alternative and Complementary Medicine, 2004
35. Sabine Freudsmiedl/Matthias Freudsmiedl: »Vitale Unternehmen in Balance«, Metabalance-Verlag 2011, Seite 117
36. stern EXTRA 01/2013, Seite 61
37. Gerald Hüther: »Biologie der Angst«, Vandenhoek & Ruprecht-Verlag, Göttingen 1997, Seite 113
38. Michaele Kundermann: »BeWEGt vom Atem der Erde bis mitten ins Herz«, BoD 2012, Seite 98
39. Gerd F. Kamiske (Hrsg.): „Unternehmenserfolg durch Excellence", Hauser Verlag 2000, Beitrag von Jürgen H. Lietz „Von der Zweckgemeinschaft zur Sinngemeinschaft", Seite 194
40. Brockhof/Panreck: »Menschlichkeit rechnet sich«, Campus Verlag 2016
41. Reinhard K. Sprenger: »Radikal digital: Weil der Mensch den Unterschied macht – 111 Führungsrezepte« DVA-Verlag – März 2018, Seite 16
42. James K. Rilling, David A. Gutman, Thorsten R. Zeh, Giuseppe Pagnoni: »A Neural Basis for Social Cooperation" Emory University, Atlanta, Georgia Neuron, Vol. 35, 395–405, July 18, 2002, Cell Press
43. Pressemitteilung zum Gallup Engagement-Index 2016
44. Stressreport Deutschland 2012, Herausgeber ist die Bundesanstalt für Arbeitsschutz und Arbeitsmedizin (BAuA)
45. «Die Welt« vom 14. 05. 2009
46. DAK-Gesundheitsreport 2017, Seite 19
47. TKK-Pressemitteilung vom 28. 01. 2015
48. DAK-Gesundheitsreport 2017, Seite 143
49. Sabine Freudsmiedl, Matthias Freudsmiedl: »Vitale Unternehmen in Balance«, Metabalance-Verlag 2011, Seite 109
50. Christina Maslach: »Burnout: The cost of caring« Englewood Cliffs: Prentice Hall, 1982
51. Schaufeli und Enzmann: »The Burnout Companion to Study and Practice: A Critical Analysis«, London: Taylor & Francis, 1998
52. Institut Natur Wissen, Wolfratshausen, LEB Basisausbildung
53. Emmi E. Werner, Forschungsprofessur für menschliche Entwicklung, Universität von Kalifornien, und Ruth Smith: "Risk, resilience and recovery: Perspectives from the Kauai Longitudinal Study"
54. Zusammenstellung nach: APA Help Center, »the road to resi-

lence«, Broschüre der Amerikanischen Psychologenvereinigung, www.apahelpcenter.org; PSYCHOLOGIE HEUTE 9/05, Seite 24
55. Alfred Adler: Zusammenhänge zwischen Neurose und Witz (1927). In: A. Adler: Psychotherapie und Erziehung – Ausgewählte Aufsätze, Band I: 1919–1929, Fischer Tb, Frankfurt a.M. 1982
56. Richard K. Streich: »Fit for Leadership: Führungserfolg durch Führungspersönlichkeit«, SpringerGabler-Verlag, September 2016, S.24
57. stern EXTRA 01/2013, Seite 28
58. Paul Dennison: »Brain-Gym Lehrerhandbuch«, VAK-Verlag 1991
59. Robert Emmons; »Vom Glück, dankbar zu sein«, Campus-Verlag, 2008
60. Paul Dennison: »Brain-Gym Lehrerhandbuch«, VAK-Verlag 1991